CORSO COMUNICATIVO DI ITALIANO

Gruppo META

guida per l'insegnante

Published by the Press Syndicate of the University of Cambridge
The Pitt Building, Trumpington Street, Cambridge CB2 1RP
40 West 20th Street, New York, NY 10011–4211, USA
10 Stamford Road, Oakleigh, Melbourne 3166, Australia

Original edition © Bonacci editore, Roma 1992
This edition © Cambridge University Press 1993

Printed in Italy

ISBN 0 521 46812 4 paperback

Gruppo META: Lorenzo Blini, Francisco Matte Bon, Raffaella Nencini, Nicoletta Santoni.

Uno è il frutto della stretta collaborazione tra i componenti del Gruppo META, i quali hanno discusso e elaborato insieme ogni suo punto.

Illustrazioni: Theo Scherling
Grafica: Gruppo META
Fotografie e collages: Gruppo META
Videoimpaginazione: Petruzzi – Città di Castello

INTRODUZIONE

Uno è il primo livello di un corso integrato di lingua italiana articolato in due livelli.

Il corso comprende:

- un *Libro dello studente* contenente il materiale per la lezione in classe;
- un *Libro degli esercizi* contenente attività per il lavoro individuale a casa o in classe, esercizi di consolidamento ed esercizi di morfosintassi sui contenuti del *Libro dello studente*. Il *Libro degli esercizi* comprende inoltre una *Sintesi dei principali argomenti grammaticali* contenuti nel primo livello.
- una *Guida per l'insegnante* con commenti e indicazioni metodologiche su tutti i contenuti del corso, su ogni singola unità e ogni attività proposta.

Il corso è affiancato da 3 cassette audio, essenziali per il lavoro individuale, ma anche per il lavoro di comprensione d'ascolto in classe. Le cassette sono parte integrante del corso.

Il *Libro dello studente*, materiale di base a cui si affiancano il *Libro degli esercizi* e la *Guida per l'insegnante*, è suddiviso in 25 unità, di cui una di revisione sui contenuti della prima metà (la tredicesima) e una di revisione generale sui contenuti di tutto il testo (la venticinquesima).

PRINCIPI ISPIRATORI E FILOSOFIA GENERALE DEL CORSO

Analisi del linguaggio

Le ricerche in linguistica e in glottodidattica negli ultimi vent'anni hanno ampiamente dimostrato come la competenza comunicativa in una lingua sia ben altro che una semplice, seppur eccellente, padronanza del suo funzionamento grammaticale. Né la conoscenza teorica di regole grammaticali e/o pragmatiche e del lessico si traducono necessariamente in uno scorrevole e adeguato passaggio alla pratica.

Non essendo questo un manuale di glottodidattica, bensì un'introduzione volta ad aiutare l'insegnante a capire la filosofia del corso per guidarlo verso un suo ottimale sfruttamento, il nostro obiettivo non è qui di ripercorrere da un punto di vista teorico tutte le tappe del pensiero glottodidattico: ci limiteremo piuttosto a sviluppare, con l'aiuto di esempi concreti, le principali considerazioni sulle quali si basano le nostre scelte metodologiche e didattiche. In molti casi si tratta di idee ampiamente illustrate e discusse da un punto di vista teorico nella didattica delle lingue straniere, le quali, tuttavia, non riescono ad entrare a pieno titolo ed imporsi con tutte le loro conseguenze, nella pratica docente quotidiana.

Il saper fare linguistico

La competenza comunicativa in una lingua, dicevamo, è molto più di una semplice competenza morfosintattica. Si considerino i seguenti scambi di battute:

(1)
● Ti dispiace se apro la finestra?
○ No, non mi dispiace.

(2)
● Ti dispiace se apro la finestra?
○ Sì, mi dispiace.

(3)
● Posso sedermi qui?
○ Sì, può.

(4)
● Posso sedermi qui?
○ No, non può.

Nessuna delle risposte date in questi quattro scambi di battute corrisponde a un comportamento neutro da un punto di vista comunicativo: l'interlocutore percepisce qualcosa di anomalo, si sente a disagio, capisce che l'altro vuole polemizzare o scherzare, che è seccato per qualche suo problema personale, ecc. In nessuno di questi casi si tratta di risposte abituali, sebbene tutte queste risposte siano possibili. Inoltre, l'intenzione comunicativa con cui vengono pronunciate non può essere pienamente interpretata se non ci si trova in una situazione precisa, se non si vede la faccia dell'interlocutore che risponde in questi modi, se non si sente l'intonazione con cui vengono date le risposte, ecc.

III

INTRODUZIONE

Per poter valutare il significato comunicativo di quanto viene detto, i parlanti di una lingua partono sempre da quello che si suol dire per fare ciò che si sta facendo: prendono cioè come parametro di misura le risposte più abituali, e valutano lo scostamento o la vicinanza di quanto è stato detto rispetto a tali aspettative.

Nei contesti considerati, ecco alcune risposte più neutre:

(5)
● Ti dispiace se apro la finestra?
○ Sì, sì, prego.

(6a)
● Ti dispiace se apro la finestra?
○ Scusa, ma ho un po' freddo.

(6b)
● Ti dispiace se apro la finestra?
○ (Il fatto) è che con questi lavori c'è un rumore terribile...

(7)
● Posso sedermi qui?
○ Prego.

(8)
● Posso sedermi qui?
○ (Mi dispiace, ma) è occupato.

Naturalmente, non sono queste le uniche risposte possibili. Tuttavia è fondamentale prendere coscienza del fatto che ciò che si dice abitualmente in ogni situazione diventa il punto di riferimento che permette di interpretare il valore specifico di ogni manifestazione linguistica.

Con una semplice analisi di tipo morfosintattico si rischia dunque di non vedere aspetti fondamentali per il buon funzionamento della comunicazione.

In riferimento al secondo gruppo di esempi presentati, è da notare, tra l'altro, che nelle risposte di solito non si fa alcun riferimento esplicito alla domanda. La domanda è lì, presente nel contesto, e non vi è alcun bisogno di ripeterla: gli interlocutori sanno già di cosa stanno parlando. È interessante vedere, inoltre, come nelle risposte negative (quando non si concede il permesso) di solito non compare la negazione: si adduce direttamente una scusa. Sarà l'interlocutore a decodificarne l'intenzione comunicativa.

D'altra parte, nella maggior parte dei contesti (sono rarissimi i casi in cui ciò non avviene) la risposta seguente viene interpretata come una concessione di permesso:

(9)
● Ti dispiace se apro la finestra?
○ Sì, sì, certo.

Se ci si basa soltanto sulla coerenza più apparente si può credere che tale risposta corrisponda a un **Sì, mi dispiace** e che si tratti dunque di un rifiuto e non di una concessione del permesso. Tuttavia, questa ipotesi viene contraddetta dal comportamento spontaneo, in situazione, persino da parte di persone che sostengono si tratti di un rifiuto. Non accade lo stesso nello scambio seguente:

(10)
● Ti dispiace se apro la finestra?
○ Sì.

In questo caso la risposta viene sempre percepita come un rifiuto (anche se anomalo) del permesso: ciò è dovuto al fatto che la concessione del permesso viene di solito espressa utilizzando due operatori e/o ripetendone uno due volte, come accade nell'esempio (9). La mancanza di tale ripetizione porta a interpretare la risposta non come una risposta all'intenzione comunicativa, bensì come una risposta formale alla domanda.

Analisi nozional-funzionale

Dagli esempi considerati si trae la conclusione che una lingua non sia soltanto un sistema di elementi da combinare in frasi, ma anche un sistema complesso di modi di agire. Imparare una lingua è, dunque, imparare a compiere degli atti (*funzioni comunicative*) e a esprimere e saper maneggiare delle *nozioni*.

Spesso si cade nell'errore di credere che questo discorso valga soltanto per alcuni dei settori nei quali ci muoviamo, e in particolare per la cosiddetta interazione sociale: in realtà tutto ciò che facciamo in una lingua, sia oralmente che per iscritto, può essere analizzato in questi termini.

Bisognerà, quindi, vedere come ci si saluta, come ci si presenta, come si invita, come si accetta un invito, come lo si rifiuta, come si propone un appuntamento, come si fa una proposta alternativa, come si accetta, ecc., ma anche come si esprime un parere, come si esprime l'accordo, come si esprime il disaccordo, come si raccontano fatti passati, ecc.

La dimensione metalinguistica

Alcuni degli atti che effettua il parlante in una lingua non rimandano direttamente al mondo extralinguistico, bensì alla lingua stessa, ai processi di formulazione dei messaggi, a ciò che si dice: esprimere il proprio punto di vista (scetticismo, insoddisfazione, soddisfazione, ecc.) su quanto si sta dicendo, indicare che ciò che si sta per dire è in rapporto con quanto è appena stato detto, o che si tratta di informazioni nuove, ecc.

Non ci si può dunque limitare a presentare la lingua nella sua dimensione referenziale, perché ciò equivarrebbe a non dotare il futuro parlante della lingua insegnata degli strumenti necessari per poter adempiere alle sue funzioni di parlante enunciatore: è importante soprattutto che sia chiaro in ogni momento il livello in cui si collocano gli elementi studiati, per evitare la tradizionale confusione che mette tutte le parole su uno stesso piano.

Registri e sfumature comunicative

In ogni area nozional-funzionale, i diversi atti possono essere espressi in vari modi, tenuto conto della situazione, del tipo di rapporto esistente tra gli interlocutori, della volontà del parlante di mostrarsi più o meno disponibile, gentile, ecc. Diventa dunque di primaria importanza lavorare anche sulle sfumature: solo così si può arrivare a costruire una vera e propria grammatica della comunicazione.

Nel lavoro sulle diverse sfumature non bisogna mai perdere di vista che, come risulta anche dagli esempi commentati sopra, la lingua è un sistema di sistemi nel quale tutto vive in opposizione con tutto.

La dimensione culturale

Oltre al saper fare linguistico, associato ad esso vi è un altro tipo di competenza non meno importante, senza la quale diventano difficili molte scelte interattive del parlante, così come l'interpretazione di quanto viene detto: la dimensione culturale.

Per cultura si intende la cultura in senso antropologico, così come in un senso più tradizionale: si tratta, in fondo, di tutto quello che ci può aiutare a capire la persona che abbiamo davanti, a interpretare le implicazioni e le allusioni presenti in ciò che dice e le sue intenzioni comunicative, e, di conseguenza, a comportarci in modo adeguato: letteratura, cinema, arte, televisione, musica, cucina, ma anche orari, abitudini alimentari, tempo libero, ecc. Tutti questi elementi possono essere utili per interpretare e valutare atti e situazioni in cui ci si trova: che tipo di ristorante è quello in cui ci troviamo? Che valore ha il cibo che stiamo mangiando? Se ci invitano a pranzo, a che ora ci dobbiamo presentare? Quanto ritardo è tollerato nelle diverse situazioni? Cosa fanno gli italiani nel loro tempo libero? Quando mi fanno un regalo, lo devo aprire subito, o posso lasciarlo per dopo?

Ma cultura sono anche le abitudini e gli atteggiamenti associati molto più strettamente ai comportamenti linguistici e

INTRODUZIONE

alle diverse situazioni interattive: come ci si comporta quando ci viene offerto qualcosa? È maleducazione accettare subito? Come può reagire il nostro interlocutore se rifiutiamo? Che risposta si aspetta il nostro interlocutore quando ci mostra una foto di suo figlio, della sua famiglia o della sua casa?

Questo saper fare culturale varia da una comunità linguistica a un'altra, da una lingua a un'altra. Diventa quindi fondamentale presentare le specificità della lingua insegnata, stimolando al tempo stesso gli studenti a prendere coscienza delle loro specificità: non solo è importante sapere, ad esempio, che in una determinata cultura vi è molto o poco contatto fisico tra le persone. È imprescindibile prendere coscienza del proprio comportamento culturale, come primo passo verso la comprensione dell'altro. Molto spesso, infatti, non ci si rende conto di cose che si fanno spontaneamente e non si riesce quindi a vedere la diversità.

Nel lavoro su ogni area nozional-funzionale diventa quindi fondamentale affrontare il maggior numero di aspetti culturali ad essa connessi. Non basta, ad esempio, saper salutare prima di andar via per mantenere un comportamento comunicativo corretto in italiano. È imprescindibile sapere anche che, in alcune situazioni, prima di andar via bisogna iniziare con un po' di anticipo ad avvertire l'interlocutore, ad annunciare l'imminente partenza per non sembrare bruschi, scortesi, ecc.

È in base alle connotazioni più diffuse dei diversi comportamenti che verranno valutate e interpretate le nostre intenzioni. Tuttavia, come verrà specificato in seguito, è sconsigliabile forzare gli studenti a diventare diversi da sé stessi. L'importante è la presa di coscienza, per fornire ad ogni studente la possibilità di scegliere e di decidere se, come e quando integrarsi nell'altra cultura, assumendone anche i comportamenti sentiti più distanti.

Organizzazione dei contenuti

Ogni programma o progetto didattico e ogni tentativo di descrizione di una materia complessa come il linguaggio implica inevitabilmente un insieme di criteri con cui operare e in base ai quali ordinare il proprio lavoro. Per numerose ragioni, di cui alcune sono già state esposte, sebbene succintamente, e altre lo saranno nelle pagine che seguono, in quest'opera si è ritenuto opportuno organizzare i contenuti del corso intorno a grandi aree nozional-funzionali, all'interno delle quali vengono affrontate alcune delle possibilità di cui dispone il parlante per esprimere le varie funzioni comunicative e le diverse nozioni. Tale organizzazione dei contenuti è stata scelta perché è quella che meglio permette di affrontare tutti i diversi livelli di cui si compone la competenza comunicativa in una lingua, che vengono quindi subordinati agli obiettivi nozional-funzionali.

La grammatica

Organizzare i contenuti di un corso in termini nozional-funzionali non deve implicare che si perda di vista la dimensione morfosintattica, intorno alla quale si incentrava tradizionalmente, in modo esplicito o implicito, tutta l'organizzazione dei corsi. Senza un lavoro accurato anche in questa sfera, difficilmente si potrà raggiungere una competenza che vada oltre la semplice memorizzazione di frasi fatte, con reali capacità creative che permettano di affrontare situazioni nuove, esprimere varianti e sfumature, e decodificare un numero infinito di enunciati mai sentiti in precedenza.

La grammatica nella maggior parte dei corsi di lingua viene tuttora concepita come un insieme di regole morfologiche e sintattiche volte alla formazione di frasi. La frase costituisce generalmente, in questa prospettiva, l'unità massima di analisi. L'obiettivo sarebbe dunque di portare lo studente a formare delle frasi. Tuttavia, se si vuole arrivare ad un'analisi soddisfacente del linguaggio, questo tipo di impostazione presenta numerosissime controindicazioni.

Dalle grammatiche della frase alla grammatica del testo e delle intenzioni comunicative

In primo luogo, è da notare che ogni frase può esprimere diverse intenzioni comunicative.

Si consideri l'esclamazione **Che caldo!** nei seguenti scambi di battute:

>(11)
>(*in ufficio*)
>● Che caldo!
>○ Apro?
>**Che caldo!**: *incitazione ad agire/richiesta*

INTRODUZIONE

(12)
(*moglie e marito/due amici al mare*)
● Che caldo!
○ Sì, forse sarà meglio che ci mettiamo all'ombra.
Che caldo! *detto da uno dei due che guarda una tettoia di canne poco distante: proposta/suggerimento*

(13)
(*moglie e marito/due amici al mare*)
● Che caldo!
○ Sì, va bene, andiamo a fare un bagno.
Che caldo! *detto da uno dei due che guarda il mare e le persone che entrano in acqua: invito/proposta*

(14)
(*moglie e marito/due amici che stanno visitando degli scavi archeologici*)
● Che caldo!
○ Sì, ma per me vale proprio la pena. Se vuoi aspettami qui.
Che caldo!: *lamentela rivolta all'altro*

(15)
(*mamma e bambino che passano davanti a una gelateria*)
● Che caldo!
○ No, adesso non possiamo, abbiamo fretta.
Che caldo!: *richiesta*

Non può bastare, quindi, lavorare sulla formazione delle frasi, senza soffermarsi sulle strategie discorsive adottate dal parlante e sulle possibilità in opposizione alle quali vive ogni produzione linguistica.

Ogni elemento o struttura linguistica va affrontata in riferimento a ciò che esprime di per sé (spesso si tratta di operazioni astratte) e rispetto ai numerosi effetti espressivi che può assumere nei diversi contesti in cui compare.

Un altro problema legato alle descrizioni che prendono la frase come unità di analisi sta nel fatto che spesso le frasi presentate sono molto diverse da quello che sembrano. In molti casi, si tratta di frasi che non si produrrebbero mai da sole nella realtà. In altri, non vengono usate per esprimere soltanto ciò che sembrano esprimere. Così, ad esempio, la maggior parte dei parlanti dell'italiano credono di usare la frase **La casa è bella** per dire soltanto che *una casa è bella*. Tuttavia, se si cercano contesti nei quali si pronuncerebbe tale frase, si scopre che non si sta mai parlando soltanto di *una casa*, bensì di *una casa in rapporto con qualcos'altro*. L'enunciatore in questi contesti è più concentrato su questo «qualcos'altro» che sulla casa:

(16)
● Com'era la casa?
○ La casa è bella.
● Ma?

(17)
● Che ne dice?
○ La casa è bella. Quando potrebbe essere libera?

Se l'unica cosa che vuol fare l'enunciatore è esprimere un parere su *una casa della quale si è già parlato*, la frase sarà diversa:

(18)
● Com'era la casa?
○ Bellissima. [1]

---

[1] L'esempio **La casa è bella** è di Lourdes Miquel e Neus Sans ed è stato analizzato da F. Matte Bon in «La gramática en un enfoque comunicativo» in *Actas de las I Jornadas Internacionales de Didáctica del Español como Lengua Extranjera*, Madrid, Ministerio de Cultura, 1987, e ripreso in «Gramática y gramática para comunicar», in *Informe del Seminario-taller n. 15: Concepción de programas y elaboración de materiales*, Strasburgo, Consiglio d'Europa, 1988.

INTRODUZIONE

Lo stesso accade se si tratta di esprimere un parere su *una casa* in cui ci si trova:

(19)
- Che bella casa!

(20)
- Hai una bella casa, sai? Mi piace molto.

Questi fenomeni non sono arbitrari e caotici: rispondono a precise regole del funzionamento grammaticale dell'italiano. In questo caso concreto si tratta di fenomeni legati alla tematizzazione e alla rematizzazione del soggetto: se sappiamo già di quale soggetto stiamo parlando, normalmente non lo ripetiamo, a meno che ce ne sia bisogno per motivi inerenti al contesto: necessità di chiarire a quale elemento di un gruppo ci stiamo riferendo, contrasto con altri elementi presenti nella mente di chi parla, ecc.

Il linguaggio è un sistema di contestualizzazione, nel quale teniamo costantemente in considerazione tutto quello che è già stato detto, che diventa chiave di interpretazione di quanto verrà detto in seguito.

Quando due persone si conoscono nasce un piccolo mondo, che a sua volta si inserisce in un mondo più ampio, costituito dal nostro essere uomini, da tutte le informazioni che abbiamo sulla nostra esistenza, da tutte le informazioni di carattere culturale e linguistico che ci derivano dall'appartenenza a una determinata comunità, ecc. Questa grande quantità di dati previ (ad esempio il fatto che ci troviamo in Italia, che la capitale dell'Italia è Roma, il nostro sesso, la nostra statura, il fatto che esistono delle automobili, ecc.) entra automaticamente a far parte di quel piccolo mondo che è la comunicazione fra due persone nel momento stesso in cui queste si incontrano per la prima volta. In alcuni casi, queste informazioni presupposte possono essere totalmente o parzialmente rinegoziate.

Sin dal primo incontro, tutti gli elementi non presupposti universalmente vengono contabilizzati e tenuti in considerazione in seguito. Questa conoscenza che abbiamo della situazione di comunicazione e di quanto è già stato detto svolge un ruolo fondamentale nell'interpretazione di quanto viene detto:

(21)
- Tieni, ti ho portato la lettera.

Per capire fino in fondo questo enunciato, bisogna avere in mente *una lettera* di cui si è già parlato precedentemente. Molto nel funzionamento grammaticale di una lingua è imperniato sull'asse nuovo-conosciuto, e non si può rendere conto in modo soddisfacente del funzionamento del macrosistema che è la lingua se i diversi microsistemi non vengono integrati in una prospettiva dinamica che rifletta tale asse:

(22)
- Andiamo con la mia macchina?
○ Ma perché, hai una macchina?

(23)
- Hai fatto le fotocopie?

Non ha più senso, quindi, continuare ad affrontare soltanto come microsistemi isolati i possessivi, i dimostrativi, gli articoli, gli indefiniti, ecc., senza studiare seriamente i rapporti tra loro, e senza richiamare l'attenzione sul fatto che si tratta di diversi componenti di un sistema più ampio, quello dei determinanti del sostantivo, il quale ci rinvia direttamente ai processi dell'informazione, e all'asse nuovo - acquisito.

Né ha più senso continuare a cercare a tutti i costi rapporti diretti tra il mondo linguistico e quello extralinguistico: come abbiamo già sottolineato, il primo non sempre rimanda al secondo e va studiato in quanto tale. Non ha senso, quindi, cercare di rendere conto degli usi dell'imperfetto indicativo analizzando le caratteristiche delle azioni.[2] L'uso di un tempo verbale piuttosto che di un altro non dipende dalle azioni, bensì dallo statuto che il parlante vuole attribuire a ciò che dice.

---

[2] È quello che si fa quando si afferma che l'imperfetto esprime azioni che durano o che si ripetono, o quando si pretende di render conto del congiuntivo come il modo dell'irreale in contrasto con l'indicativo che sarebbe quello della realtà!

INTRODUZIONE

Non tutto è perfettamente coerente

Nelle descrizioni tradizionali, in particolare nell'insegnamento dell'italiano come lingua straniera, di solito si cerca una coerenza apparente che va ben oltre le caratteristiche della normale interazione linguistica. Difficilmente, infatti, si trovano nei manuali scambi di battute del tipo:

(12)
(*moglie e marito/due amici al mare*)
● Che caldo!
○ Sì, forse sarà meglio che ci mettiamo all'ombra.

(14)
(*moglie e marito/due amici che stanno visitando degli scavi archeologici*)
● Che caldo!
○ Sì, ma per me vale proprio la pena. Se vuoi aspettami qui.

(15)
(*mamma e bambino che passano davanti a una gelateria*)
● Che caldo!
○ No, adesso non possiamo, abbiamo fretta.

Questi scambi, apparentemente incoerenti, in realtà rispondono perfettamente alle caratteristiche dell'interazione orale: gli interlocutori, in situazione, dispongono di un numero sufficiente di elementi per riuscire a capirsi e ad interpretare le risposte.

Come è stato messo in luce da Grice, un principio fondamentale dell'interazione umana vuole che si collabori sempre con il proprio interlocutore sia per quanto riguarda la quantità che per la qualità (sostanza, contenuto, ecc.) di ciò che viene detto. Quando questo non avviene va segnalato esplicitamente. Ogni produzione linguistica viene quindi sempre percepita come pertinente (in quantità e qualità) nel contesto considerato. È questo che ci porta a capire gli scambi precedenti, o altri scambi resi noti dagli studi di pragmatica, come quello che segue:

(24)
● Il telefono!
○ Ho le mani bagnate!

Quando interpretiamo le intenzioni comunicative del nostro interlocutore, presupponiamo sempre che sia competente da un punto di vista comunicativo nella lingua che sta utilizzando, e teniamo conto delle numerose informazioni di cui disponiamo nella situazione di comunicazione, sul nostro interlocutore, ecc. Se ciò che dice non rientra tra le nostre previsioni, facciamo dunque uno sforzo di ragionamento per indovinare cosa ci stia cercando di trasmettere. Questo fondamentale meccanismo per il funzionamento delle lingue si chiama *implicatura conversazionale*. È grazie a questo meccanismo di interpretazione dei messaggi che gli interlocutori possono capirsi negli esempi precedenti o in quello che segue:

(25)
● Come sono andate le conferenze?
○ Abbiamo mangiato benissimo.

Naturalmente la conoscenza che abbiamo dell'interlocutore e di tutto quello che è avvenuto con lui nella comunicazione precedente costituisce un elemento fondamentale che aiuta a interpretare quanto viene detto. Uno scambio come (25) sarà spesso interpretato come rifiuto di parlare dell'argomento proposto. Tuttavia, se chi ascolta sa che il suo interlocutore è un amante della buona cucina, e che dovunque vada cerca sempre buoni ristoranti, l'interpretazione della risposta sarà diversa: entusiasmo, ecc.

Ma il principio di cooperazione non funziona soltanto a livello di contenuti: come abbiamo già detto, esso si basa sulla piena coscienza da parte degli interlocutori del funzionamento del codice utilizzato a tutti i livelli: nozional-funzionale, grammaticale, culturale, ecc. È dunque in base a questo meccanismo che in (16) ● reagisce alla risposta **La casa è bella** con **Ma?** Egli è cosciente, infatti, che sia lui che il suo interlocutore sanno che si tratta di una de-

INTRODUZIONE

terminata casa, di cui hanno già parlato in precedenza, e che questa era stata nuovamente menzionata nella domanda. Non capisce quindi perché, non essendocene bisogno, il suo interlocutore nella risposta ripeta **la casa**, e arriva alla conclusione che questi stia pensando anche a qualcos'altro e voglia mettere in chiaro che il suo **è bella** si riferisce soltanto alla casa, e non all'altro soggetto che ha in mente.

Questo tipo di complesso ragionamento si svolge in tempi estremamente brevi, ed è basato su una piena coscienza del funzionamento del codice linguistico utilizzato. È fondamentale quindi mettere gli studenti in condizioni di interpretare, anche mediante implicature conversazionali, quanto viene detto.

I materiali linguistici presentati nei corsi di lingua non possono non tener conto di fenomeni come questi.

Principi didattici: per lavorare con *Uno*

Le quattro abilità linguistiche di base e l'insegnamento delle lingue

Per lungo tempo nell'insegnamento delle lingue si è preteso di insegnare a parlare attraverso la lettura di testi, confondendo così attività sostanzialmente diverse, che implicano strategie differenti. La lettura non veniva quasi mai svolta come di fatto avviene in contesti naturali, e si tendeva a sfruttare i testi più come pretesti per la lettura a voce alta e per la presentazione di strutture grammaticali, che in esercizi volti allo sviluppo di capacità di comprensione della lingua scritta. La lingua parlata si riduceva troppo facilmente alla mera espressione di opinioni su grandi argomenti di attualità o di racconti di avvenimenti passati: naturalmente entrambi sono fondamentali e non vanno tralasciati, ma l'interazione orale è ben altro. Problemi analoghi si ponevano anche nel lavoro sulla scrittura e sulla comprensione d'ascolto.

Nonostante i numerosi lavori pubblicati al riguardo, queste problematiche sono entrate in misura ancora insufficiente nella prassi didattica quotidiana degli insegnanti d'italiano per stranieri e nei materiali ad essa destinati, sebbene siano spesso state oggetto di discussioni e di disquisizioni teoriche.

L'espressione orale, la comprensione della lingua parlata, l'espressione scritta e la comprensione della lingua scritta sono dunque da considerare come quattro abilità diverse, le *quattro abilità linguistiche di base*. Queste competenze sono diverse tra loro, ma hanno anche punti in comune, e si integrano a vicenda. Tuttavia, questo argomento non è sufficiente per poter escludere dai corsi di lingua momenti diversi di lavoro su ognuna di queste abilità.

La comprensione della lingua parlata o scritta

Secondo una tuttora diffusa tradizione didattica, la comprensione della lingua parlata e la comprensione della lingua scritta sarebbero attività fondamentalmente passive, di fronte alla produzione scritta e a quella orale, le quali sarebbero attive.

Tale dicotomia attivo-passivo risponde soltanto parzialmente alla realtà: anche la lettura e la comprensione della lingua parlata sono in realtà processi ai quali il soggetto partecipa attivamente, deducendo informazioni mancanti, ricollegando fatti e informazioni, formulando ipotesi e supposizioni sugli elementi mancanti, ma anche su quanto seguirà, oltre che confermando, correggendo o scartando le proprie ipotesi, supposizioni, ecc. Senza questa attività di rielaborazione di tutti gli elementi disponibili la comprensione è spesso impossibile. È fondamentale, dunque, aiutare in tutti i modi gli studenti a sviluppare queste strategie di ascolto e di lettura, portandoli a diventare sempre più autonomi in tali processi, stimolandoli a trovare da soli le risposte e a cercare di capire sempre di più aiutandosi con numerosi ascolti o letture.

La lingua parlata e quella scritta hanno numerose caratteristiche diverse: è indispensabile quindi sensibilizzare gli studenti su queste problematiche sin dall'inizio del corso. Ai fini di tale riflessione è importante, tuttavia, non cadere nell'errore frequentissimo di confondere la lingua scritta con quella trascritta, né la lingua orale con quella scritta e letta a voce alta: un dialogo, anche se trascritto, è pur sempre lingua orale, sebbene impoverita di alcune sue caratteristiche fondamentali. D'altro canto, un testo letto a una conferenza non è lingua orale bensì lingua scritta letta a voce alta e arricchita (o impoverita, secondo i casi) dall'intonazione e dal ritmo di chi legge.

Può essere utile, inoltre, notare che vi sono cose che si dicono ma non si scrivono mai (anche se possono essere trascritte), e altre cose che si scrivono ma non vengono mai dette oralmente (anche se possono essere lette a voce alta).

INTRODUZIONE

La lettura

Le attività di lettura vanno svolte come avviene nella realtà: in silenzio o a voce bassa, secondo le abitudini, ma comunque individualmente. Sono rari i casi in cui uno straniero dovrà leggere a voce alta in italiano: uomini politici, futuri insegnanti, ecc. Quando si svolgono le attività di lettura a voce alta è frequente che gli studenti perdano di vista i contenuti del testo letto, a causa dello sforzo che suppone la pronuncia corretta delle parole, o che si concentrino maggiormente sull'ascolto degli aspetti fonetici. La lettura individuale ha inoltre il vantaggio di rendere possibili i salti in avanti e i ritorni indietro che sono caratteristici di ogni lettura.

Non vi è dunque alcun bisogno di far leggere i testi a voce alta in classe: si tratta di un'attività che spesso nemmeno i parlanti nativi di una lingua riescono a svolgere con disinvoltura. Il lavoro sulla pronuncia e l'intonazione va svolto durante le attività orali, con l'evidente vantaggio di portare il discente a concentrarsi su un'adeguata pronuncia di cose che sarà effettivamente portato a pronunciare a voce alta.

Sebbene ogni individuo abbia le sue strategie personali di lettura, e queste siano condizionate in parte anche dal tipo di documento letto e dalle ragioni per le quali viene letto, oltre che dalla situazione in cui avviene la lettura, si possono comunque distinguere due grandi tipi di lettura: una lettura superficiale, veloce, che serve per farsi un'idea generale dei contenuti di un testo o per ricercare alcune informazioni o passaggi che ci interessano, e una lettura più attenta e approfondita, di dettaglio.

Sarebbe un errore privilegiare soltanto uno di questi due tipi di lettura basandosi su ingiustificabili giudizi di merito: se l'obiettivo di un corso è portare gli studenti a usare la lingua straniera con i molteplici obiettivi e nelle infinite situazioni in cui si usa il linguaggio umano, è fondamentale che aspiri a leggere con la stessa naturalezza di un parlante nativo. Insistere solo sulla lettura di dettaglio, vorrebbe dire non mettere gli studenti in condizioni di usare la lingua straniera con naturalezza.

I testi presentati in **Uno** generalmente vengono utilizzati dapprima per una lettura globale, e in un secondo momento per un lavoro di dettaglio. Le attività proposte portano lo studente a individuare alcuni elementi di informazione. In questa guida consigliamo generalmente all'insegnante di guidare in una fase successiva gli studenti verso una lettura più approfondita.

Per favorire le diverse strategie di lettura, si è deciso di usare testi di diversi livelli di difficoltà. In alcuni casi si tratta di testi di un livello paragonabile a quello dello studente, e in altri di un livello decisamente superiore. Tutti i testi contengono, comunque, numerosi elementi che lo studente non è in grado di capire. Questo per abituare gli studenti a selezionare informazioni e a ricostruire il senso generale, sfruttando gli elementi conosciuti ed evitando di attribuire un'importanza eccessiva agli elementi nuovi: quando gli studenti si abituano a leggere per cercare di capire tutto dall'inizio, si sviluppa velocemente una tendenza a rimanere bloccati al primo elemento di difficoltà. Si attribuisce così un'importanza eccessiva alle parole sconosciute, e la lettura diventa un ostacolo insormontabile.

La comprensione d'ascolto

Come la lettura, la comprensione d'ascolto richiede una partecipazione attiva del soggetto, ed è spesso influenzata dalle sue previsioni o aspettative su ciò che viene detto. Anche in questo caso il soggetto si formula delle ipotesi e le conferma o le scarta, o torna indietro mentalmente per reinterpretare o chiarire a sé stesso quanto era stato detto in precedenza.

Oltre al riconoscimento di parole, espressioni e strutture, la comprensione d'ascolto richiede un buon riconoscimento dei suoni e delle intonazioni, elementi fondamentali per la corretta interpretazione di quanto viene detto. Diventa dunque essenziale lavorare anche su questo aspetto, fornendo agli studenti molteplici occasioni di ascoltare voci diverse, con accenti, ritmi e timbri diversi: la sola voce dell'insegnante creerebbe falsi condizionamenti e in situazioni naturali lo studente rischierebbe di trovarsi in difficoltà.

Come nel caso della lettura, i materiali per la comprensione d'ascolto contengono spesso numerosi elementi che gli studenti non hanno ancora incontrato. Quanto abbiamo detto per la lettura è ancora più vero quando si tratta della comprensione della lingua orale: se il discente non è allenato a cercare di decifrare quello che sente, sfruttando al massimo gli elementi conosciuti, tende a bloccarsi al primo elemento che non riesce a riconoscere e a smettere di ascoltare o di mettere in pratica le proprie strategie per sopperire agli elementi mancanti.

INTRODUZIONE

Le registrazioni

Le persone utilizzate nelle registrazioni sono state scelte in base al loro timbro di voce e alla loro velocità di elocuzione.

Non si è voluto lavorare con locutori professionali, perché con il loro accento «standard» vengono fortemente neutralizzate le inflessioni regionali e si falsano notevolmente le intonazioni, allontanando le registrazioni dalla realtà cui dovrà far fronte lo studente che abbia a che fare con italiani. Sono rare, infatti, le persone che non abbiano alcun tipo di inflessione regionale. Diventa dunque fondamentale fornire al discente straniero la possibilità di familiarizzarsi progressivamente con le diverse varianti regionali dell'italiano.

Nel primo livello si è optato per la presentazione di una pronuncia prevalentemente romana di livello culturale medio-alto, senza escludere del tutto alcune altre varianti regionali, rappresentate, tuttavia, in modo estremamente blando, con la presenza nelle registrazioni delle voci di tre milanesi, una sarda e due toscani, tutti residenti a Roma da tempo. Tale decisione è motivata dal fatto che l'accento romano (ma non quello romanesco), pur essendo marcato, è comunque estremamente diffuso a causa dell'influenza della radio e della televisione. La pronuncia romana (senza tratti troppo marcatamente dialettali) è inoltre stata scelta come modello in questo primo livello per l'alto grado di sovrapponibilità con il cosiddetto italiano «standard» [3] che la contraddistingue. Va notato, comunque, che tutti gli accenti marcatamente regionali provocano reazioni fortemente contrastanti nei parlanti delle altre regioni, evocando immagini diverse da una regione all'altra. Così, ad esempio, l'accento marcatamente toscano sembra «simpatico» e «divertente» ai romani, mentre alcuni accenti del Nord vengono vissuti come più distanti o addirittura «antipatici»; gli accenti del Sud sembrano «incolti» agli abitanti del Centro e del Nord, sebbene alcune varianti, e in particolare quella napoletana, siano anch'esse ritenute «simpatiche»; ecc. Anche un accento romano eccessivamente marcato può provocare una reazione di stigmatizzazione soprattutto al nord del paese; va tuttavia ricordato che alcuni tratti, come l'apertura o chiusura delle vocali e la sonorizzazione della **s** intervocalica, coincidono con la pronuncia dell'italiano standard.

L'espressione orale e scritta

In questo primo livello, il lavoro di vera e propria espressione scritta è contenuto. Tuttavia, all'interno di questa guida si forniscono all'insegnante numerosi suggerimenti riguardanti attività di scrittura da proporre se il suo gruppo ha bisogni particolari da questo punto di vista. Sono numerosissime, invece, le attività nelle quali lo studente è portato a scrivere, ma che non costituiscono vere e proprie attività di espressione scritta.

Le attività interattive orali hanno invece un peso fondamentale nel corso: tale scelta è motivata da numerose ragioni, alla base delle quali risiede il fatto che il linguaggio è innanzitutto orale.

La lingua scritta, infatti, parte dalla lingua orale e se ne discosta principalmente a causa delle modalità in cui avviene la comunicazione scritta: la lettura è posteriore nel tempo rispetto al momento della produzione del testo, spesso chi ha scritto il testo non è presente al momento della lettura, la scrittura non è così fortemente influenzata dalla velocità e dall'immediatezza e chi scrive può ripensare e correggere il testo, a differenza di chi si esprime oralmente, ecc. Ma le caratteristiche della lingua scritta dipendono inoltre dai contesti (tipi di rapporto, obiettivo comunicativo, ecc.) nei quali viene usata: il livello di scostamento maggiore o minore dipende in larga misura da tutte queste variabili.

Comunque e in ogni caso, alla base di ogni tipo di comunicazione vi sono sempre le elementari regole dell'interazione umana, regole che possono essere esemplificate e applicate in modo decisamente più agevole se si parte dall'interazione orale.

La decisione di privilegiare gli usi orali della lingua, da un punto di vista didattico, è di ordine esclusivamente stra-

---

[3] Ci riferiamo qui a questo concetto, comunemente usato e accettato, per motivi di praticità. Ciò non significa, tuttavia, che lo facciamo nostro: si tratta, a nostro parere, di un concetto puramente astratto e teorico, non sempre chiaramente definito, usato spesso in modo estremamente ambiguo, sulla cui utilità e funzione ci sarebbe molto da discutere. In molti casi, infatti, si ricorre a tale concetto per difendere atteggiamenti di tipo normativo che nulla hanno a che vedere con il problema di natura teorica che si trova a dover affrontare la linguistica descrittiva riguardo all'eventuale esistenza di una lingua standard. A nostro parere le lingue sono quello che sono, esistono, e non vi è alcun bisogno di fissarle e contenerle a tutti i costi: esse hanno al loro interno forti meccanismi di autoregolazione che ne determinano in larga misura le evoluzioni. Molti dei problemi di tipo normativo per i quali si ricorre al concetto di lingua standard andrebbero forse impostati in altri termini: Esiste o non esiste la forma oggetto di discussione? In quali contesti socioculturali si usa? Che connotazioni ha? Appartiene a una determinata variante regionale o viene usata su tutto il territorio nazionale? È adeguata alla situazione considerata? ecc.

INTRODUZIONE

tegico e non implica, naturalmente, che si cerchi di riprodurre l'ordine naturale di acquisizione del linguaggio (prima orale e poi scritto): l'acquisizione di una seconda o terza lingua si basa su presupposti di partenza molto diversi, non ultimo il fatto che i discenti siano già in grado di utilizzare un primo codice scritto, qualunque esso sia.

Avvicinare la lezione alla vita: la lezione come occasione di interazione

Uno dei principi fondamentali su cui si basa il corso è la necessità di avvicinare il più possibile ciò che avviene all'interno delle lezioni di lingua alla realtà della vita e agli usi che si fanno comunemente del linguaggio. Questo è motivato dalla volontà di preparare il discente a interagire in modo naturale in reali situazioni d'uso, aiutandolo inoltre a prendere coscienza del funzionamento del linguaggio. Si è cercato quindi di evitare le situazioni forzatamente artificiali e di creare una normale interazione all'interno dell'aula, senza perdere di vista, però, le particolarità della situazione di classe, bensì sfruttandole nella misura del possibile per favorire un uso naturale del linguaggio: non si tratta in alcun modo di voler fingere ad ogni costo che la lezione non sia la lezione, e che gli studenti e l'insegnante non si trovino in classe ma altrove.

Favorire l'autentica interazione con il coinvolgimento personale del discente rende possibile, inoltre, l'indispensabile personalizzazione dei contenuti da acquisire, come vedremo in seguito.

L'approccio per attività

Il corso è dunque concepito come un insieme di materiali il cui obiettivo è favorire la nascita dell'interazione all'interno del gruppo, e permettere agli studenti di scoprire, insieme all'insegnante, il funzionamento della lingua italiana, portandoli ad acquisire attivamente una parte di quanto viene presentato e molti altri elementi di cui hanno personalmente bisogno. Il discente non è, quindi, un testimone più o meno passivo di quanto avviene all'interno della lezione, né un semplice attore guidato da un regista insegnante: diventa protagonista di una dinamica collettiva, alla quale partecipa attivamente con la sua personalità, i suoi bisogni, ecc.

Tale ruolo attivo favorisce il già citato coinvolgimento del discente e lo porta a vivere una vera e propria esperienza in lingua straniera, che oltre a rendere possibile la parziale personalizzazione dei contenuti, ne favorisce l'acquisizione. La lezione non è più, dunque, un semplice luogo di apprendimento razionale, volontario, conscio. [4]

Ogni unità è strutturata come un percorso di attività, seguendo il quale sia lo studente che l'insegnante vengono guidati verso un obiettivo. Lo studente incontra e affronta progressivamente tutti i principali elementi linguistici, pragmatici e culturali di cui ha bisogno per potersi muovere all'interno di ogni area.

Ogni percorso tende a riprendere costantemente ciò che è stato trattato in precedenza, sia all'interno di ogni singola unità che lungo tutto il corso. Ciò permette una progressiva presentazione «a piccole dosi» delle grandi aree nozional-funzionali, lessicali o morfosintattiche, la cui trattazione in un unico blocco porterebbe inevitabilmente a sovraccaricare il discente con più elementi di quanti è in grado di assimilare, con una conseguente sensazione di scoraggiamento o di confusione riguardo ai reali obiettivi del momento. Oltre a criteri di analisi e di classificazione della materia affrontata, un progetto didattico implica, infatti, necessariamente un percorso graduale, data l'impossibilità di presentare e affrontare tutta la materia oggetto di studio in un unico momento.

In questo percorso la morfosintassi viene trattata man mano che occorre, ed è subordinata agli obiettivi comunicativi, affinché lo studente possa andare avanti e svolgere in modo adeguato le attività proposte. Ciò non significa che la grammatica sia considerata secondaria o meno importante degli obiettivi nozional-funzionali presentati. Essa viene infatti costantemente ripresa e sistematizzata, e man mano che il discente va avanti e supera le diverse tappe del percorso didattico ogni elemento del complesso mosaico trova il suo posto. La *Sintesi dei contenuti grammaticali* ha l'obiettivo di raccogliere in un'unica sistematizzazione globale quegli aspetti presentati in diversi punti del corso, per agevolarne, al momento dovuto, una visione d'insieme. Non vengono ripresi, invece, quegli aspetti già presentati nel *Libro dello studente* in un quadro sufficientemente completo per il livello degli studenti e per gli usi che sono in grado di fare della lingua italiana.

---

[4] Per *acquisizione* intendiamo il processo inconscio che porta all'uso effettivo e spontaneo/naturale della lingua, mentre con *apprendimento* ci riferiamo al lavoro conscio di riflessione e automatizzazione di elementi linguistici con l'obiettivo di arrivare, progressivamente e grazie ad una certa capacità di controllo di sé e di quanto viene detto, ad un loro utilizzo sempre meno controllato, sempre più automatico. Non entriamo qui nel merito dell'ampio dibattito sui rapporti e i limiti tra queste due modalità. Né il fatto che riprendiamo questi concetti implica che sposiamo in tutti i loro aspetti le tesi di Stephen Krashen, il loro principale promotore.

INTRODUZIONE

Caratteristiche delle attività

Le attività cercano sempre di riprodurre le dinamiche della comunicazione, seguendo tre principi basilari (da lungo tempo messi in luce dalla didattica delle lingue straniere) affinché un'attività possa funzionare bene in classe:

— Ogni attività ha un obiettivo chiaramente definito, per evitare agli studenti la sensazione di un'eccessiva finzione o di parlare nel nulla. Gli obiettivi possono essere strettamente in rapporto con la dinamica stessa della lezione, ma esistono sempre. Spesso l'obiettivo è di tipo ludico.

— Ogni volta che ciò è possibile, si propongono attività che comportano un vuoto d'informazione da colmare (*information gap*), come avviene nella comunicazione vera.

— Le attività sono sempre personalizzate al massimo, e coinvolgono lo studente in prima persona con le sue esigenze, la sua storia personale, le sue idee, le sue dinamiche di rapporto, e così via. Questa scelta non esclude in assoluto le attività di *role-play*, tuttavia si è cercato di limitarne l'uso, giacché sono numerosi coloro che non si sentono a proprio agio se costretti a fingere di essere un altro in un'altra situazione o a svolgere una parte che non dovranno mai svolgere nella realtà. Questo per evitare il più possibile di mettere il discente in una situazione di disagio che potrebbe risultare fortemente controproducente.

Come si è detto, ogni volta che ciò è possibile si propongono attività che tengono conto della dimensione ludica, anche questa essenziale per favorire una buona dinamica all'interno del gruppo e il coinvolgimento personale di ogni discente. È importante, tuttavia, che il docente abbia sempre cura di non costringere gli studenti a giocare e essere simpatici a tutti i costi, per evitare di trasformare le attività ludiche, con alcuni tipi di discente, in vere e proprie punizioni. [5]

Inoltre, nei diversi percorsi si cerca sempre di proporre attività che permettano allo studente di arricchire la sua conoscenza della realtà socioculturale dell'italiano, in contrasto con quella della sua lingua, perché arrivi ad avere sempre più elementi per un'adeguata comprensione della comunicazione con gli italiani.

Il *Libro degli esercizi* presenta un'ampia gamma di esercizi di ogni genere (dai *drill* strutturali alle attività che implicano una competenza più globale), che permettono allo studente di fissare e consolidare le strutture e il lessico incontrati nel *Libro dello studente*.

Il nuovo ruolo dell'insegnante

Come abbiamo già visto, in questa prospettiva che vuole fare del discente un protagonista della lezione, ricreando all'interno del gruppo una normale dinamica di comunicazione e portando gli studenti a sentirsi pienamente coinvolti in un'esperienza di vita, diventa fondamentale il pieno rispetto della personalità di ciascuno. È dunque importante non forzare eccessivamente gli studenti per costringerli a fare cose che non si sentono di fare.

È essenziale, inoltre, che tutti si sentano liberi di intervenire in ogni momento per evitare quella situazione, caratteristica di molte lezioni, ma contraria al funzionamento reale della comunicazione, in cui è sempre l'insegnante ad avere il controllo della parola, a decidere chi deve parlare e, spesso, addirittura a decidere cosa bisogna dire. Per un buon andamento del gruppo è auspicabile che l'insegnante partecipi alle attività, esprima i suoi punti di vista e parli di sé stesso, esattamente come fanno gli studenti. Ciò non deve significare, tuttavia, che rinunci al suo ruolo di guida che aiuta gli studenti a seguire il percorso didattico e scoprire la lingua studiata.

---

[5] Spesso, purtroppo, gli approcci comunicativi vengono fortemente fraintesi, sia da parte dei loro detrattori che da parte di quanti li accettano. I primi li accusano di poca serietà perché l'approccio utilizzato non è l'unico che conoscono, cioè quello grammaticale, e molti dei criteri a loro sfuggono per non esservisi soffermati a sufficienza. I secondi confondono un'analisi diversa del linguaggio e dell'attività didattica con alcuni aspetti della dinamica che spesso sorge spontaneamente nel gruppo come conseguenza di tale analisi, e si propongono dunque superficialmente come insegnanti «simpatici e progressisti», rifiutando magari chi non è in sintonia con loro. A nostro avviso l'obiettivo da non perdere di vista è favorire la partecipazione degli studenti e agevolare l'uso interattivo del linguaggio, e ciò è possibile anche quando i componenti del gruppo non sono perfettamente in sintonia su tutto, esattamente come avviene nella vita stessa.
Un analogo atteggiamento che si riscontra in alcuni casi, da parte di insegnanti poco preparati, è quello che li porta a credere e far credere agli studenti che «finalmente è arrivata la comunicazione e possiamo fare a meno di quelle noiose riflessioni grammaticali». Non si tratta di questo, come non si tratta di trasformare tutti i materiali presentati in «lezione di grammatica», atteggiamento tipico di coloro che non vogliono fare lo sforzo di riflettere su aspetti nuovi, o su un modo diverso di ordinare la lingua.

INTRODUZIONE

Adeguare i contenuti al gruppo

Come qualsiasi manuale, il corso è stato concepito per un pubblico estremamente ampio, e non può quindi tener conto di tutte le specificità che ciascun gruppo di studenti può avere. In alcuni casi, dunque, può essere utile sostituire dei materiali o aggiungerne altri, oppure rivedere parzialmente il percorso, anticipando o posticipando delle attività o anche delle unità, e così via, tenendo conto dei bisogni specifici e delle particolarità del gruppo. Il corso è concepito in maniera estremamente flessibile per permettere tali modifiche. Inoltre, all'interno di questa guida vengono spesso suggerite attività supplementari, o eventuali cambiamenti di percorso.

Stimolare l'autonomia: insegnare ad imparare

Contrariamente a quanto a volte accade, l'obiettivo di un corso di lingua non dovrebbe essere creare dipendenza negli studenti, bensì portarli a un sempre maggiore controllo del loro processo di apprendimento, verso una vera e propria autonomia.

È importante, in tal senso, che gli studenti capiscano cosa stanno affrontando e perché, che siano sempre chiari gli obiettivi a breve e a lunga scadenza, che aspirino a una coscienza sempre maggiore dei loro bisogni in termini di obiettivi comunicativi da raggiungere, ma anche in termini di elementi di morfosintassi che sentono il bisogno di approfondire, rivedere, o su cui devono fare ancora pratica.

Questo tipo di obiettivo difficilmente si raggiunge in modo istantaneo, e a volte occorrono numerose discussioni e una costante trattativa all'interno del gruppo, all'insegna del massimo rispetto per l'altro. Tuttavia, ciò non significa che si debba cedere sempre ad ogni richiesta degli studenti: si tratta essenzialmente di spiegare e negoziare sul lavoro svolto insieme. Solo l'insegnante potrà decidere, di volta in volta, quale atteggiamento adottare. Così, ad esempio, se nella prima unità gli studenti richiedono la spiegazione di tutta la morfologia degli articoli, si potrà cogliere l'occasione per spiegare la filosofia del corso e richiamare l'attenzione sul fatto che in quel momento non c'è ancora bisogno di un quadro completo degli articoli, e che concentrarsi su questo problema sarebbe uno spreco di energie e distoglierebbe il gruppo dal vero obiettivo del momento. In un caso del genere è sconsigliabile cedere alla richiesta. In altri casi si potrà cedere parzialmente, sempre tenendo conto degli obiettivi del momento e cercando di non cadere nell'errore di mettere il gruppo su una falsa pista, portando gli studenti a concentrarsi su elementi di cui ancora non hanno bisogno e che non avranno modo di mettere in pratica e riutilizzare.

È importante, inoltre, ai fini di un'autonomia di apprendimento, insegnare progressivamente agli studenti a consultare strumenti di riferimento, quali la *Sintesi dei contenuti grammaticali* contenuta nel *Libro degli esercizi*, o un dizionario quando ne hanno bisogno, facendo attenzione però a non far sorgere una vera e propria dipendenza, che potrebbe risultare estremamente negativa. L'ideale è che gli studenti arrivino ad usare liberamente strumenti quali i dizionari mantenendo però una piena autonomia da essi.

Con l'obiettivo di favorire questo processo, in alcune delle attività del *Libro degli esercizi* si è deciso di utilizzare termini che lo studente non ha ancora incontrato, in modo da fornirgli, durante il suo lavoro individuale, occasioni di affrontare piccoli problemi nuovi, e proseguire nella scoperta della lingua italiana. È da notare, tuttavia, che nella maggior parte dei casi le espressioni o i termini nuovi che compaiono nelle attività del *Libro degli esercizi* sono soltanto da capire o da ripetere, e non richiedono interventi fondamentali da parte dello studente. [6]

Un altro aspetto di fondamentale importanza per portare il discente verso una sempre maggiore autonomia di apprendimento è costituito dall'allenamento all'autocorrezione: è importante che il discente sviluppi la capacità di auto-osservarsi e correggersi. In questo senso è utile che quando gli studenti fanno errori non sia l'insegnante a fornire subito la soluzione corretta e l'eventuale spiegazione, ma che in un primo momento si limiti a far notare l'errore affinché siano gli studenti stessi a cercare di correggerlo e commentarlo. Naturalmente, ciò è possibile con argomenti che gli studenti hanno già incontrato, e molto più difficile se si tratta di indovinare cose sconosciute (sebbene anche questo tipo di procedimento venga utilizzato come prassi fondamentale da alcune impostazioni didattiche).

---

[6] Questa scelta è motivata dalla volontà di mettere lo studente in condizioni di dover affrontare problemi nuovi autonomamente, proponendo però problemi che tutti siano in grado di affrontare, per evitare al discente, in questa fase iniziale, la frustrazione di non capire cosa deve fare. Nelle attività di produzione scritta vi sono numerose occasioni in cui lo studente può aver bisogno di cercare parole nuove sul dizionario.

INTRODUZIONE

I contenuti

Il primo livello copre le più importanti aree funzionali e nozionali per poter sopravvivere in italiano: gestione della comunicazione in italiano, informazione personale su sé stessi e sugli altri, le attività quotidiane (tempo, frequenza, orari, abitudini, gusti), lo spazio (situare qualcosa e muoversi negli spazi esterni e negli spazi interni), gli oggetti (quantità, prezzi, descrizione degli oggetti e rapporto con gli oggetti), gli acquisti (negozi vari, bar, ristorante), i rapporti sociali (fare insieme agli altri, prendere appuntamenti, chiedere e offrire oggetti, chiedere e offrire di fare, chiedere il permesso), la comunicazione telefonica, il passato (raccontare avvenimenti passati, descrivere situazioni e abitudini passate), i cibi e il nostro rapporto con i cibi, descrizione delle persone e rapporti con le persone, parlare del futuro (piani, progetti, desideri).

Il primo livello si rivolge a un pubblico di principianti o falsi principianti, ma può anche essere di grande aiuto per coloro che abbiano già studiato l'italiano con testi incentrati su criteri morfosintattici. Essendo infatti impostato in termini prevalentemente funzionali, fornisce molteplici occasioni di mettere in pratica ed ampliare ciò che è già stato assimilato solo da un punto di vista grammaticale.

I criteri maggiormente seguiti nella scelta degli elementi trattati (strutturali, lessicali, nozional-funzionali, ecc.) sono stati quelli ispirati alla frequenza d'uso, alla probabilità che lo studente abbia bisogno in situazioni reali degli elementi presentati, e alla loro redditività dal punto di vista espressivo e strategico.

Va sottolineato, tuttavia, che il criterio della frequenza è stato utilizzato solo parzialmente, per vari motivi. Questo criterio può essere utile per decidere cosa presentare quando si pensa alla comprensione di cose dette da altri. Serve inoltre a prevedere da un punto di vista funzionale soprattutto le aspettative dei nostri interlocutori. Tuttavia, è importante prendere coscienza del fatto che non basta assolutamente a rendere conto del funzionamento del linguaggio, e che, anzi, ne falsa notevolmente l'essenza del funzionamento. Trattandosi però di un criterio al quale si fa ancora, troppo spesso, riferimento come criterio quasi esclusivo, ci sembra necessario dedicargli un momento di riflessione.

Il criterio statistico

Il procedimento statistico ci porta a un'astrazione delle lingue, ben lontana dalla loro vera natura, collettiva, sì, ma anche prettamente individuale. Ma vediamo concretamente, con un esempio, questo importante aspetto. Si consideri una parola x: in uno studio sulla sua frequenza d'uso presso una determinata categoria professionale, ad esempio tra le segretarie, x risulta essere alla posizione 5.000 in ordine di frequenza. Vi sono dunque 4.999 parole più frequenti. Se si fa lo stesso studio presso un'altra categoria professionale, ad esempio gli avvocati, la stessa parola può essere alla posizione 2.000 nell'ordine di frequenza. Se si estende lo studio all'insieme dei parlanti della lingua considerata, il termine x si troverà in una posizione ancora diversa, ad esempio alla posizione 4.000. Questo risultato è una media statistica dei risultati dello stesso studio presso diverse categorie professionali, tenuto conto del numero di rappresentanti di ogni categoria presenti nel campione. Se si prende lo studio in questione come punto di riferimento per decidere cosa includere e cosa non includere in un corso, si rischia di creare molta insoddisfazione: se il corso presenta le 3.000 parole più usate, gli avvocati saranno costretti a imparare 1.000 parole di cui hanno meno bisogno che della parola x, esclusa dal corso. Se il corso include le 4.000 parole più frequenti, le segretarie si troveranno ad imparare il termine x, di cui non hanno tanto bisogno, prima di 1.000 altre parole per loro più utili.

Ma in realtà il problema è ancora più complesso, perché nella frequenza d'uso non influisce soltanto la categoria professionale, ma una lunga serie di altre variabili sociali e individuali, quali il livello di istruzione, l'età, il carattere, gli interessi personali, e così via.

Le considerazioni fatte fin qui a proposito del lessico valgono, in parte, anche per le scelte riguardanti i contenuti nozional-funzionali: non tutti i parlanti di una lingua si trovano a dover fare le stesse cose. C'è, ad esempio, chi prende molti appuntamenti in modo formale, per telefono, e c'è chi fa più spesso acquisti. Alcuni parlanti si muovono più spesso in contesti informali ed altri in contesti più formali.

Gli obiettivi di un corso di lingua non possono quindi essere stabiliti soltanto con criteri di frequenza. Vi è da considerare, inoltre, che i parlanti nativi di una lingua, generalmente presi come campione per gli studi statistici, non fanno con la loro lingua le stesse cose che fa un parlante straniero. L'uso che ne fa lo straniero dipende in larga misura dai contesti in cui si troverà ad operare in lingua straniera.

Vi è da dire, inoltre, che gli studi sulla frequenza rischiano spesso di essere falsati dalla costituzione del campione preso in esame: come si stabiliscono le proporzioni tra lingua orale e lingua scritta? E quelle tra i diversi tipi di par-

INTRODUZIONE

lato e di scritto? Le lingue sono in questo individuali, e ognuno di noi rappresenta un'immagine diversa della stessa lingua: come abbiamo già sottolineato, alcuni parlanti leggono più di altri, non tutti leggono o scrivono lo stesso tipo di documento, alcuni si muovono più spesso di altri in registri formali, ecc. Tutte queste variabili incidono notevolmente e inevitabilmente sul risultato dello studio di frequenza, e ci sembra estremamente difficile stabilire dei criteri per bilanciare i diversi tipi di linguaggio (orale, scritto, tipo di testo scritto, registri linguistici, ecc.). La prima soluzione che viene in mente è quella di includere il maggior numero possibile di materiali di ogni genere, per cercare di dare un'immagine totale della lingua. Ma tale immagine sarà comunque falsata rispetto alla realtà che della lingua vive e percepisce ogni parlante. [7]

Non bisogna dimenticare che, sebbene alcuni termini o strutture siano di uso poco frequente, risultano essere fondamentali per l'espressione di concetti o intenzioni comunicative particolari: diventa indispensabile quindi anche il criterio della redditività espressiva dei diversi elementi linguistici.

È interessante notare che nonostante l'esperienza individuale e l'uso diverso che ne fanno e ne sanno fare i diversi parlanti, vi è una parte importante di codice in comune, la quale permette ai parlanti di una comunità di capirsi, e che è identica a quella di tutti gli altri parlanti: attraverso esperienze diverse in contesti particolari, i parlanti di una lingua se ne fanno paradossalmente un'immagine molto simile. Questo paradosso è dovuto al fatto che gli esseri umani hanno ben altre risorse, e la ricchezza della mente umana risiede in parte nella sua capacità di confondere i diversi piani, di stabilire associazioni e collegamenti che sfuggono alle classificazioni, ecc. Attraverso la sua esperienza, un parlante può cogliere di una parola o di una struttura molto più di una statistica rigorosa, e questo gli permette di decidere quali parole e quali strutture usare, e quando. Attraverso campioni diversi e esperienze diverse, i diversi parlanti di una lingua arrivano a conclusioni (subconsce) molto simili. Abbiamo seri dubbi sulla possibilità di riuscire a descrivere quello che c'è nella mente dei parlanti mediante gli studi di frequenza. Il linguaggio sfugge alle statistiche, che ne restituiscono una caricatura. Gli studi di frequenza rimangono, invece, validi, se non si tratta di formare parlanti attivi, bensì di stabilire cosa presentare e cosa non presentare a gente che si troverà a dover capire esempi di lingua di ogni genere.

Per tutte queste ragioni, nella concezione e nella stesura del corso è stato lasciato ampio spazio all'acquisizione individuale, e particolarmente nella presentazione del lessico, stimolando gli studenti a chiedere all'insegnante le parole e le espressioni di cui hanno bisogno, per favorire, attraverso il coinvolgimento personale di ognuno, con le sue idee, le sue esperienze di vita, le sue abitudini, ecc., l'acquisizione di un lessico il più possibile personalizzato.

Lo svolgimento delle attività

Le attività proposte hanno una durata variabile da un gruppo all'altro, e da un'attività all'altra. In alcuni casi si tratta di attività estremamente puntuali, tendenti a sensibilizzare il discente o a prepararlo allo svolgimento successivo di altre attività più complesse. È importante, quindi, non pretendere a tutti i costi di provocare sempre lunghe conversazioni, o di far durare l'attività molto più della sua durata naturale, onde evitare di trasformare degli stimoli che possono risultare estremamente utili in noiose o interminabili prove di pazienza. All'interno di questa guida suggeriamo in ogni caso come sfruttare al massimo ogni attività: nel percorrere le diverse tappe proposte è fondamentale rispettare i tempi naturali.

Sono numerose le attività che, oltre ad essere un'occasione di mettere in pratica quanto è appena stato visto, costituiscono inoltre un momento in cui lo studente è portato a chiedere espressioni e parole nuove, con l'obiettivo, già espresso, di personalizzarne l'apprendimento.

La lingua

Il testo si basa su un'analisi accurata del funzionamento dell'italiano come strumento di comunicazione (orale e scritta), e come veicolo di cultura.

Per evitare di presentare dialoghi poco rappresentativi dell'italiano autentico, si è deciso di presentare prevalentemente piccoli campioni di scambi interattivi che esemplificassero le nozioni e le funzioni trattate di volta in volta. Si è cercato sempre di non falsare la realtà della lingua italiana, evitando dunque di tagliare elementi considerati ecces-

---

[7] Raccogliere il maggior numero possibile di materiali può essere estremamente utile, invece, se si tratta di stabilire cosa esiste e cosa non esiste in una lingua. Ben altro è l'interpretazione degli stessi dati, la quale, per essere pienamente valida, deve limitare il campo di studio a un corpus settoriale che non abbia pretese di rendere conto di tutta lingua.

INTRODUZIONE

sivamente difficili, o di includerne a tutti i costi altri solo perché rappresentativi di una struttura che si stava cercando di esemplificare.

Come è già stato sottolineato, nelle attività di comprensione d'ascolto e in quelle di lettura lo studente è esposto a esempi di lingua complessi, per stimolare lo sviluppo di strategie di ascolto e di lettura selettive. Tuttavia, le attività proposte sulla base di questi testi o di questi materiali audio sono sempre all'altezza delle possibilità dello studente.

Superare l'autentico: l'ultra autentico

Come abbiamo già sottolineato più volte, il corso è concepito in modo da far emergere usi spontanei e naturali della lingua, sfruttando le dinamiche della lezione e l'artificio che in parte rappresenta, seppure nell'ambito della sua realtà.

Molti dei dialoghi e dei testi proposti provengono da materiali autentici successivamente rielaborati (ad esempio, alcuni dialoghi, che riproducono scambi autentici, sono stati registrati posteriormente, o riregistrati per motivi tecnici). Tuttavia, sono numerosi i materiali prodotti ad hoc per il corso: questi si basano comunque su un'attenta osservazione di quello che dicono i parlanti nelle situazioni rappresentate, rispettando le incoerenze laddove ci sono, le pause e le esitazioni, gli usi delle numerose parole (quali **mah**, **ah**, **beh**, ecc.) generalmente mancanti nei dialoghi dei corsi di lingua. Tutti i materiali, e in particolare i dialoghi, sono stati oggetto di numerosi e complessi controlli e prove con parlanti diversi, per osservarne le reazioni e valutare le possibilità di pronunciare ogni battuta in modo naturale. In particolare, sono stati modificati ogni volta che qualcosa veniva percepito come anomalo, difficile da dire in modo da sembrare spontaneo, ecc.

Per considerazioni di varia natura, si è deciso di non utilizzare dialoghi totalmente autentici, che non fossero cioè riregistrati o rielaborati, se non addirittura prodotti ad hoc. Innanzitutto, un fattore determinante è la qualità delle registrazioni ottenute. Perché le registrazioni siano totalmente affidabili è fondamentale, nella maggior parte delle aree nozional-funzionali, che i parlanti non sappiano di essere registrati, per essere sicuri che non dicano cose che non direbbero altrimenti. Gli esperimenti fatti di registrazioni parzialmente libere (in cui si fornisce al locutore soltanto una traccia di quello che dev'essere registrato) dimostrano a nostro avviso che troppo spesso i parlanti dicono cose che non direbbero mai nella realtà, allungando eccessivamente gli scambi di battute o esprimendo linguisticamente cose ovvie e visibili per tutti, che normalmente sarebbero presupposte e alle quali ci si limiterebbe a riferirsi senza informarne l'interlocutore. In molte aree nozional-funzionali diventa dunque estremamente difficile avere materiali realmente autentici che siano di una qualità mediamente soddisfacente. Per ottenerli occorrono infatti apparecchiature altamente sofisticate, che in molte situazioni possono essere difficili da mascherare. Tale problema può essere ovviato osservando attentamente il comportamento dei parlanti e prendendo appunti o registrando conversazioni con piccoli registratori non professionali, per poter disporre di un buon materiale di base. Dati i contenuti nozional-funzionali del primo livello, si è scelta questa opzione.

Il secondo livello, dati i contenuti delle aree nozional-funzionali affrontate, presenta un ampio uso di materiali autentici.

Un'altra considerazione importante è la necessità di ordinare in qualche modo i materiali utilizzati. Un corso di lingua deve, in un certo senso, andare oltre l'autentico, e presentare materiali altamente rappresentativi degli usi della lingua considerata, giacché si tratta di fornire al discente quella base rispetto alla quale valutare da un punto di vista comunicativo le proprie e le altrui produzioni linguistiche, e di esemplificare al tempo stesso i meccanismi di creazione linguistica che permettono ai parlanti nativi di scostarsi dalle forme più tipiche. Si tratta quindi di presentare una tipologia completa e ben bilanciata: per ottenerla con registrazioni autentiche, e tenuto conto delle difficoltà tecniche, occorre un numero altissimo di registrazioni tra cui scegliere. Naturalmente vanno accuratamente evitati gli scambi che possano sembrare asettici o in qualche modo anomali se detti con intonazioni diverse da quella originale.

Le concettualizzazioni

Le sistematizzazioni proposte sono sia di tipo nozionale-funzionale che morfosintattico.

Nelle concettualizzazioni di tipo nozionale-funzionale sono inevitabilmente stati scelti alcuni elementi caratteristici dell'area trattata. In questa guida ne suggeriamo spesso altri, da presentare soltanto se il suo gruppo reagisce bene.

INTRODUZIONE

La morfosintassi viene sistematizzata soltanto quando lo studente ne ha veramente bisogno per potersi muovere comodamente all'interno di una determinata area. La *Sintesi dei principali argomenti grammaticali*, contenuta nel *Libro degli esercizi*, comprende tutte le spiegazioni supplementari essenziali di cui potrebbe aver bisogno lo studente.

Fonetica

Ogni unità comprende esercizi di fonetica e di intonazione, con l'obiettivo di aiutare lo studente a interiorizzare progressivamente il sistema ritmico e intonativo, fonetico e fonologico.

I principali aspetti e le principali difficoltà che incontrano gli stranieri che studiano l'italiano vengono trattati singolarmente e in esercizi contrastivi. Nulla viene detto, invece, su problemi caratteristici dell'italiano quali, ad esempio, il raddoppiamento sintattico, che verranno trattati nel secondo livello.

È importante non pretendere che gli studenti raggiungano dall'inizio la perfezione: va evitato, in particolare, di riprenderli ad ogni momento per evitare lo scoraggiamento che ciò rischia di provocare.

Cultura

Come abbiamo già detto, il corso è ricco di materiale culturale e di spunti di ogni genere (testi, fotografie, annunci pubblicitari, canzoni, informazione culturale e allusioni all'interno dei dialoghi o dei testi, ecc.) per permettere agli studenti di arricchire le loro conoscenze dell'Italia e della vita degli italiani.

Non è necessario che lo studente faccia propri tutti i comportamenti degli italiani. In numerosi casi infatti le differenze riguardano aree delicate per l'individuo dal punto di vista psico-sociologico e la modifica del proprio comportamento può richiedere parecchio tempo, o costringere il discente a superare tabù personali. Non avrebbe senso pretendere che uno studente proveniente da una cultura nella quale si tende ad evitare il contatto fisico con gli altri, cominciasse ad un tratto ad abbracciare e dare pacche sulle spalle a tutti: non si tratta di mettere gli studenti a disagio, né di fare violenza a nessuno. Ciò può risultare fortemente controproducente. Tutto, perché il corso abbia successo e aiuti gli studenti a conseguire buoni risultati, deve farsi all'insegna del massimo rispetto dell'individuo. L'obiettivo è far prendere coscienza agli studenti della specificità di molti comportamenti, linguistici e non, per metterli in condizione di valutare adeguatamente le situazioni nelle quali si troveranno ad agire nella loro vita in italiano.

Sigle e abbreviazioni utilizzate nella Guida per l'insegnante

L.E.: Libro degli esercizi

L1: lingua madre dello studente

Lcomune: lingua di comunicazione del gruppo, diversa dall'italiano.

APPUNTI BIBLIOGRAFICI

La presente bibliografia non ha alcuna pretesa di esaustività. Il suo unico obiettivo è di fornire alcuni spunti agli insegnanti che desiderino approfondire le diverse problematiche legate all'insegnamento delle lingue straniere. Ci limitiamo a menzionare alcune opere di carattere generale che ci sembrano utili e chiare, o lavori che, pur riguardando alcuni settori di indagine in modo più specifico, rivestono, a nostro avviso, un'importanza particolare o aiutano a farsi un'idea di un determinato campo. Per dei riferimenti bibliografici più dettagliati, rimandiamo il lettore alle diverse opere e lavori citati.

Problemi di carattere generale e opere d'introduzione

A. Akmajian, R. A. Demers, R. M. Harnish, *Linguistica*, Bologna, Il Mulino, 1982.

C. J. Brumfit, K. Johnson, *The Communicative Approach to Language Teaching*, Oxford, O.U.P., 1979.

A. Ciliberti (a cura di), *Glottodidattica e discipline linguistiche: prospettive attuali*, Bologna, Zanichelli, 1979.

W. D'Addio Colosimo (a cura di), *I materiali linguistici nella didattica delle lingue*, Bologna, Zanichelli, 1978.

R. Galisson, *Hier et aujourd'hui la didactique générale des langues étrangères*, Paris, Clé International, 1980.

N. Galli De' Paratesi, *Livello soglia per l'insegnamento dell'italiano come lingua straniera*, Strasburgo, Consiglio d'Europa, 1981.

W. Littlewood, *Communicative Language Teaching: an introduction*, Cambridge, O.U.P., 1981.

E. Martín Paris, "La enseñanza de los idiomas modernos: de los contenidos a los procesos", in *Cable*, 1, Madrid, aprile 1988.

D. Nunan, *Designing tasks for the Communicative Classroom*, Cambridge, O.U.P., 1989.

S. Pit Corder, *Introduzione alla linguistica applicata*, Bologna, Il Mulino, 1983.

W. M. Rivers, *Teaching Foreign Language Skills*, Chicago, The University of Chicago Press, 1981.

H. N. Stern, *Fundamental Concepts of Language Teaching*, Oxford, O.U.P., 1983.

R. Titone, *Glottodidattica. Un profilo storico*, Bergamo, Minerva Italica, 1985.

T. van Els, T. Bongaerts, G. Extra, C. van Os, A.M. Janssen-van Dieten, *Applied Linguistics and the Learning and Teaching of Foreign Languages*, London, Edward Arnold, 1984.

G. Yule, *Introduzione alla linguistica*, Bologna, Il Mulino, 1987.

Problemi legati all'acquisizione delle lingue straniere

H. Dulay, M. Burt, S. Krashen, *La seconda lingua*, Bologna, Il Mulino, 1985.

R. Ellis, *Understanding Second Language Acquisition*, Oxford, O.U.P., 1985.

J. Zanón, "Psicolingüística y didáctica de las lenguas: una aproximación histórica y conceptual" in *Cable*, 2, novembre 1988 e *Cable*, 3, aprile 1989.

J. Zanón, "El modelo de Krashen y la enseñanza de la segunda lengua", in *Aspectos didácticos del inglés*, Zaragoza, ICE de la Universidad de Zaragoza, 1989.

Problemi di analisi del linguaggio e grammatica

H. Adamczewski, *Grammaire linguistique de l'anglais*, Parigi, Armand Colin, 1982.

R. A. Beaugrande, W. U. Dressler, *Introduzione alla linguistica testuale*, Bologna, Il Mulino, 1984.

G. Brown, G. Yule, *Analisi del discorso*, Bologna, Il Mulino, 1986.

LEND, a cura di P. Ciavatta, G. Centazzo, M. Curró, *Grammatica e insegnamento comunicativo*, Milano, Bruno Mondadori, 1987.

LEND, a cura di R. Besse, R. Porquier, *Grammatica e didattica delle lingue*, Milano, Bruno Mondadori, 1985.

P. Giunchi (a cura di), *Grammatica implicita e grammatica esplicita*, Bologna, Zanichelli, 1990.

LEND, a cura di M. Ambel, *Insegnare la lingua: quale grammatica*, Milano, Bruno Mondadori, 1982.

Languages, n° 17: "L'énonciation", a cura di Tzvetan Todorov, Parigi, Larousse, marzo 1970.

Languages, n° 67: "La signalisation du discours", a cura di F. Récanati, Parigi, Larousse, Settembre 1982.

APPUNTI BIBLIOGRAFICI

G. Leech, J. Svartvick, *A Communicative Grammar of English*, Londra, Longman, prima ed. 1975 - Edizioni recenti ampliate e aggiornate.

S. C. Levinson, *La Pragmatica*, Bologna, Il Mulino, 1985.

F. Matte Bon, "La gramática en un enfoque comunicativo", in *Actas de las I Jornadas Internacionales de Didáctica del Español como Lengua Extranjera*, Madrid, Ministerio de Cultura, 1987.

F. Matte Bon, "En busca de una gramática para comunicar", in *Cable*, 1, Madrid, aprile 1988.

F. Matte Bon, "De nuevo la gramática", in *Actas de las II Jornadas Internacionales de Didáctica del Español como Lengua Extranjera*, Madrid, Ministerio de Cultura, 1988.

F. Matte Bon, *Gramática comunicativa del español*, Madrid, Difusión, 1992.

J. Ortega Olivares, "Aproximación a la pragmática", in *Cable*, 2, Madrid, novembre 1988.

J. Ortega Olivares, "Gramática, pragmática y enseñanza de la lengua", in *Actas del 1er Congreso Nacional de ASELE*, Granada, 1990.

M. T. Prat Zagrebelsky, *Grammatica e lingua straniera*, Firenze, La Nuova Italia, 1985.

F. Récanati, *La transparence et l'énonciation*, Paris, Seuil, 1979.

E. Roulet, *Teorie grammaticali e insegnamento delle lingue*, Bologna, Il Mulino, 1980.

Tréma, n° 8: "Linguistique et analyse métaopérationnelle de l'anglais", Parigi, U.E.R. des Pays Anglophones de l'Université de Paris III, 1983 (interessanti analisi che contribuiscono a dare un'idea della scuola di H. Adamczewski).

Altri problemi legati alla descrizione e l'insegnamento delle lingue

G. Brown, G. Yule, *Teaching the spoken Language*, Cambridge, O.U.P., 1983.

Cable, 5: Dossier "Enfoque por tareas", Madrid, aprile 1990 (Ricco di riferimenti bibliografici anche recentissimi).

Cable, 7: Dossier "Lectura", Madrid, aprile 1991 (Ricco di riferimenti bibliografici anche recentissimi).

Cable, 8: Dossier "La comprensión auditiva", Madrid, novembre 1991 (Ricco di riferimenti bibliografici anche recentissimi).

Cable, 9: Dossier "Cultura", Madrid, aprile 1991 (Ricco di riferimenti bibliografici anche recentissimi).

P. Doyé, *Typologie der Testaufgaben für den Unterricht Deutsch als Fremdsprache*, Berlino, Langenscheidt, 1988.

A. Hurtado Albir, "La traducción en la enseñanza comunicativa de idiomas", in *Cable*, 1, Madrid, aprile 1988.

LEND, a cura di E. Lugarini, *Insegnare la lingua: parlare e scrivere*, Milano, Bruno Mondadori, 1982.

LEND, a cura di A. Becchetti, D. Cornaviera, L. Panzeri Donaggio, *La dimensione culturale nell'insegnamento di L2*, Milano, Bruno Mondadori, 1986.

J. P. Slagter, "Qué palabras hay que enseñar?, in *Cable*, 1, Madrid, aprile 1988.

J. P. Slagter, "La semiótica del diálogo", in *Diálogos Hispánicos de Amsterdam*, 6, Amsterdam, 1987.

F. Weiss, *Jeux et activités communicatives dans la classe de langue*, Paris, Hachette, 1983.

UNITÀ 1

Puoi ripetere per favore?

Questa unità ha un duplice obiettivo:

— portare avanti un discorso di "sensibilizzazione" alle conoscenze previe che sicuramente gli studenti hanno sull'Italia (*collage* delle pagine iniziali, attività 1, attività 10)

— fornire gradualmente allo studente che si accinge ad affrontare un corso di lingua italiana alcuni strumenti basilari per gestire la comunicazione in classe. Dal punto 2 al punto 5 tutte le attività sono organizzate in modo da far sorgere dei bisogni negli studenti legati al contesto lezione: **Come si pronuncia questo?**, **Cosa vuol dire X?**, **Come si dice X?**, **Come si scrive X?**.

> *Contenuti nozionali e funzionali*: come dettare un nome al telefono - saluti e convenevoli - elementi per chiedere e dire il motivo di qualcosa.
>
> *Contenuti grammaticali*: prime due persone del presente indicativo del verbo **studiare** - **come mai** e **perché** - **per** + *infinito*, **per** + *sostantivo*, **perché** + *frase*.
>
> *Aree lessicali*: lessico elementare, parole italiane già conosciute dagli studenti.
>
> *Fonetica e ortografia*: l'alfabeto italiano.

Il *collage* di pag. 8/9 presenta immagini italiane: opere d'arte, paesaggi, personaggi noti, oggetti. Alcune di queste immagini possiedono un'identità ben delineata (ad es. la Torre di Pisa, il Duomo di Milano, Marcello Mastroianni, la pizza, ecc.), altre sono più vaghe e tendono a suscitare un'"idea di" (ad es. Italia = moda, = calcio, = cucina, = sole, ecc.).

Dopo aver chiesto agli studenti di guardare attentamente il *collage* potrà valutare il tipo di sfruttamento più adeguato alle esigenze della sua classe. Suggeriamo diverse possibilità:

a) nel caso di principianti assoluti può essere utile una discussione, quando è possibile in L1 o in una Lcomune, degli aspetti presentati. Ognuno di noi possiede, infatti, una sua immagine personale di ogni paese straniero (e ciò è ancor più vero se si tratta di un paese del quale scegliamo di studiare la lingua), immagine molto più ricca e utile di quanto possiamo credere a prima vista. Prenda spunto dalle fotografie per presentare alcuni aspetti dell'Italia: ciò in genere ha un effetto motivante sul gruppo (porta lo studente a ricordare qualcosa, provoca curiosità, bisogno di chiarimenti, ecc.). Le sconsigliamo tuttavia di dilungarsi eccessivamente su aspetti particolari presenti nel *collage* e di trattare, nella misura del possibile, soprattutto quelli ai quali il gruppo sembra più interessato, limitandosi a menzionare velocemente gli altri.

b) nel caso di falsi principianti lo sfruttamento può avvenire in maniera più puntuale, e le immagini, dopo una prima fase di riconoscimento e discussione, possono anche essere usate per dare informazioni lessicali e culturali, o come elemento di appiglio che aiuti gli studenti a ricordare parole conosciute.

Altre possibilità di sfruttamento dipenderanno da fattori che solo lei potrà valutare: gli studenti a cui insegna sono in Italia?, se sono nel loro paese conoscono l'Italia?, qual è l'immagine più diffusa dell'Italia nel loro paese?, ecc.

1
> L'attività ha l'obiettivo di:
> - riportare alla mente degli studenti il maggior numero di parole italiane già conosciute
> - provocare una presa di coscienza del fatto che tutti hanno una qualche conoscenza previa dell'italiano

Se ha la possibilità di usare una Lcomune può cogliere l'occasione per discutere di quelle parole che secondo lei sono legate a luoghi comuni sull'Italia. Poiché a partire dal punto 2 iniziano delle attività incentrate sui suoni e sulla corrispondenza grafia-suoni dell'italiano, le sconsigliamo in questa fase di dare troppa importanza agli eventuali errori ortografici degli studenti. L'obiettivo di quest'attività, infatti, non è ancora quello di imparare a scrivere in italiano, quanto di fare il punto con sé stessi sull'immagine che si ha della lingua italiana, sia in termini di parole e suoni conosciuti, sia in termini di immagine dell'ortografia italiana.

Al momento della correzione chieda agli studenti di dire le parole che hanno scritto e si limiti, per ora, a ripetere in

UNITÀ 1

modo chiaro le parole dette/scritte dagli studenti e a scriverle correttamente alla lavagna. È preferibile, per ora, evitare di correggere gli studenti individualmente. Gli studenti che avranno fatto errori o avranno idee/immagini sbagliate delle parole in questione ne prenderanno coscienza senza sentirsi ripresi sin dall'inizio. Si eviterà così la sensazione di scoraggiamento, e la frustrazione di non poter parlare o scrivere niente senza venir subito corretti. È fondamentale che gli studenti si sentano incoraggiati a partecipare sin dall'inizio del corso: questo avrà conseguenze fondamentali per il buon andamento delle attività future.

Incoraggi gli studenti a ricordare il maggior numero di parole possibili.

Cfr. *L.E.* attività 1.

2

L'attività ha l'obiettivo di:
– portare gli studenti a cimentarsi con la pronuncia di parole italiane
– far nascere il bisogno di poter chiedere al proprio insegnante come pronunciare in modo corretto.

Faccia notare la presentazione di **Come si pronuncia questo?** Le consigliamo per ora di presentare questa espressione e anche quelle che seguono ai punti 3 e 4 come frasi fatte e di non affrontarle analiticamente. Non è il caso, quindi, né di presentare la forma impersonale, né di parlare della coniugazione dei verbi. In particolare, le consigliamo, in questa fase, di non concettualizzare gli usi di **questo**, né di presentare ancora l'operatore **quello**, il quale verrà lavorato nell'Unità 9.

Faccia leggere le parole agli studenti e le ripeta dopo di loro correttamente. Se gli studenti sbagliano nella pronuncia eviti di sottolinearlo eccessivamente: in queste prime fasi dell'apprendimento generalmente gli studenti si sentono molto motivati e sono quindi molto sensibili anche alle correzioni.

Se vuole può far notare alcuni fenomeni come la pronuncia del gruppo **gli** o la pronuncia della **z**. Tuttavia, non si soffermi troppo, giacché questi aspetti verranno trattati più avanti.

Le fotografie pubblicate sono state scattate a Roma. Se gli studenti sono, o sono stati, in Italia, conosceranno molte di queste parole, nel caso in cui ne ignorino il significato sentiranno il bisogno di chiederglielo. Può pertanto passare al punto 3.

Da questo punto fino alla fine dell'unità, e anche per le unità seguenti, per un approfondimento della struttura delle frasi interrogative, può consultare la *Sintesi di grammatica*, alle pag. 156 - 158, paragrafo *Domandare*. Tuttavia, in questa fase non è ancora il caso di cominciare ad affrontare questo capitolo con gli studenti. È preferibile cominciare a presentarne i diversi aspetti dall'Unità 2.

3

Pratica orale della struttura **cosa vuol dire?**.

Se nessuno studente ha mostrato curiosità per il significato delle parole viste al punto 2, le consigliamo di mostrare direttamente come si formula la domanda:

- ● Miriam, cosa vuol dire **polizia**?
- ○ ...
- ● Ora chiedi a Denise un'altra parola.
- ○ Cosa vuol dire **ospedale**?
- ● ...

Se dispone della possibilità di usare una Lcomune non ci saranno problemi di traduzione e se lo ritiene opportuno può tornare al punto 1 (ognuno potrà chiedere a un compagno il significato delle parole da lui scritte); in caso contrario le consigliamo di utilizzare parole il cui significato potrà facilmente essere tradotto in immagine, ad es. tutti gli oggetti che sono in classe (penne, quaderni, sedie, ecc.) e di trascurare per ora le fotografie per non sovraccaricare eccessivamente lo studente con spiegazioni complicate.

Se crede, può già dare anche la forma **Cosa significa?** agli studenti o, se opta per una maggiore gradualità, rimandarla ad un'altra occasione.

Cfr *L.E.* attività 2.

UNITÀ 1

4
Presentazione e pratica orale di:
- **Come si dice x in italiano?**
- **Come si scrive x?.**

Le consigliamo di riallacciarsi alle domande appena fatte dagli studenti, ad es. a chi ha prima chiesto **Cosa vuol dire polizia?** ora lei potrà chiedere:

- Come si dice *police* in italiano?
- Polizia.

Potrà poi passare all'attività personalizzata chiedendo agli studenti di pensare a tre o più parole delle quali vorrebbero conoscere la traduzione in italiano, e sollecitarli a chiederlo a lei o ai loro compagni.

Faccia notare la risposta di cortesia **grazie**, e se lo crede possibile introduca anche **prego**.

Potrà poi chiedere agli studenti di scrivere le nuove parole, sollecitandoli ad usare la forma **Come si scrive x?**.

Prima di poter rispondere a questa domanda potrà vedere insieme a loro l'alfabeto e i nomi delle lettere.

Abbiamo preferito segnalare le lettere straniere a parte perché, seppure ormai molto frequenti, esse caratterizzano sempre degli stranierismi.

Faccia notare la consuetudine di ricorrere ai nomi di città per evitare equivoci al telefono. Naturalmente non è necessario che per ora gli studenti siano in grado di saper fare ciò, anche se è importante che conoscano questa possibilità.

È invece estremamente utile che lo studente apprenda la struttura **Puoi ripetere, per favore?**. Se la sua classe è composta da studenti di diverse L1 può proporre questo gioco: solleciti uno studente a dire qualcosa nella sua lingua con un ritmo naturale, poi intervenga, chiedendo: **Puoi ripetere, per favore?**. Chieda poi agli studenti di ripetere il gioco a coppie di due. La vignetta alla pag. 11 può essere di aiuto (le parole sono state volutamente trascritte tutte attaccate per simboleggiare una pronuncia veloce e poco comprensibile).

Cfr. *L.E.* attività 3, 4, 6 e 7.

5
Pratica orale integrata con attività di scrittura delle strutture viste finora e dei nomi delle lettere.
Primo approccio con uno dei modi di chiedere il nome.

Le consigliamo di introdurre la forma **Come ti chiami?** chiedendolo direttamente a uno studente. Questa forma è necessaria a svolgere l'attività, ma abbiamo preferito non darne qui la concettualizzazione per non sovraccaricare eccessivamente lo studente. Ritorneremo sulle informazioni personali, partendo dal nome, nell'Unità 2. Faccia notare la forma di **cognome/nome** che è nell'esempio e poi i nomi delle lettere. Ogni studente può controllare se la grafia del suo nome e cognome è esatta.

Se possiede una Lcomune può, dopo lo svolgimento dell'attività, insistere sulla strategia di auto-correzione in classe (Cfr. *Introduzione*) che sarà uno strumento utile durante tutto il corso, ma insista, per evitare equivoci, sul fatto che comunque in classe tutto avviene sotto la sua supervisione.

6
Pratica d'ascolto sull'alfabeto: dettatura di parole.

Lo studente deve capire alcune parole dettate, lettera per lettera, da nativi italiani.

Faccia ascoltare la lista varie volte.

Se gli studenti mostrano curiosità per il significato delle parole non dimentichi che hanno già visto gli strumenti per ottenere queste informazione da altri: li spinga ad usarli.

Se ritiene necessaria la lettura del testo, lo può trovare a pag. 200.

UNITÀ 1

7

Pratica orale integrata con attività fonetica e di scrittura.
Attività personalizzata.

Pratica della dettatura delle parole.

Le consigliamo di chiedere agli studenti di lavorare contemporaneamente a gruppi di due sotto la sua supervisione, in modo da poter ripetere gli scambi comunicativi con diverse persone ed avere modo di riutilizzare più volte ciò che hanno visto finora. Intervenga ogni volta che lo ritiene necessario, ma insista comunque sullo strumento dell'autocorrezione.

8

Pratica di scrittura integrata con attività orale degli elementi incontrati finora.

Abbiamo preferito suggerire un limite di tempo per evitare che gli studenti si soffermino eccessivamente su tutte le parole che possono ricordare e per dare un'impronta di "gioco" all'attività. Se lo ritiene opportuno può evitare di porre dei limiti di tempo.

A differenza di quanto accade nell'attività 1, basata esclusivamente sulle parole che gli studenti già conoscevano, in questo caso gli studenti possono anche scrivere parole che hanno appena sentito (per esempio quelle dette dai loro compagni).

9

Attività interattiva orale.

In un corso di lingua basato su un approccio di tipo comunicativo, riteniamo che sia molto importante sensibilizzare lo studente a riflettere su alcuni aspetti del linguaggio che caratterizzano tutte le lingue. Questa è una di quelle attività che hanno questo obiettivo e, se è possibile, può essere svolta in una Lcomune. L'obiettivo primario è infatti quello di far prendere coscienza allo studente che esiste un rapporto molto stretto tra ciò che *si fa* e ciò che *si dice* in una determinata situazione. Quest'attività serve anche per abituare gli studenti a guardare i disegni, i quali hanno sempre, in questo corso, un ruolo fondamentale di contestualizzazione degli scambi verbali. Se può usare una Lcomune, le suggeriamo di provocare una discussione, ad esempio:

• Annemarie, tu cosa diresti nel primo caso?

e di passare poi a cosa si dice in italiano in queste 4 situazioni:
1. **ciao/arrivederci**; 2. **avanti/prego**; 3. **mi scusi**; 4. **ciao!**

10

Attività d'ascolto.

Gli studenti devono capire quali sono le risposte date nel breve dialogo.

Questa è la prima volta che gli studenti devono svolgere un'attività di comprensione di questo genere. Le ricordiamo, come abbiamo già evidenziato nell'introduzione, che questi dialoghi riproducono scambi comunicativi autentici e che, pertanto, in questa fase non si pretende che siano capiti dagli studenti nella loro totalità. Le consigliamo quindi di insistere su ciò che l'attività chiede di fare, per evitare che gli studenti cadano nell'errore di cercare di capire tutto.

Chieda di coprire il testo e faccia ascoltare varie volte il dialogo.

Se mostrano difficoltà di comprensione le consigliamo di introdurre prima l'argomento con domande generiche (*Di cosa parlano? Quanti sono?*) e di chiedere di svolgere l'attività soltanto in un secondo momento.

Se necessario può far ascoltare di nuovo i dialoghi leggendo il testo.

Diamo qui la concettualizzazione di *come si chiede il motivo di qualcosa* e due possibilità di risposta. Le suggeriamo di far notare che la domanda formulata con **perché** quando viene usata da un non-nativo senza un'adeguata intonazione può essere interpretata come un'intrusione in questioni private. **Come mai...** viene percepita come una formula più neutra. Questo contrasto è concettualizzato nella *Sintesi di grammatica*.

UNITÀ 1

Diamo qui soltanto le prime due persone del presente indicativo del verbo **studiare**. Se lo ritiene opportuno può già dare le altre persone del verbo. Tuttavia glielo sconsigliamo, perché si rischia di confondere gli studenti non abituati a questo tipo di approccio, portandoli a credere che l'obiettivo dell'unità o dell'attività sia soltanto di tipo morfosintattico (il presente dei verbi in **-are**, o addirittura tutto il presente indicativo). Per questo motivo, in questo corso, soprattutto all'inizio, le concettualizzazioni di tipo morfosintattico sono sempre subordinate ai bisogni comunicativi del momento. Man mano che si avanza, e gli studenti sono sempre più abituati a non concentrarsi soltanto sulla morfosintassi, questo discorso si fa più elastico. Se invece opta per una maggiore gradualità, tenga conto del fatto che le prime due persone sono per ora sufficienti a svolgere questa funzione (Unità 2: 3ª persona; Unità 4: presente indicativo dei verbi in **-are**).

Nelle concettualizzazioni di verbi i pronomi seguono sempre i verbi, per evitare che gli studenti si abituino ad associare nella coniugazione ogni forma verbale a un pronome personale. È importante che sin dall'inizio gli studenti capiscano che le forme verbali in sé contengono già molte informazioni, e che non è indispensabile la presenza di un pronome soggetto.

Cfr. *L.E.* attività 8, 9 e 10.

11 Pratica orale degli elementi visti al punto 10.

Solleciti gli studenti a lavorare a coppie, e a rivolgersi a lei se vogliono dare delle ragioni diverse da quelle viste al punto 10. Questo per personalizzare l'attività il più possibile, rimanendo naturalmente nell'ambito di **per** + *infinito/sostantivo* e **perché** + *verbo coniugato*.

12 Presentazione dei saluti.

Faccia notare che è il tipo di rapporto che intercorre tra i parlanti, formale o informale, a determinare la scelta del saluto. Se lo ritiene possibile, può già parlare in L1 o in Lcomune dell'esistenza di **tu** e **Lei** in italiano, opposizione che viene concettualizzata nell'Unità 2 al punto 7.

Il saluto **buonanotte** è invece comune ai due registri (nell'ultima vignetta).

Insista sul fatto che, al contrario di molte lingue europee, esiste un saluto identico per quando si va via e per quando si arriva, che è l'informale **ciao**.

Se lo ritiene opportuno può già introdurre altre formule di saluto, ma le consigliamo, in questo caso, di darle come frasi fatte, senza affrontarle analiticamente per non sovraccaricare lo studente. Esempio:
— **arrivederla** → come **arrivederci** ma solo con le persone con le quali si intrattiene un rapporto formale (lei).
— **ci vediamo (dopo)** → informale, quando si va via.
— **salve** → strategia cui si ricorre quando si incontra qualcuno e si è indecisi tra registro formale (tu) e informale (lei).

Solleciti gli studenti a salutare in italiano alla fine della lezione, e guardi insieme a loro come si saluta quando si arriva affinché possano farlo all'inizio della lezione successiva.

Cfr. *L.E.*, attività 13.

UNITÀ 2

E tu come ti chiami?

Unità di introduzione all'area tematica dell'informazione personale, che verrà poi ampliata nelle Unità 3 e 4.

> *Contenuti nozionali e funzionali*: elementi per parlare di sé stessi: chiedere e dire il nome e cognome, la nazionalità, la residenza - per identificare qualcuno - per presentarsi.
>
> *Contenuti grammaticali*: uso del **tu** e del **lei**, presenza dei pronomi personali soggetto - maschile e femminile degli aggettivi - prime tre persone del presente indicativo del verbo **essere** - prime tre persone del presente indicativo dei verbi in **-are** - uso di **a** + *città* e **in** + *nazione*.
>
> *Aree lessicali*: lessico di paesi e aggettivi di nazionalità.
>
> *Fonetica e ortografia*: accento tonico e grafico.

1 Pratica orale dei saluti visti nell'Unità 1 al punto 12.

Prima ancora di far notare le vignette, saluti gli studenti in italiano e li solleciti a fare altrettanto. Le ricordiamo che i giovani e i giovanissimi usano subito il registro informale anche se non si conoscono. In genere nelle lezioni di lingua si adotta un registro informale.

2 Pratica d'ascolto delle forme che si usano per chiedere le informazioni personali primarie: *nome* e ***provenienza***.

Faccia coprire il testo agli studenti. Se mostrano difficoltà di comprensione può far ascoltare varie volte il dialogo, formulando, in un primo momento, domande generiche quali *Dove sono?*, *Quante persone sono?* e di passare poi in un secondo momento a una domanda diretta: *Di cosa stanno parlando?*

Se lo ritiene necessario può già passare alla fine del punto 3, e proporre un ascolto con la lettura contemporanea del testo prima di vedere la concettualizzazione.

Cfr. *L.E.*, attività 3.

3 Presentazione delle forme che si usano per chiedere il nome e la nazionalità.

Abbiamo ritenuto opportuno evitare in questa fase l'uso del **lei**, poiché è abbastanza raro che, nel caso di un rapporto formale, si formuli una domanda diretta per chiedere le generalità, quale ad es. **Come si chiama?**. Ciò avviene solo in contesti particolari (interviste, colloqui di lavoro, interrogatori, ecc.) nei quali è per ora molto improbabile che si venga a trovare lo studente.

L'uso del **tu/lei** viene concettualizzato al punto 7.

Facciamo notare che non si ripetono le parole già dette, poiché riteniamo che fin dall'inizio dell'apprendimento di una lingua straniera lo studente debba essere sollecitato ad usare una lingua viva e naturale, corrispondente a ciò che un nativo direbbe in quel determinato contesto. In italiano le parole che sono appena state enunciate e che appartengono già al contesto linguistico generalmente non vengono mai ripetute, poiché non contengono nessuna informazione nuova. Da questo deriva l'alta significatività, da un punto di vista comunicativo, della ripetizione di elementi non necessari. Esempi:

- ● Come ti chiami?
- ○ Anna.

- ● Dove abiti?
- ○ A Roma.

- ● Ti va una birra?
- ○ Sì, grazie.

In questo discorso si inserisce anche la concettualizzazione relativa al modo di rilanciare una domanda con **e tu?**. Anche in questo caso non si usa ripetere tutta la domanda.

Le ricordiamo che **e tu?** rilancia una domanda anche nel caso della nazionalità, come in tutti gli altri tipi di domanda:

UNITÀ 2

● Sei inglese?   ● Di dove sei?
○ Sì. E tu?   ○ Di Roma. E tu?

Più avanti gli studenti incontreranno usi di **e lei?** che, per analogia, dovrebbero decifrare senza problemi.

Come nel caso del verbo **studiare** nell'Unità 1, diamo qui solo le prime due persone del presente indicativo del verbo **essere**, sufficienti a svolgere le funzioni appena concettualizzate. Se lo ritiene opportuno, può introdurre anche le altre persone; se opta per una maggiore gradualità, tenga presente che il paradigma completo del presente indicativo del verbo **essere** è nell'Unità 4.

Faccia notare che alla domanda **Di dove sei?** si può rispondere con la nazionalità o con **di** + *città*, ma che, a differenza di quanto accade in altre lingue, **di** + *nazione* non è usato abitualmente in italiano per informare sulle proprie origini o sulla nazionalità.

La cartolina *saluti da...* riporta circa 150 nomi di battesimo con i quali lo studente entra in contatto. Chi manda la cartolina di saluti deve semplicemente circondare il proprio nome.
Oltre a chiedere agli studenti di guardarla, per aiutarli in questa presa di contatto con i nomi, elemento fondamentale dal punto di vista culturale, può svolgere diversi tipi di attività: chiedere agli studenti di dire per quali dei nomi vi è un equivalente nella loro lingua, oppure classificarli in nomi maschili e nomi femminili.
Nella maggior parte dei casi non vi saranno problemi. Tuttavia, alcuni dei nomi, come ad esempio Andrea, o quelli che terminano in consonante, possono generare incertezza.

Dopo la concettualizzazione, faccia ascoltare di nuovo il dialogo del punto 2 guardando il testo. La conversazione avviene durante una lezione di italiano, pertanto le persone che parlano hanno una lieve inflessione straniera. Dopo questo ascolto di dettaglio, ripercorra il testo ancora una volta con i suoi studenti e faccia notare la presenza/assenza dei pronomi soggetto. Non c'è ancora bisogno di concettualizzare questo punto. L'importante in questa fase è farla notare. La concettualizzazione verrà più avanti.

Cfr. *L.E.*, attività 1, 2, 4 e 5.

4

> Presentazione di:
> – aggettivi di nazionalità
> – maschile e femminile degli aggettivi.

Abbiamo raggruppato gli aggettivi di nazionalità in quattro gruppi. Le ricordiamo che in realtà non esiste una regola esatta per derivare l'aggettivo dal nome del paese. L'unico modo per farlo è sapere a quale gruppo esso appartiene.

Faccia notare **Germania → tedesco**.

Diamo qui la concettualizzazione delle due desinenze per il maschile e il femminile degli aggettivi (**-o** e **-a**). Faccia notare che gli aggettivi in **-e** hanno la stessa forma al maschile e al femminile. Gli esempi riportano solo aggettivi di nazionalità, ma la regola è valida per tutti gli aggettivi. Se i suoi studenti sono tutti della stessa lingua madre, e se in questa lingua i sostantivi non hanno genere o ne hanno tre (maschile, femminile e neutro) le consigliamo di far notare che in italiano esistono solo due generi e che gli aggettivi in **-o** e in **-a** concordano sempre con il sostantivo che accompagnano.

Cfr. *L.E.*, attività 4 e 5.

Per un approfondimento della formazione del maschile e del femminile degli aggettivi cfr. *Sintesi di grammatica*, pag. 133.

5

> Pratica orale delle forme viste al punto 3.

Le consigliamo di chiedere agli studenti di lavorare contemporaneamente in coppie sotto la sua supervisione, in modo da poter ripetere gli scambi comunicativi con diverse persone ed avere modo di riutilizzare più volte le forme viste finora.

UNITÀ 2

6
Attività d'ascolto.

Viene chiesto agli studenti di completare, individualmente, la scheda e di segnare le risposte esatte tra quelle riportate.

I dialoghi riproducono brevi scambi interattivi tra parlanti che si scambiano informazioni personali anche a livello formale (b e c).

Chieda agli studenti di coprire il testo e faccia ascoltare la registrazione una prima volta (se è necessario anche più volte) sollecitandoli a concentrarsi su una comprensione globale dei dialoghi.

Prima di passare all'attività di riempimento, controlli che gli studenti abbiano chiaro il tipo di attività da svolgere, in modo da potersi concentrare sugli esercizi da completare.

Dopo aver svolto l'attività faccia riascoltare la registrazione leggendo il testo.

Se lo ritiene possibile, chieda agli studenti di ripetere i dialoghi a coppie, in modo da introdurre il **lei**. Se al contrario lo ritiene prematuro, può saltare questo suggerimento e tornarci dopo aver svolto il punto 7.

Nei dialoghi a. e b. appaiono le forme che si usano per identificare qualcuno, concettualizzate al punto 10 per dare modo allo studente di riflettere sugli aspetti nuovi della lingua e di assimilarli gradualmente.

Nel dialogo b. faccia notare l'uso di **dottor**. Se vuole può parlare del fatto che in Italia si usa questo termine per riferirsi/rivolgersi a tutti i laureati, e non solo ai medici o a chi ha fatto un dottorato di ricerca. (Cfr. *Sintesi di grammatica*, **Signor/Signora/Signorina**, pag. 145).

Per quanto riguarda il dialogo c. le ricordiamo che, come già anticipato nell'Unità 2 al punto 3, **Mi può dire il suo nome?** è la forma più usata per chiedere la propria identità a uno sconosciuto in un registro formale, in contesti in cui si ha bisogno del suo nome per poter risolvere qualche problema, passare all'azione, ecc. (ad esempio, impiegato di sportello, in un albergo, una compagnia aerea, ecc.). Nell'esempio del dialogo, si tratta di una persona che si presenta a chi è incaricato di accogliere un gruppo alla stazione, che ha bisogno di rintracciarlo in un elenco. In altri contesti, nei registri formali ci si presenta spontaneamente. A volte, uno dei due interlocutori si presenta per incitare l'altro a fare la stessa cosa. Spesso si usa la formula **Lei è il signor...?**

Cfr. *L.E.*, attività 6.

7
Presentazione di **tu** (registro informale) e **lei** (registro formale).

Se ha già introdotto questo discorso in occasione dei saluti (Unità 1.12), può far riflettere gli studenti su come si saluterebbero i personaggi delle vignette, oppure affrontare direttamente il discorso, e in questo caso chiedere agli studenti se i personaggi si danno del **tu** o del **lei**. L'attività può essere eventualmente svolta in una Lcomune.

Quest'attività è fondamentale per le numerose differenze tra le lingue e le implicazioni culturali che comporta l'uso del **tu** o del **lei**.

Cfr. *L.E.*, attività 7 e 10.

Per un approfondimento di questo argomento cfr. *Sintesi di grammatica*, pag. 140.

8
Presentazione di:
- forme più elementari per presentarsi e chiedere la residenza
- terza persona del presente del verbo **essere**
- prime tre persone dei verbi in **-are**.

Diamo qui la forma **Io sono X** per presentarsi direttamente a qualcuno. In Italia questa frase viene normalmente accompagnata dal gesto di dare la mano. Se lo crede possibile può già introdurre la risposta **Piacere**, mostrando direttamente agli studenti come avviene una presentazione.

UNITÀ 2

Ricordi agli studenti che con la forma **e tu?** si rilancia una domanda (Cfr. punto 3). Introduca, se vuole, anche la variante **e lei?**

Diamo qui le forme per chiedere a qualcuno la residenza, mentre quelle per chiedere l'indirizzo sono nell'Unità 3.

La concettualizzazione della risposta prevede **a** + *città* e **in** + *paese*; in realtà la preposizione **a** è legata al concetto di "grandezza" di un luogo, per cui viene usata dagli italiani anche con alcuni paesi la cui caratteristica è quella di essere "piccoli":

- Abito a Cipro.
- Abito a San Marino.
- Abito a Città del Vaticano.

Se lo ritiene possibile può parlarne già con gli studenti, altrimenti può rimandare la puntualizzazione ad un'altra occasione.

Per il verbo **abitare**, abbiamo preferito dare qui solo le prime tre persone perché, ai fini dell'attività 10, lo studente non ha bisogno del paradigma completo. Come nei casi precedenti di presentazione di verbi, può completare il paradigma o optare per una maggiore gradualità, tenendo conto che l'intero paradigma dei verbi in **-are** è nell'Unità 4.

Faccia notare come si conferma un'ipotesi:

- E abiti a Parigi?

ma anche:

- E sei di Roma?
- E sei svedese?
  ...

e faccia notare anche che in caso di risposta negativa ci aspettiamo una precisazione:

- E abiti a Cambridge?
○ No, a Londra.

Se ciò non avviene, il messaggio che il nostro interlocutore ci sta trasmettendo è il seguente: "sono infastidito da questa domanda e non accetto il tuo tentativo d'approccio".

- E abiti a Cambridge?
○ No.

Come già anticipato nell'introduzione, siamo convinti che in un corso di lingua comunicativo questi aspetti pragmatici del linguaggio vadano concettualizzati e tenuti sempre in considerazione. Le consigliamo di sollecitare gli studenti a tener conto di queste raccomandazioni fin dalle loro prime produzioni orali in lingua italiana in modo da acquisire gradualmente una lingua viva.

Cfr. *L.E.*, attività 9, 11, 12 e 17.

9 Pratica orale di tutte le forme viste finora per scambiarsi informazioni personali.

Le consigliamo di far lavorare gli studenti a gruppi di due, contemporaneamente, sotto la sua supervisione. A seconda dell'età dei personaggi delle vignette, potranno decidere se usare il registro formale o informale. Faccia notare che, nel caso del registro formale, per rilanciare una domanda dovranno usare la forma **e lei?**

10 Presentazione e pratica orale delle forme che si usano per identificare una persona quando se ne conosce solamente il nome.

Diamo qui i due registri, informale e formale e, in questo caso, introduciamo gli appellativi **il signor/la signora**, che

UNITÀ 2

riprendiamo più avanti (Unità 3, punto 5) nel loro uso senza l'articolo. Le consigliamo di attendere quel momento per delineare la differenza d'uso con o senza articolo, in modo che gli studenti abbiano avuto l'opportunità di incontrare entrambe le forme.

Ogni studente sceglie un nome della lista e, in coppia con un altro, pratica il dialogo come viene mostrato nell'esempio.

Cfr. *L.E.*, attività 13.

11 Fonetica. Primo approccio con l'accento tonico e grafico.

Prima dell'ascolto le consigliamo di introdurre il discorso dell'accento tonico delle parole. L'attività chiede agli studenti di individuare la sillaba tonica, ad esempio sottolineandola.

Poiché in un solo caso all'accento tonico corrisponde quello grafico, quando incontriamo una parola di più di due sillabe, senza accento grafico, sappiamo con certezza che la sillaba tonica non è l'ultima, ma non possiamo sapere se essa sia la penultima o la terzultima. È quindi molto importante che gli studenti conoscano questa difficoltà e si abituino a memorizzare sempre la sillaba tonica di ogni parola nuova che incontreranno.

Una volta conclusa l'attività potrà far notare agli studenti che la sillaba tonica è un po' più lunga delle altre.

Chieda infine agli studenti di ripetere le parole.

Cfr. *L.E.*, attività 18.

12 Attività interattiva orale.
Pratica collettiva della struttura **essere + *aggettivo di nazionalità***.

Il *collage* riporta oggetti e persone di diverse nazionalità. Se è necessario introduca **non lo so** e/o ***informazione* + credo**.

UNITÀ 3

Mi dai il tuo indirizzo?

Seconda parte dell'area tematica relativa all'informazione personale: ulteriori elementi per parlare di sé stessi.

> *Contenuti nozionali e funzionali*: chiedere e dire la professione, l'età, l'indirizzo e il numero di telefono - numeri da **0** a **9** - uso di **signor/a** - uso del **tu** e del **lei**
>
> *Contenuti grammaticali*: pronomi personali soggetto nei rapporti formali - prime tre persone del presente indicativo di **avere** e **fare** - **a/in** + ***via/piazza/ecc***.
>
> *Aree lessicali*: lessico elementare di professioni e materie di studio
>
> *Pronuncia e ortografia*: /k/ - /tʃ/ - /kw/.

1   Attività d'ascolto.
Introduzione di ulteriori forme usate nello scambio delle informazioni personali:
– stato civile
– indirizzo
– telefono
– professione.

Abbiamo ritenuto opportuno aprire l'Unità 3 proponendo agli studenti l'ascolto di dialoghi che riproducono scambi comunicativi autentici.

Le consigliamo di introdurre le parole necessarie alla comprensione globale dei quattro dialoghi, e di spiegarne il significato se gli studenti non lo conoscono: **lavoro**, **indirizzo**, **sposato** e **telefono**. Riteniamo che sia molto importante che gli studenti si abituino a tener conto degli elementi nuovi che a volte l'insegnante introduce prima di svolgere un'attività di comprensione. L'attività non richiede infatti il riempimento di una scheda o altri tipi di compiti: gli studenti devono coprire il testo e concentrarsi su una comprensione globale a partire da queste parole appena viste; se incontrano molte difficoltà le consigliamo di guidarli con delle domande (*Quante persone parlano nel primo dialogo?*, *Di cosa parlano?*, ecc.).

Abbiamo ritenuto opportuno posticipare al punto 3 un'attività più specifica su questi dialoghi, dopo le varie concettualizzazioni funzionali e grammaticali, per non sovraccaricare lo studente richiedendogli compiti troppo impegnativi, ma se lo ritiene possibile può già essere svolta a questo punto della progressione.

Un'ulteriore sfruttamento può avvenire in questo senso: se gli studenti non mostrano molte difficoltà di comprensione, può chiedere loro di cercare di capire, ancora prima di guardare la concettualizzazione che segue, quali sono le forme che si usano per chiedere lo stato civile (a), l'indirizzo (b), il telefono (c), la professione (d).

2   Presentazione delle forme usate per chiedere:
– la professione
– l'età
– lo stato civile
– l'indirizzo
– il telefono

Prime tre persone del presente indicativo dei verbi **avere** e **fare** (l'intero paradigma dei verbi **avere** e **fare** è nell'Unità 4).

Per quanto riguarda la professione e il mondo del lavoro, le consigliamo di suggerire agli studenti il lessico di cui hanno bisogno ora per praticare brevi scambi comunicativi in cui parlano di sé, tenendo presente che nell'Unità 4, al punto 3, riprendiamo il discorso ampliando la lista dei nomi delle professioni.

Diamo qui i numeri da **0** a **9**, utili per il numero di telefono, mentre per l'età suggeriamo di guardare le pagine del libro, strategia da ricordare anche in futuro ogni volta che uno studente non ricorda un numero. In questa unità gli

UNITÀ 3

studenti parlano di sé. A ognuno basta quindi saper esprimere la propria età. Non hanno ancora bisogno dei numeri fino a 99, che vengono presentati nell'unità seguente, nella quale gli studenti saranno portati a parlare di più persone e avranno quindi bisogno di una maggiore autonomia.

Abbiamo preferito non dare qui la forma usata per chiedere l'età quando si sta usando il registro formale (il **lei**), perché ciò avviene solo in contesti particolari in cui, pur usando il **lei** reciprocamente, uno dei due parlanti possiede uno status dall'altro riconosciuto superiore. Non si può stabilire un'equivalenza tra **quanti anni hai?** e **quanti anni ha?** che, come abbiamo già avuto occasione di notare nell'Unità 2 al punto 3, è una domanda formulata solo in contesti particolari.

Per quanto riguarda l'indirizzo è importante ricordare che in molte lingue europee i vari elementi (via, numero civico, città) sono in un ordine diverso. Se i suoi studenti possiedono la stessa lingua madre può essere utile in questo caso un'analisi contrastiva.

Faccia notare agli studenti il fatto che lo scopo delle domande **Mi dai il tuo indirizzo?** e **Mi dai il tuo telefono?** è quello di ottenere l'indirizzo e il telefono. Non ci si può limitare ad una risposta affermativa.

Materiali culturali: biglietti da visita di professionisti italiani (nomi, indirizzi, numeri di telefono, professione) a pag. 24; foto di targhe toponomastiche a pag. 25, delle quali può far notare **vicolo** e **scalinata**, assenti nella concettualizzazione perché meno frequenti.

Se vuole può approfittare per dare qualche informazione sul quartiere romano Trastevere, sulla famosissima piazza Navona, su Trinità dei Monti (e, eventualmente, sulla famosa scalinata che porta da Piazza di Spagna a Trinità dei Monti). Oltre all'informazione artistica, può parlare del ruolo di questi luoghi, estremamente frequentati dai romani.

Cfr. *L.E.*, attività 1, 2, 3, 4, 5, 6, 7, 8 e 9.

Per un approfondimento di **essere** + *professione* senza l'uso dell'articolo, cfr. *Sintesi di grammatica*, pag. 135.

3 Pratica d'ascolto degli elementi visti al punto 2.

Avendo introdotto alcuni elementi nuovi per scambiare informazioni personali, abbiamo ritenuto opportuno iniziare le attività riproponendo la comprensione d'ascolto del punto 1, per permettere agli studenti di lavorare ora sul dettaglio. Se non ha anticipato quest'attività, prima di far riascoltare i dialoghi, le consigliamo di far notare agli studenti cosa viene richiesto dall'attività. Dopo la comprensione globale del punto 1 si troveranno ora a risolvere dei compiti più puntuali, ed avendo già visto la concettualizzazione saranno in grado di concentrarsi su di essi.

Dopo lo svolgimento dell'attività può passare ad un ascolto con la lettura del testo, in modo da affrontare i dialoghi nel dettaglio.

Come già detto i dialoghi riproducono brevi scambi comunicativi autentici. Si spiegano così alcuni aspetti che riteniamo opportuno commentare:
— L'uso di **e** e di **allora** all'inizio dei dialoghi a. e d. si spiega col fatto che si tratta di frammenti di conversazioni già avviate.
— **C'è il citofono**: formula usata, a volte, quando qualcuno ci deve venire a prendere o deve venire da noi, per dirgli di citofonare per avvertirci di scendere, o per evitare di dovergli spiegare nei dettagli dove si trova casa nostra (piano, scala, interno, ecc.).
— **Ti ringrazio**: non è ancora il caso di concettualizzare i pronomi complemento.
— **Ah, sì**: usato spesso quando non si è capito qualcosa o ci si era dimenticati di qualcosa, per far capire al nostro interlocutore che abbiamo recuperato il controllo della situazione.

4 Attività interattiva orale sulle forme che si usano per scambiarsi informazioni personali viste finora.

Prima di procedere allo svolgimento dell'attività abbiamo ritenuto opportuno suggerire la forma **... hai detto che...?** poiché sono già avvenuti scambi di informazione tra gli studenti sul nome e sulla provenienza (l'attività prevede che si riutilizzino anche le forme viste nell'Unità 2). Crediamo che già in questa fase sia utile possedere questa forma come strategia per portare avanti la comunicazione in modo naturale, senza ignorare quanto è già avvenuto all'interno del gruppo: imparare a muoversi in una lingua in modo naturale è anche imparare a tener conto del contesto e di quanto è avvenuto in precedenza tra i partecipanti all'interazione. Non è affatto necessario addentrarsi in un'a-

UNITÀ 3

nalisi di questa struttura, che comporterebbe la conoscenza del passato prossimo. Si comincia qui con **come hai detto che...?** e **di dove hai detto che...?**, ma naturalmente in un secondo momento si potranno applicare queste forme anche ad altre informazioni già ottenute.

Le consigliamo di far lavorare gli studenti a coppie, contemporaneamente e sotto la sua supervisione, in modo da poter ripetere gli scambi comunicativi con diverse persone e fornire agli studenti la possibilità di riutilizzare più volte le forme viste finora.

Cfr. *L.E.*, attività 10.

5
Presentazione e pratica d'ascolto dell'uso dei pronomi soggetto.

Lo studente per ora ha incontrato solo **io**, **tu**, e **lei**, ma naturalmente più avanti potrà far notare che l'uso riguarda anche le altre persone (**lui**, **noi**, **voi**, **loro**).

Abbiamo cercato di semplificare linguisticamente la spiegazione agli studenti, ma se è possibile l'uso di una Lcomune può approfondire il discorso: si tratta in sostanza di chiarire ogni possibile equivoco di soggetto che l'enunciato potrebbe provocare. Questo spiega perché la presenza del pronome **lei**/cortesia, identico nella forma al **lei**/3ª persona singolare, è più frequente.

Potrà poi procedere all'ascolto dei dialoghi. L'attività non richiede che il testo venga coperto per non sovraccaricare lo studente con troppe richieste. Riteniamo sia più fruttuoso chiedere agli studenti di sottolineare la presenza dei pronomi soggetto per poi discutere del perché di tale presenza.

Come già anticipato nell'Unità 2 al punto 10, riprendiamo il discorso sull'uso di **signora** per le donne e di **signor** per gli uomini. Se ritiene che gli studenti non siano eccessivamente sovraccarichi di materiale nuovo le consigliamo di tornare all'Unità 2, punto 10 e di concettualizzare l'uso dell'articolo davanti a **signora** e **signor**. Se vuole può anche far riferimento alla sintesi dei contenuti grammaticali. Abbiamo preferito non dare questa spiegazione nel *Libro dello studente* per lasciare all'insegnante la possibilità di farlo ora o di rimandare il problema ad un'altra occasione.

Cfr. *L.E.*, attività 12.

Per un approfondimento di questo argomento cfr. *Sintesi di grammatica*, pag. 145.

6
Pratica orale delle forme viste finora per scambiarsi informazioni personali. Attività ludica.

Le consigliamo di leggere insieme agli studenti la scheda di Federico/a. Nella scheda compare la forma **nato/a** che non abbiamo ancora concettualizzato, ma che, come viene mostrato nel dialogo/esempio riportato sotto, può essere sostituito dalla domanda **di dove?** nei casi in cui è già comparsa la nazionalità.

Dinamica del gioco: uno studente sceglie un'identità tra quelle proposte nei foglietti scritti a mano, mentre gli altri a turno fanno domande per scoprire a quale personaggio stia facendo riferimento. I personaggi hanno molte caratteristiche in comune (vivono a Milano o a Roma, hanno 28 o 32 anni, sono farmacisti o architetti, sono italiani o francesi) per evitarne un'identificazione immediata.

Le ricordiamo che gli studenti hanno visto come si conferma un'ipotesi quando si è parlato della residenza (Unità 2 punto 8): qui possono utilizzare la stessa strategia anche nel caso in cui vogliano confermare ipotesi sulla nazionalità (**sei italiana?**), o sull'identità (**sei Roberta?**).

Il gioco può essere ripetuto tutte le volte che lo ritenga necessario.

7
Pratica orale delle forme viste finora per scambiarsi informazioni personali in un registro formale.

Spieghi agli studenti cosa è successo sull'autobus: qualcuno è stato ucciso. L'assassino è stato catturato, ma la polizia deve prendere le generalità di tutti i testimoni (nome, cognome, età, professione, indirizzo, telefono); attenzione: gli studenti non stanno cercando l'assassino e non hanno bisogno di avventurarsi nella formulazione di domande complicate!

UNITÀ 3

In alcuni gruppi, in questa fase, è possibile che gli studenti cerchino di fare altri tipi di domande. Li tranquillizzi dicendo che qui devono far pratica dell'uso del **lei**, e che è fondamentale che consolidino l'acquisizione di quanto già affrontato per arrivare a esprimersi in modo spontaneo e naturale.

Le consigliamo di far lavorare gli studenti a gruppi di due interpretando a turno il poliziotto e il testimone. Se è necessario ritorni sull'uso del **lei** ricorrendo alle vignette del punto 7 dell'Unità 2 (pag. 19).

Se gli studenti incontrano molte difficoltà o se lei lo ritiene opportuno, può far svolgere agli studenti prima l'attività 8.

8

Pratica d'ascolto sull'uso del **tu** e del **lei** e delle forme associate.

Gli studenti devono capire che tipo di rapporto intercorre tra i parlanti (formale o informale), non solo basandosi sulla presenza dei pronomi soggetto **tu/lei**, ma anche su altri elementi (desinenze dei verbi, uso di **signor/a**, uso di **buonasera**).

Chieda agli studenti di coprire il testo per il primo ascolto.

Inizialmente dovranno solo capire se nei brevi dialoghi si sta usando il registro formale (**lei**) o informale (**tu**) e mettere un segno nella casella corrispondente.

In un secondo momento dovranno sottolineare tutti gli elementi che rivelano il tipo di registro usato.

Cfr. *L.E.*, attività 13 e 14.

9

Pratica d'ascolto di tutte le forme viste finora per scambiarsi informazioni personali.

Gli studenti devono riempire le schede con le informazioni mancanti.

Nel caso in cui l'ultimo ascolto avvenga leggendo il testo, le ricordiamo che, come sempre, si tratta di dialoghi autentici che in questa fase non possono essere analizzati in modo esaustivo per non sovraccaricare lo studente con troppi elementi nuovi: in particolare, le sconsigliamo, per ora, di affrontare problemi morfosintattici nuovi, quali gli imperativi (**mi lasci**), i pronomi complemento, ecc.

10

Fonetica e ortografia: /k/, /tʃ/, /kw/.

Dica agli studenti di coprire il libro, e faccia ascoltare le parole varie volte.

Gliele faccia ascoltare di nuovo e, per ogni parola, chieda a uno studente di ripeterla. Se occorre può fermare il registratore.

Gliele faccia ascoltare ancora leggendo il libro, senza guardare la concettualizzazione ortografica, e chieda agli studenti di cercar di capire come si scrivono i tre suoni.

Se gli studenti hanno difficoltà, prima di affrontare la concettualizzazione presentata nel libro, li guidi, attraverso domande, verso la soluzione del problema ortografico.

Faccia ascoltare ancora le parole. Gli studenti potranno prima limitarsi a ripeterle, poi potranno scriverle. Anche in questo caso, se è necessario, le consigliamo di fermare il registratore dopo ogni parola.

Cfr. *L.E.*, attività 16.

UNITÀ 4

Mia sorella è medico

Terza parte dell'area tematica relativa all'informazione personale: ulteriori elementi per parlare degli altri.

> *Contenuti nozionali e funzionali*: elementi nozionali e funzionali già visti nelle Unità 2 e 3 riferiti alla terza persona.
>
> *Contenuti grammaticali*: tabella riassuntiva delle prime tre persone dei pronomi personali soggetto - pronomi personali soggetto **noi**, **voi**, **loro** - prime tre persone dei possessivi - singolare e plurale degli aggettivi e dei sostantivi - paradigma completo del presente indicativo del verbo **essere** - prime tre persone del presente indicativo di **avere**, **fare**, **potere**, verbi in **-are** e del riflessivo **chiamarsi** - prime tre persone dei pronomi riflessivi
>
> *Aree lessicali*: lessico elementare relativo alla famiglia e ampliamento del lessico relativo alle professioni.
>
> *Pronuncia e ortografia*: /g/ e /dʒ/.

1

Presentazione e pratica di scrittura di:
– lessico relativo alla famiglia
– verbo **essere**
– singolare e plurale di sostantivi e aggettivi.

Chieda agli studenti di cercar di riempire gli spazi vuoti individualmente. Poi faccia una correzione collettiva e spieghi il significato delle parole che gli studenti non sono riusciti a capire.

Il lessico di parentela è volutamente ridotto per non sovraccaricare lo studente. Se lo ritiene opportuno potrà ampliare la lista seguendo le esigenze degli studenti nelle attività che seguono (ad es. **zio/a**, **cugino/a**, **suocero/a**, ecc.).

Faccia notare che, come spesso succede anche in altre lingue, il verbo **essere** è irregolare (le ricordiamo che le prime due persone sono apparse nell'Unità 2 al punto 3, e le prime tre nell'Unità 2 al punto 8).

Legga insieme agli studenti il quadro dei plurali e, in caso di difficoltà di comprensione, lo commenti. Faccia notare, in particolare, le terminazioni delle parole.

Cfr. *L.E.*, attività 1, 2 e 3.

Per un approfondimento del plurale dei sostantivi e degli aggettivi cfr. *Sintesi di grammatica*, pag. 133.

2

Presentazione e pratica orale dei numeri da **10** a **99**.

Presentiamo i numeri soltanto fino a **100** perché in quest'unità lo studente non ha ancora bisogno di numeri più alti: i numeri, per ora, servono soltanto per il telefono, l'indirizzo e l'età delle terze persone di cui decidono di parlare.

Faccia notare l'assenza di congiunzioni.

Segue un'attività ludica. Dinamica del gioco: ogni studente deve dire un numero a voce alta in ordine cronologico, a chi capita 7 o un multiplo di 7, deve dire **ciao**. Arrivati al numero 70 si ricomincia da 1.
Viene escluso dal gioco chi non dice **ciao** o chi sbaglia a dire il proprio numero per tre volte.
Vince chi rimane in gara da solo.

Cfr. *L.E.*, attività 4.

3

Ampliamento del lessico relativo alle professioni (già anticipato nell'Unità 3 al punto 2).

La lista può essere ulteriormente ampliata secondo le necessità della classe. Nell'Unità 3 gli studenti hanno già visto le forme per chiedere la professione. Se crede, può tornare sull'argomento, sollecitandoli a chiedersi reciprocamente che lavoro fanno, tenendo conto che quest'ampliamento lessicale viene dato qui per fornire gradatamente

UNITÀ 4

tutti gli elementi di cui lo studente avrà bisogno per dare informazioni personali su terze persone (punto 4: pronomi di 3ª persona, possessivi e 3ª persona dei verbi più usati per svolgere questa funzione).

Cfr. *L.E.*, attività 5, 9, 10 e 11.

4

> Presentazione dei pronomi soggetto di 3ª persona.
> Ripresa di:
> – pronomi di 1ª e 2ª persona
> – **lei** di cortesia, possessivi
> – prime tre persone del presente indicativo dei verbi **avere, fare, potere, abitare** e **chiamarsi**.

Per evitare equivoci riteniamo importante insistere con gli studenti sulla duplice caratteristica del pronome **lei**/formale:

— per quanto riguarda il momento dell'enunciazione il **lei**/formale svolge le funzioni di un **tu** che la persona che parla non vuole mettere sul suo stesso piano:

• Buongiorno, come sta?

In quest'esempio l'**io** si rivolge a un interlocutore presente, soggetto del verbo **stare**, con il quale mantiene un rapporto formale.

— per quanto riguarda la morfologia è identico al pronome femminile di 3ª persona e come tale regge il verbo in 3ª persona.

Una volta chiarito questo punto sarà più facile introdurre le terze persone (**lui** → maschile; **lei** → femminile):

• Lavorano Luigi e Marta?
◦ Lei sì, lui in questo momento no.

In quest'esempio i soggetti del verbo **lavorare** (**lui** e **lei**) corrispondono a Luigi e Marta di cui l'**io** sta parlando.

Le ricordiamo che il discorso della presenza o meno dei pronomi soggetto è già stato introdotto nell'Unità 3 al punto 5: se gli studenti hanno incontrato molte difficoltà torni sull'argomento, suggerendo esempi di questo tipo:

• Come stanno Luigi e Marta?
◦ Oh, **lui** sta bene...
• Perché, Marta sta male?
◦ Come?! Non l'hai saputo?

Faccia notare che i possessivi situano un qualcosa (persone o oggetti) rispetto alle persone a cui questo qualcosa appartiene (molto spesso non si tratta di vero e proprio possesso: **la mia via, mio padre**). Essi concordano nel genere con la cosa posseduta: **sua madre** (di **lui** o di **lei**), **suo padre** (di **lui** o di **lei**)

Essendo quello dei possessivi uno dei sistemi in cui si incontrano numerose differenze nelle diverse lingue, se gli studenti possiedono tutti la stessa lingua le consigliamo un'analisi contrastiva.

I possessivi concordano con la cosa posseduta anche per quanto riguarda il numero, ma abbiamo preferito non dare qui i plurali per non sovraccaricare lo studente di elementi non indispensabili in questo contesto: gli studenti usano i possessivi per lo più per riferirsi a parenti, individualmente: **mio padre... mia madre... mio fratello... mia sorella...** ecc. Il quadro completo dei possessivi è nell'Unità 19 al punto 10.

Diamo qui le prime tre persone di **avere, fare, potere, abitare,** e **chiamarsi**. Come nei casi precedenti di presentazione di verbi, può completare il paradigma o optare per una maggiore gradualità, tenendo conto che l'intero paradigma del verbo **avere** è nell'Unità 12, di **fare** è nell'Unità 6, di **potere** nell'Unità 10, di **abitare** e di **chiamarsi** nell'Unità 6 (verbi in **-are**).

Cfr. *L.E.*, attività 6, 7, e 8.

Per un approfondimento della morfologia e dell'uso dei possessivi Cfr. *Sintesi di grammatica*, pag. 138.

UNITÀ 4

5

Pratica orale degli elementi visti finora.

Solleciti gli studenti a usare questi elementi per parlare della loro famiglia, a partire dall'esempio. Faccia notare la domanda: **Quanti siete in famiglia?**

Sconsigliamo, per ora, di concettualizzare la presenza e l'assenza dell'articolo o di altri determinanti con i possessivi (cfr. *Sintesi di grammatica*), giacché in quest'unità lo studente usa i possessivi soltanto in riferimento a parenti prossimi al singolare, con i quali il possessivo non va preceduto dall'articolo. Se decide di cominciare a introdurre l'argomento le consigliamo di non perdere di vista la gradualità.

Se gli studenti manifestassero il desiderio di usare espressioni al plurale (ad esempio, **i miei nonni**), può presentarle globalmente, senza entrare ancora nell'analisi.

Naturalmente gli studenti dovranno usare tutto ciò che hanno avuto modo di vedere nelle unità precedenti: chiedere il nome, la nazionalità, la residenza, la professione, ecc., parlando però di terze persone. Ricordi come si rilancia una domanda: **e** + *nuovo soggetto*.

- Come si chiama tua sorella?
- Angelica.
- E tuo fratello?

Le consigliamo di far praticare gli studenti a coppie contemporaneamente, in modo da poter ripetere gli scambi comunicativi con diversi compagni ed avere modo di riutilizzare più volte le forme viste finora.

6

Pratica orale degli elementi visti finora.

Uno studente inizia a raccontare cosa ha saputo di un suo compagno; solleciti gli altri a intervenire formulando delle domande. Riteniamo che sia molto importante che nello svolgimento delle attività, in particolare quelle di questo tipo, si instauri una dinamica di dialogo così come avviene nella realtà quotidiana, per evitare che lo studente interpellato sia costretto a parlare artificiosamente.

7

Pratica orale e di scrittura degli elementi visti finora.

Gli studenti devono lavorare a coppie: uno riempie le caselle grigie e l'altro quelle bianche, inventando le informazioni che ritengono più adatte ai personaggi delle foto. Poi, ognuno farà delle domande all'altro per poter completare le schede.

Solleciti gli studenti a non ripetere continuamente il nome della persona della quale stanno chiedendo informazioni, ad esempio:

- Dov'è nata Sara?
- A Madrid.
- E abita a Madrid?

È importante che gli studenti si abituino a evitare gli scambi poco naturali del tipo:

- Dov'è nata Sara?
- A Madrid.
- Dove abita Sara?

Se ritiene che la sua classe possa scherzosamente accettare che ogni tanto vengano lanciate delle "gare", questa è una di quelle attività che si prestano al gioco: vediamo qual'è la coppia che finisce per prima. Tuttavia abbiamo avuto modo di sperimentare che non tutti gli studenti accettano con piacere l'idea di una sfida che, per quanto inserita in un discorso scherzoso, può generare imbarazzo o competitività negativi per l'apprendimento. Solamente l'insegnante può valutare caso per caso se ciò sia possibile o meno.

Se ritiene che gli studenti abbiano ancora bisogno di pratica, può far ripetere l'attività cambiando le coppie.

UNITÀ 4

8   Presentazione e pratica orale della forma più frequente per presentare qualcuno a una terza persona.

Le ricordiamo che gli studenti nell'Unità 2, al punto 8, hanno visto come ci si presenta. Anche in questo caso le persone che si sono appena conosciute generalmente si stringono la mano. Se lo desidera può già introdurre la risposta **Piacere**. Può comunque essere utile aspettare che siano gli studenti a chiederle come si risponde, perché prendano coscienza, ancora una volta, di come molti comportamenti linguistici seguono dei canoni prestabiliti, ritualizzati. Se ciò non avviene, introduca lei il problema.

Le consigliamo di insistere sul fatto che gli italiani fanno sempre seguire al nome della persona che stanno presentando un'informazione su di essa. Questa specificazione è sempre presente, e non viene mai recepita da un nativo italiano come un elemento facoltativo, anche nei casi in cui non fornisce nessuna informazione personale utile (ad esempio **Questo è Giacomo, un mio amico**). Nel caso in cui venga a mancare, il nostro interlocutore percepisce, nella maggior parte dei casi, freddezza e imbarazzo.

In questa fase le consigliamo di presentare **questo/a** come elemento lessicale, e di richiamare l'attenzione soltanto sulla variazione di genere, senza soffermarsi ancora sugli usi, e di non introdurre **quello**, giacché non si usa nella presentazione diretta delle persone, ma soltanto quando si identifica una persona non presente o distante. Il contrasto tra **questo** e **quello** verrà affrontato nell'Unità 9.

L'attività prevede che, a gruppi di tre, gli studenti facciano pratica di questa funzione. Se è necessario suggerisca il lessico necessario a questa specificazione: parentela, collega di lavoro o di studio, ecc.

Per la morfologia e l'uso di **questo/a**, cfr. *Sintesi di grammatica*, pag. 136.

9   Presentazione e pratica orale di:
- identificazione di qualcuno partendo da un'immagine
- identificazione di qualcuno partendo da un nome.

Sono presentate otto immagini di personaggi di fama internazionale, nell'ordine da sinistra in alto: Giulio Andreotti, Ornella Muti, Marcello Mastroianni, Sofia Loren, Gianna Nannini, Luciano Pavarotti, Isabella Rossellini, Vittorio Gassman, e una lista di 42 nomi (tra cui anche quelli delle foto):

Gianluca Vialli	calciatore
Giulio Andreotti	politico (Democrazia Cristiana), più volte Presidente del Consiglio
Riccardo Muti	direttore d'orchestra
Achille Occhetto	segretario del Partito Democratico della Sinistra (ex Partito Comunista. Occhetto ha guidato l'ex partito comunista verso lo scioglimento e la creazione del PDS)
Gianna Nannini	cantautrice
Alberto Sordi	attore e regista
Nicola Trussardi	stilista
Umberto Eco	semiologo e scrittore
Pierpaolo Pasolini	poeta, scrittore e regista cinematografico
Luciano Benetton	industriale/imprenditore (abbigliamento)
Totò Schillaci	calciatore
Ornella Muti	attrice cinematografica
Oriana Fallaci	giornalista e scrittrice
Paolo Rossi	calciatore
Gianni Agnelli	industriale/imprenditore, presidente della FIAT
Luca di Montezemolo	manager diventato famoso per la sua gestione di Italia '90, la società che si è incaricata della preparazione dei mondiali di calcio del 1990
Sophia Loren	attrice cinematografica
Arrigo Sacchi	Commissario Tecnico della squadra nazionale di calcio
Pietro Mennea	atleta, primatista mondiale dei 200 metri
Enzo Ferrari	industriale, fondatore della casa automobilistica Ferrari
Federico Fellini	regista cinematografico
Bernardo Bertolucci	regista cinematografico
Alberto Tomba	sciatore
Sandro Pertini	ex Presidente della Repubblica
Isabella Rossellini	fotomodella e attrice cinematografica

UNITÀ 4

Alberto Moravia	scrittore
Gelindo Bordin	maratoneta
Francesco Cossiga	ex Presidente della Repubblica
Vittorio Gassman	attore e regista teatrale e cinematografico
Luciano Pavarotti	tenore
Italo Calvino	scrittore
Giorgio Armani	stilista
Silvio Berlusconi	industriale/imprenditore presidente, del gruppo Fininvest (reti televisive, produzione cinematografica, editoria, pubblicità, grandi magazzini Standa, ecc.)
Gianfranco Ferré	stilista
Valentino	stilista
Eros Ramazzotti	cantante
Bettino Craxi	segretario del Partito Socialista Italiano
Claudio Abbado	direttore d'orchestra
Marcello Mastroianni	attore cinematografico
Carla Fracci	ballerina di danza classica
Giuseppe Tornatore	regista cinematografico
Sabrina Salerno	cantante

I personaggi sono stati scelti in modo tale da rendere probabile che gli studenti ne conoscano alcuni e ne ignorino altri.

Le ricordiamo che con la domanda **Questo chi è?** si identifica una persona a partire da un'immagine, e che essa è pertanto accompagnata da un gesto. In questo caso la risposta è un nome.

Non è il caso di soffermarsi su **questo**. (Cfr. punto 8.)

Se invece vogliamo identificare un personaggio di cui sentiamo o vediamo scritto il nome, la domanda da formulare è: **Chi è X?** (cfr. l'esempio). In questo caso la risposta è la professione o un altro elemento di identificazione. Esempio:

- ● Chi è Totò Schillaci?
- ○ Un calciatore.

Faccia notare la forma **credo** che accompagna sempre un'informazione di cui non siamo sicuri. Ad esempio:

- ● Chi è Gianfranco Ferré?
- ○ Uno stilista, credo.

- ● Come si chiama la sorella di Richard?
- ○ Sara, credo.

Dopo lo svolgimento dell'attività, specialmente se dispone di una lingua di comunicazione con gli studenti, può approfittare per parlare dei personaggi che interessino particolarmente gli studenti, o di alcuni aspetti culturali legati ad alcuni dei personaggi: sport, cinema, politica, industria, moda, musica, letteratura, la televisione in Italia e l'impatto delle televisioni private (di cui Berlusconi è il maggior rappresentante), ecc.

Cfr. *L.E.*, attività 13 e 14.

10 Attività di lettura.

Come nel caso dell'ascolto e come già anticipato nell'introduzione, riteniamo che in questa fase lo studente debba già venire a contatto con testi scritti contenenti più elementi di quelli che ha già incontrato e concettualizzato, come avviene anche nella lettura in lingua materna. È importante che sin da ora lo studente si abitui a leggere varie volte questi documenti, che presenteremo spesso all'interno del libro, concentrandosi soprattutto su ciò che l'attività richiede e non cercando di analizzare tutte le frasi.

Le consigliamo di far svolgere l'attività individualmente e di non procedere a una lettura a voce alta, perché ciò accade raramente anche nella propria lingua madre. Saranno frequentissimi i casi in cui uno studente di italiano in Italia si troverà a dover leggere rapidamente un testo (ad esempio alla TV, in un aeroporto, un'istruzione su display, ecc.), ma rarissimi quelli in cui dovrà leggere qualcosa a voce alta. Sono poche le eccezioni di persone che per lavoro sono portate a leggere a voce alta in lingua straniera. La lettura ad alta voce non è indicata, a nostro avviso, nemmeno per correggere la pronuncia. Sono del resto previste delle attività di fonetica a chiusura di ogni

UNITÀ 4

unità e numerose attività orali durante le quali potrà intervenire nella correzione della pronuncia. La lettura a voce alta è l'esercizio meno indicato a questo scopo e richiede delle competenze che spesso mancano anche ai parlanti nativi.

Se le è possibile usare una Lcomune con gli studenti, le consigliamo di insistere su queste strategie di apprendimento e di concentrazione e di sollecitarli a chiedere solo chiarimenti che impediscono lo svolgimento dell'attività.

Il testo fornisce degli spunti per la ripresa/revisione di vari aspetti nozionali legati ad esempio alla provenienza, alla professione, all'età, ecc.

Dopo lo svolgimento dell'attività, se lo desidera, può affrontare il testo nei dettagli. Le sconsigliamo, tuttavia, di concettualizzare aspetti morfosintattici nuovi, quali, ad esempio, il passato prossimo o l'imperfetto.

Se lo desidera, può approfittare per dare alcune informazioni generiche sulle città menzionate.

11 Attività d'ascolto.

Ogni studente deve completare la scheda e riempire le caselle individualmente.

Il dialogo riproduce uno scambio comunicativo autentico tra due giovani italiani che si sono incontrati all'estero. Valgono anche qui le osservazioni formulate per quanto riguarda il punto 10.

Faccia ascoltare la registrazione più volte fino allo svolgimento dell'attività. Se gli studenti mostrano molte difficoltà, formuli delle domande generiche per guidarli nella comprensione.

Se ritiene necessario un ulteriore ascolto con il testo davanti, lo può trovare alla pag.200 del *Libro dello studente*.

Può approfittare per dare alcune informazioni culturali:
— *via Cassia*: strada statale n° 2. Una delle antiche vie di comunicazione, che collega Roma con Firenze. Ormai quasi nessuno la percorre interamente, giacché l'autostrada è molto più veloce (l'Italia è un paese con una fitta rete di autostrade). A Roma si sono sviluppate diverse aree residenziali intorno alla Cassia. Via San Godenzo è una di queste zone residenziali.
— *ISEF*: Istituto Superiore di Educazione Fisica. Scuola parauniversitaria che forma insegnanti di educazione fisica. Per l'accesso è richiesto un diploma di scuola superiore ("maturità").

12 Fonetica e ortografia: /g/ e /d₃/.

Dica agli studenti di coprire il libro, e faccia ascoltare le parole varie volte.

Gliele faccia ascoltare di nuovo e per ogni parola chieda a uno studente di ripeterla. Se occorre può fermare il registratore.

Gliele faccia ascoltare ancora leggendo il libro, senza guardare la concettualizzazione ortografica, e chieda agli studenti di cercar di capire come si scrivono i due suoni.

Se gli studenti hanno difficoltà, prima di affrontare la concettualizzazione presentata nel libro li guidi, attraverso domande, verso la soluzione del problema ortografico.

Faccia ascoltare ancora le parole. Gli studenti potranno prima limitarsi a ripeterle, poi potranno scriverle. Anche in questo caso, se è necessario, le consigliamo di fermare il registratore dopo ogni parola.

Cfr. *L.E.*, attività 20.

UNITÀ 5

La mattina mi alzo sempre presto

Unità di introduzione all'area tematica delle attività quotidiane che verrà poi ampliata nell'Unità 6.

> *Contenuti nozionali e funzionali*: elementi per situare un'attività nel tempo e per parlare della sua frequenza - chiedere e dire l'ora - parlare del tempo atmosferico.
>
> *Contenuti grammaticali*: prime tre persone del presente indicativo dei verbi in **-ere** e in **-ire** e di **andare**, **uscire** e **sapere** - articoli **il**, **la**, e **l'** - avverbi di tempo e frequenza: **mai**, **quasi mai**, **ogni tanto**, **molto spesso**, **sempre**, **di solito**, **generalmente**.
>
> *Aree lessicali*: lessico relativo a: momenti della giornata, stagioni, giorni della settimana, mesi, attività quotidiane, tempo atmosferico.
>
> *Pronuncia e ortografia*: /ɲ/ e /ʎ/.

1 Presentazione e pratica orale di:
– lessico relativo alle varie parti della giornata
– articoli **il** e **la**.

Se è necessario parli con gli studenti della "durata" di ognuna di queste parti:
— **mattina**: dall'alba alle 13.00 circa, ma può accadere che fino alle 15.00 si continui a salutare col **buongiorno**.
— **pomeriggio**: dalla fine della mattina fino a un'ora o due precedenti la cena.
— **sera**: dalla fine del pomeriggio a quella parte della notte in cui si può ancora fare qualcosa (andare al cinema, uscire, guardare la televisione, invitare degli amici, ecc.)
— **notte**: normalmente si intende dal tramonto all'alba, ma non sempre coincide semplicemente con il periodo in cui è "buio" (che è anche una caratteristica della sera); è comunque la parte della giornata in cui normalmente si dorme.

Se gli studenti hanno tutti la stessa L1 può essere utile un'analisi contrastiva.

Presentiamo qui l'articolo determinativo singolare maschile **il** e quello femminile **la**. Riteniamo che quello degli articoli sia uno dei sistemi grammaticali nei confronti dei quali gli studenti incontrano maggiori difficoltà. Abbiamo ritenuto opportuno introdurli gradatamente per evitare di sovraccaricare lo studente.

Le consigliamo per ora di far notare che **il** è seguito da un sostantivo maschile e **la** da uno femminile. In questa stessa Unità, al punto 2, c'è la concettualizzazione di **l'**; nell'Unità 6, al punto 6, c'è il quadro riassuntivo di tutti gli articoli determinativi singolari e plurali; nell'Unità 7, al punto 7, troverà **un**, **uno**, **una** e **un'** e il loro uso in rapporto a **il**, **la**, **lo**, **l'**.

Le consigliamo di far lavorare gli studenti a coppie, contemporaneamente e sotto la sua supervisione; in caso di dubbio solleciti gli studenti ad usare la forma **credo**, vista nell'Unità 4 al punto 9.

Per permettere agli studenti di riferirsi ai diversi disegni, può introdurre gli elementi **qui** oppure **in questo/in questo disegno**. Tuttavia le sconsigliamo, per ora di concettualizzarli. **Qui** sarà affrontato nell'Unità 7 e **questo** nell'Unità 9.

In questa fase gli scambi comunicativi saranno inevitabilmente brevi, ad esempio:

● Qui è mattina.
○ No. È sera, credo...

Cfr. *L.E.*, attività 1, 2 e 3.

2 Presentazione e pratica orale di:
— nomi delle quattro stagioni
— articolo **l'**.

UNITÀ 5

Faccia notare che l'articolo **l'** è seguito da sostantivi sia maschili, sia femminili che iniziano per vocale (sarà utile più avanti, dopo l'introduzione dell'indeterminativo **un'** + sostantivo femminile).

Anche in questo caso le consigliamo di far lavorare gli studenti a coppie contemporaneamente e di sollecitarli ad usare la forma **credo**, vista nell'Unità 4 al punto 9.

Se lo desidera, dopo l'attività può introdurre elementi basilari di lessico legato alle attività rappresentate nei disegni: **correre**, **sciare**, **andare in bicicletta**, ecc. Tuttavia, ancora non conviene presentare qui la coniugazione dei verbi.

Cfr. *L.E.*, attività 2 e 3.

3

Presentazione e pratica d'ascolto sui giorni della settimana.

Canzone: *Sabato Sera*, cantata da Bruno Filippini.

Sfruttamento dell'ascolto:
a) se ritiene che gli studenti siano in grado di poterlo fare, può procedere ad un ascolto senza testo. In questo caso potrà chiedere di cercare di capire quali sono i giorni della settimana in italiano.
b) se ritiene che un ascolto senza testo sia prematuro per il livello degli studenti, può introdurre lei i giorni e poi procedere ad un ascolto, oppure chiedere di ascoltare guardando il testo direttamente.

Per la comprensione globale sfrutti i disegni.

Come tutti i materiali autentici, la canzone contiene diverse strutture e parole ancora sconosciute agli studenti. Le consigliamo di chiarire il significato dei verbi quali **salutare** (che già conoscono), **ballare**, **baciare**, **restare**, **cominciare a**, **aspettare**, **portare**, molti dei quali costituiscono un'ottima introduzione ai verbi di attività che verranno presentati gradualmente a partire dal punto 4. Le sconsigliamo, tuttavia, di soffermarsi sulle strutture ancora non concettualizzate quali la forma impersonale o il futuro grammaticale che non rientrano nelle esigenze comunicative trattate in questa unità. Si limiti a spiegare il significato del contesto, globalmente. Se il gruppo ha una buona dimestichezza con argomenti grammaticali (ad es. studenti universitari di lingue) può eventualmente farli notare.

Pag. 39: in basso a destra presentiamo una pagina di un calendario italiano per mostrare come si abbreviano i nomi dei giorni della settimana.

Cfr. *L.E.*, attività 4.

4

Presentazione di:
- lessico relativo ad alcune attività quotidiane frequenti
- come si usano gli elementi incontrati nelle attività precedenti come marcatori temporali per informare sulle abitudini.

Allo studente viene chiesto di mettere un segno nella casella corrispondente all'intersezione tra le attività e i marcatori temporali. Non deve formulare per ora nessuna frase. L'obiettivo principale di quest'attività è permettere allo studente di cominciare a familiarizzarsi con il lessico nuovo, e di abituarsi all'uso delle espressioni temporali presentate come marcatori temporali (presenza dell'articolo con i giorni della settimana e i momenti della giornata senza preposizione, uso delle preposizioni **di** con **estate** e **in** con le altre stagioni, ecc.).

Nella maggior parte dei casi sono possibili più risposte.

Dopo uno svolgimento individuale l'attività può essere ripetuta oralmente con tutto il gruppo. Esempio:

      riposarsi
- Jannick, tu quando ti riposi?
○ Il sabato e la domenica, la sera e la notte,...

Nei suoi interventi sarà inevitabile la presenza di un verbo coniugato. Tuttavia, non è ancora necessario presentare la coniugazione, perché allo studente non occorre ancora: questo primo incontro di forme coniugate di verbi sul cui infinito gli studenti si sono già soffermati per svolgere l'attività, può risultare molto utile come preparazione per affrontare in seguito, gradatamente, la coniugazione.

UNITÀ 5

5

Presentazione e pratica di scrittura di:
- preposizioni e articoli usati con i giorni della settimana, i momenti della giornata e le stagioni
- prima persona del presente indicativo dei verbi in **-ere** e in **-ire**
- prima persona del presente indicativo dei verbi **andare** e **uscire**.

Attività personalizzata: lo studente deve scrivere individualmente delle frasi relative alle attività quotidiane e al momento in cui esse avvengono normalmente (primo passo per imparare a parlare delle proprie abitudini).

Prima di procedere allo svolgimento dell'attività le consigliamo di far notare la prima persona del presente indicativo dei verbi in **-ere** e in **-ire**, e degli irregolari **andare** e **uscire**, a pag. 41. La prima persona dei verbi in **-are** è già stata incontrata.

Abbiamo ritenuto opportuno limitarci a mostrare quali articoli si usano con i momenti della giornata, i giorni della settimana e le stagioni, ed evitare di dare una tabella riassuntiva, per continuare con la linea dell'attività precedente ed evitare di sovraccaricare eccessivamente lo studente teorizzando fenomeni estremamente puntuali, che possono benissimo essere trattati come espressioni lessicalizzate. Se ritiene necessaria una sistematizzazione, faccia notare agli studenti che si usa:

il/la + *giorno della settimana*
il/la + *momento della giornata*
in + **inverno, primavera, autunno**
d' + **estate** e, meno frequente, **inverno**

Per quanto riguarda l'uso dell'articolo determinativo **il/la** + *giorno della settimana*, ci sembra preferibile non dare per ora altre spiegazioni, per evitare un eccesso di concettualizzazione che spesso colpisce gli studenti nei corsi di lingua, portandoli a un atteggiamento di eccessivo autocontrollo che inibisce l'uso spontaneo della lingua. Comunque, le ricordiamo che il giorno della settimana è preceduto dall'articolo quando ha un valore generale e non si riferisce a un giorno particolare:

- Il lunedì gioco a tennis = tutti i lunedì gioco a tennis

mentre: • Lunedì gioco a tennis = lunedì prossimo gioco a tennis

e • Lunedì ho giocato a tennis = lunedì scorso ho giocato a tennis

Se lo ritiene indispensabile può già introdurre l'argomento, possibilmente in una Lcomune; se opta per una maggiore gradualità (cosa che noi le consigliamo), può posticiparlo alle unità nelle quali si riproporrà il problema: Unità 10 (rapporti sociali I) e Unità 24 (parlare del futuro).

Faccia notare che, al contrario di quanto accade in altre lingue, in italiano sia i giorni della settimana, sia i nomi delle stagioni si scrivono con iniziale minuscola.

I disegni sono soltanto un suggerimento che ha come unico obiettivo quello di evocare il momento al quale si riferiscono. È importante che gli studenti capiscano che le frasi devono descrivere le loro abitudini personali e non devono necessariamente partire dall'immagine.

Fornisca lei il lessico di cui hanno bisogno gli studenti.

6

Presentazione degli avverbi di frequenza più usati.
Ampliamento del lessico relativo alle attività quotidiane.

Oltre all'ampliamento del lessico relativo alle attività quotidiane, l'obiettivo fondamentale dell'attività è permettere agli studenti di familiarizzarsi con i marcatori di frequenza.

La dinamica dell'attività è identica a quella del punto 4.

Segue una sistematizzazione degli avverbi relativi alla frequenza in modo da sottolinearne la posizione all'interno di una frase.

UNITÀ 5

Ad eccezione di **ogni tanto**, che generalmente precede il verbo, di solito gli altri avverbi presentati lo seguono. Tuttavia la posizione di questi avverbi è variabile all'interno dell'enunciato: tale variabilità è determinata dalle informazioni nuove e da quelle già date, dal registro linguistico, dalle diverse intenzioni comunicative del parlante, ecc. e, pertanto, è per ora prematuro affrontare il discorso con gli studenti.

Faccia notare che quando **mai** e **quasi mai** seguono il verbo, questo va preceduto dalla negazione **non**.

Faccia notare anche l'espressione **una/due/... (+ *sostantivo*) all'anno/al mese/alla settimana/...** esemplificata nelle vignette.

Cfr. *L.E.*, attività 5, 6, 7 e 8.

Per la forma negativa cfr. *Sintesi di grammatica*, pag. 159.

L'Unità 6 prevede un ampliamento dei problemi affrontati qui.

7 Ampliamento e revisione del lessico relativo alle attività.
Pratica di scrittura degli avverbi di frequenza visti ai punti precedenti.

Attività personalizzata: lo studente deve scrivere individualmente delle frasi relative alle attività quotidiane e alla frequenza con cui esse avvengono normalmente (parlare delle proprie abitudini).

8 Presentazione e pratica orale delle domande sulla frequenza.

Faccia notare agli studenti come nelle domande sulla frequenza in forma affermativa, come quella presentata nella concettualizzazione, **mai** non ha il valore negativo che ha in altri contesti. Si tratta semplicemente di un modo di fare domande sulla frequenza che indica che il parlante non presuppone niente ed è aperto a qualsiasi tipo di risposta.

- Guardi mai la televisione?
- Vai mai al cinema?

Al contrario le domande con **mai** dopo un verbo preceduto da **non** indicano che il parlante ha già un'idea di quale possa essere la risposta, e ne chiede una conferma:

- Non guardi mai la televisione?

Sia in caso di risposta negativa che in caso di risposta affermativa segue sempre una specificazione della frequenza:

- Vai mai a teatro?
- Sì. Spesso
- Fai mai colazione al bar?
- No. Mai

Se il suo gruppo reagisce bene e non le sembra vi sia alcun rischio di sovraccaricarlo eccessivamente, può far notare inoltre che è anche possibile rispondere con l'avverbio di frequenza omettendo il **sì** e il **no**.

- Vai mai a teatro?
- Spesso.

- Fai mai colazione al bar?
- Mai.

Dopo aver svolto la prima parte dell'attività, chieda ad uno studente di raccontare ad altri ciò che ha appena scoperto del suo compagno, in modo da fare pratica con la terza persona del presente indicativo dei verbi.

Solleciti gli altri a intervenire formulando delle domande.

Tra le due fasi dell'attività diamo la tabella delle prime tre persone dei verbi in **-ere**, in **-ire** e di **andare** e **uscire** (la prima persona è apparsa al punto 5), di cui avrà bisogno lo studente per svolgere l'attività.

Come nei casi precedenti di presentazione di verbi, può completare il paradigma se lo ritiene opportuno. Tuttavia, le consigliamo di optare per una maggiore gradualità, tenendo conto che l'intero paradigma del presente indicativo delle tre coniugazioni e anche di **andare** e **uscire** è nell'Unità 6 al punto 5.

UNITÀ 5

Cfr. *L.E.*, attività 9, 10 e 11.

9

Pratica d'ascolto sugli avverbi di frequenza.

Alcuni italiani di diversa età parlano della frequenza con cui vanno al cinema.

Solleciti gli studenti a concentrarsi sull'obiettivo dell'attività: capire la frequenza con cui ogni personaggio frequenta i cinema.

Dopo lo svolgimento dell'attività può affrontare il dettaglio dei dialoghi. Se ritiene necessaria la lettura del testo, lo può trovare a pag.200 del *Libro dello studente*.

Appunti sul testo
— Faccia notare l'uso di **sa/sai** per introdurre una spiegazione (**Sa... Con i figli, la casa...**)
— **Beh**: sottolinea il fatto che quanto viene detto viene detto in risposta a uno stimolo, una richiesta, ecc. di altri (generalmente dell'interlocutore). Spesso l'effetto espressivo che si ottiene è una sensazione di leggera esitazione da parte di chi parla.
— **Mah**: indica scetticismo, dubbio, poco convincimento di chi parla riguardo a ciò che sta per dire.
— **Purtroppo**: esprime insoddisfazione o disappunto di chi parla per ciò che è costretto a dire.

Non è ancora il caso di presentare la struttura **stare + *gerundio*** (che verrà lavorata nell'Unità 11), né i superlativi né l'imperfetto indicativo.

10

Presentazione dei modi di dire l'ora.

Abbiamo preferito graduare l'argomento iniziando con il leggere l'orologio e posticipando il chiedere l'ora al punto 13.

Faccia notare che il verbo usato per dire l'ora è **essere**:
— 3ª persona singolare: **è** + **mezzogiorno/mezzanotte/l'una**
— 3ª persona plurale: **sono le** + *tutti gli altri casi*

Le consigliamo di far notare che in italiano dopo la prima mezz'ora dell'ora è possibile dire sia **Sono le dieci e quaranta**, che **Sono le undici meno venti**, ma non si usa dire **Sono le undici meno venticinque**.

Le ricordiamo inoltre che:
— per le 12.00 del giorno → **mezzogiorno/le dodici**
— per le 12.00 della notte → **mezzanotte**
 (Si trovano usi di **le dodici** per riferirsi a **mezzogiorno**. Non si usa mai **le dodici** per riferirsi alla **mezzanotte**.)
— con le ore si usa sempre l'articolo femminile plurale **le** tranne in un caso: **l'una**
— **e** e **meno** non sono mai seguiti dall'articolo
— non si usa articolo con **mezzogiorno** e **mezzanotte**

Alla fine della pagina 43 c'è la foto di un tabellone degli orari dei treni in arrivo della stazione Termini di Roma. Per evitare equivoci, in casi di questo genere e in situazioni formali (ad es. appuntamenti di lavoro) dopo le dodici (mezzogiorno) si usa continuare con **le tredici (l'una)**, **le quattordici (le due)**, ecc. In questo caso non si usa né la forma **e mezzo/a** né la forma **e un quarto**: si preferiscono le forme **e trenta** e **e quindici**.

Se gli studenti possiedono tutti la stessa lingua madre, può essere utile, per quanto riguarda l'ora, un'analisi contrastiva.

Per stimolare gli studenti a guardare il tabellone con gli orari ferroviari può proporre di cercare su una cartina dell'Italia le diverse località indicate.

Non è il caso in questa fase di far leggere il tabellone a voce alta, per evitare che gli studenti debbano utilizzare la forma **alle + *ora***, che ancora non conoscono. Questo uso verrà presentato nell'Unità 6.

Cfr. *L.E.*, attività 12.

UNITÀ 5

11 Pratica di scrittura.

Chieda agli studenti di scrivere in lettere sotto ogni orologio l'ora corrispondente e proceda ad una rapida correzione collettiva senza introdurre ancora le domande usate per chiedere l'ora.

12 Pratica d'ascolto sull'ora.

Chieda ad ogni studente di segnare il numero del dialogo nel cerchietto vicino all'orologio che segna l'ora corrispondente a ogni conversazione.

Se necessario faccia ascoltare la registrazione varie volte.

Una volta conclusa questa fase dell'attività potrà sollecitare gli studenti a cercare di riconoscere in quali modi viene chiesta l'ora nei dialoghi.

Anche in questo caso le consigliamo di procedere per gradi e di ricorrere a vari ascolti controllando che gli studenti non guardino ancora la pag.45.

Se se lo ritiene opportuno questa seconda fase può essere svolta oralmente, per non sovraccaricare gli studenti con problemi ortografici e permettere una maggiore concentrazione sull'ascolto.

Può trovare il testo dei dialoghi alla pag. 200 del *Libro dello studente*. Alla fine dell'attività le consigliamo di leggerlo insieme agli studenti.

13 Presentazione delle forme che si usano per chiedere l'ora
 – in rapporti informali: **Sai/mi puoi dire l'ora?/Che or'è?/Che ore sono?**
 – in rapporti formali: **Sa/mi può dire l'ora?**

(A questa si aggiunge un'ulteriore precisazione: quando usiamo le forme **mi puoi/può dire l'ora?** e **che or'è?/che ore sono?** diamo per scontato che l'altro ha l'orologio o comunque conosce l'ora esatta.)

Abbiamo colto l'occasione per presentare qui la forma che si usa per attirare l'attenzione di qualcuno (**senti/a, scusa/scusi**) come struttura da acquisire per rivolgersi a persone sconosciute. Non riteniamo sia opportuno per ora addentrarsi in un'analisi di essa (imperativo); le consigliamo perciò di far notare soltanto, come strategia di apprendimento, che la desinenza è diversa da un verbo all'altro, e che nel passaggio dal **tu** al **lei** si invertono le desinenze dei due verbi:

TU → **senti, scusa**
LEI → **senta, scusi**

Presentiamo inoltre la forma che normalmente accompagna una richiesta (**per favore**) e le prime tre persone del presente indicativo del verbo **sapere**, utile per introdurre le domande quando non si presuppone che l'altro abbia la risposta. Il paradigma completo è nell'Unità 10 al punto 4.

Se crede che gli studenti abbiano bisogno di altra pratica delle forme per chiedere e dire l'ora, può tornare alle foto e disegni delle pagine 43 e 44 e chiedere agli studenti di lavorare a coppie inventando scambi di battute per ogni orologio, tenendo conto che l'Unità 6 integra attività quotidiane e orari e che quindi avrà modo di tornare su questi argomenti.

Cfr. *L.E.*, attività 13, 14 e 15.

14 Presentazione e pratica orale di:
 – alcune espressioni comunemente usate per parlare del tempo atmosferico
 – nomi dei mesi
 – avverbi di frequenza: **di solito** e **generalmente**.

UNITÀ 5

Dopo aver visto la concettualizzazione ogni studente potrà chiedere al proprio compagno com'è il tempo nella sua città e nei diversi mesi dell'anno, ma prima di procedere a questo scambio comunicativo sarà necessario vedere i mesi dell'anno a pag. 45.

Non le consigliamo di presentare ancora i modi di esprimere stati/sensazioni fisiche quali **ho freddo**, **ho caldo**, ecc. Queste espressioni verranno dapprima presentate gradualmente, attraverso i dialoghi e gli esempi, e poi sistematizzate nell'Unità 23.

Se la sua classe è composta da studenti dello stesso paese, l'attività può essere svolta da tutto il gruppo congiuntamente.

Faccia notare che i mesi, come i giorni e le stagioni, si scrivono con iniziale minuscola.

Oltre agli avverbi di frequenza visti al punto 6, presentiamo qui **di solito** e **generalmente**: faccia notare che precedono sempre il verbo.

Noti che, a differenza degli altri marcatori di frequenza presentati precedentemente (**mai**, **ogni tanto**, ecc.), **generalmente** e **di solito** non sempre possono essere usati in maniera assoluta: essi si riferiscono infatti a un determinato contesto (situazione, momento, argomento, soggetto, ecc.) espresso esplicitamente o già menzionato in precedenza:

- A Roma generalmente fa bel tempo.
- A novembre, a Roma di solito comincia a far freddo.

Così, se non si è limitato il contesto e non si sa esattamente di quale situazione si stia parlando è difficile dire:

- Di solito vado al cinema./Generalmente vado al cinema.

È perfettamente normale, invece:

- Vado spesso al cinema/Ogni tanto vado al cinema/ecc.

Tuttavia, se sappiamo già che si sta parlando di ciò che fa ognuno la sera, si può tranquillamente dire:

- Di solito vado al cinema./Generalmente vado al cinema.

La possibilità di usare questi marcatori dipende anche, in parte, dall'attività di cui si parla.

Cfr. *L.E.*, attività 17, 18, 19, 20 e 21.

Per gli avverbi in **-mente**, cfr. *Sintesi di grammatica*, pag. 162.

15 Pratica orale degli elementi visti al punto 14 per parlare del tempo atmosferico.

Se non ha ancora avuto modo di farlo, introduca **secondo me** e ricordi agli studenti che nell'Unità 4 al punto 9 hanno incontrato **non lo so** e **credo...**

Può personalizzare l'attività chiedendo agli studenti di parlare di altri paesi conosciuti.

16 Pratica d'ascolto degli elementi visti al punto 14.

Proponiamo sei scambi di battute che contengono un commento sul tempo atmosferico; gli studenti devono riconoscere a quale vignetta si riferisce ogni dialogo.

Chiave: c, d, a/e, b, f.

Se lo desidera, dopo lo svolgimento dell'attività può affrontare il dettaglio dei dialoghi. In particolare può attirare l'attenzione degli studenti sulle esclamazioni **che freddo!** e **come piove!** Infatti, anche se non sono concettualizzate, trattandosi di strutture molto semplici, lo studente potrà metterle in pratica con le attività 20 e 21 del *L.E.*

UNITÀ 5

Uffa: esclamazione spesso usata per esprimere stanchezza, noia, irritazione, fastidio, disappunto, ecc.

Faccia notare l'uso di **proprio** per confermare qualcosa detto da altri o da noi stessi.

17 Attività di lettura.

Consigliamo una lettura individuale per permettere ad ognuno di seguire il proprio ritmo.

Il testo contiene molti riferimenti geografici: solleciti gli studenti a rivolgersi a lei soltanto per i dubbi maggiori, ma insista perché cerchino di decifrare gli elementi fondamentali del testo. Pur trattandosi di un testo difficile, gli studenti hanno elementi per poterne decifrare gli elementi principali.

Dopo la prima lettura, chieda agli studenti di parafrasare il testo con domande del tipo *Di cosa parla?* Con le sue domande e piccole spiegazioni di espressioni o parole guidi il gruppo verso una comprensione sempre maggiore degli aspetti principali: è importante, in particolare, portare gli studenti a concentrarsi sugli elementi conosciuti e capiti, che li possono aiutare a ricostruire il resto. Eviti di dare subito tutte le soluzioni.

Dopo aver raggiunto una comprensione globale del testo, può farne una lettura dettagliata e finire di spiegare gli elementi nuovi. Tuttavia le sconsigliamo di soffermarsi su termini come **rovescio** (presente nella legenda). Non è ancora il caso di concettualizzare gli usi dell'articolo **lo** (che verrà affrontato nell'Unità 6).

Dopo questa fase di lettura, ogni studente potrà scrivere un testo simile sul suo paese, usando il più possibile gli elementi già noti. Se gli studenti hanno bisogno di parole nuove, gliele fornisca, o li inciti a lavorare con un dizionario.

Se la sua classe è composta da studenti della stessa nazionalità, ognuno potrà scegliere un paese tra quelli di cui si è discusso al punto 15. Se lo ritiene possibile può proporre di descrivere il clima di un paese immaginario (il paese dei sogni, il paese dove non vorresti vivere, ecc.)

18 Fonetica e ortografia. Presentazione della corrispondenza grafica dei suoni /tʃ/ e /k/.

Dica agli studenti di coprire il libro, e faccia ascoltare le parole dei due gruppi varie volte.

Gliele faccia ascoltare di nuovo, e per ogni parola chieda a uno studente di ripeterla. Se occorre può fermare il registratore.

Gliele faccia ascoltare ancora leggendo il libro, senza guardare la concettualizzazione ortografica, e chieda agli studenti di cercar di capire come si scrivono i due suoni.

Se gli studenti hanno difficoltà, prima di affrontare la concettualizzazione presentata nel libro, li guidi, attraverso domande, verso la soluzione del problema ortografico.

Faccia ascoltare ancora le parole. Gli studenti potranno prima limitarsi a ripeterle, poi potranno scriverle. Anche in questo caso, se è necessario, le consigliamo di fermare il registratore dopo ogni parola.

Cfr. *L.E.*, attività 22.

UNITÀ 6

Mi piace molto sciare

Seconda parte dell'area tematica delle attività quotidiane.

> *Contenuti nozionali e funzionali*: parlare dei propri orari, gusti e abitudini - esprimere accordo o disaccordo con **anche**, **neanche**, **a me sì**, **a me no**, **io sì**, **io no** - **mah** + *informazione*.
>
> *Contenuti grammaticali*: preposizioni articolate **all'**, **alle**, **dall'**, **dalle** - paradigma completo del presente indicativo di verbi in **-are**, **-ere** e **-ire**, e di **fare**, **andare** e **uscire** - quadro di sistematizzazione degli articoli - espressioni con l'ora: **a**, **da...a**, **tra...e**, **verso** - **mi piace/piacciono (molto/per niente)**.
>
> *Aree lessicali*: ampliamento del lessico relativo alle attività quotidiane.
>
> *Fonetica e ortografia*: le consonati doppie.

1   Presentazione e pratica orale di:
- forme più usate per parlare degli orari in cui svolgiamo abitualmente determinate attività
- preposizioni articolate **all'**, **alle**, **dall'**, **dalle**.

Faccia notare la concettualizzazione agli studenti e soprattutto la differenza tra **a** + *ora*, **verso** + *ora*, e **dalle... alle...**.

Diamo qui le preposizioni articolate **all'/alle/dall'/dalle** sufficienti a svolgere queste funzioni. Una tabella completa si trova nell'Unità 18 al punto 1.

Dopo aver commentato la concettualizzazione, può proporre una prima attività ludica sugli orari sollecitando gli studenti a tornare al tabellone con gli orari di arrivo di alcuni treni a pagina 43: gli studenti lo guardano attentamente per un po' e poi chiudono il libro e si fanno reciprocamente domande sugli orari, del tipo:

- A che ora arriva il treno da Nettuno?
- Alle due meno cinque.
- Esatto.

A turno, uno studente fa da arbitro e controlla le risposte.

L'attività può esser svolta collettivamente, o a piccoli gruppi.

Dopo questa prima pratica degli orari, solleciti gli studenti a lavorare a coppie, a partire dalle attività suggerite nel box della pagina 48, utilizzando anche gli avverbi di frequenza già visti nell'Unità 5 ai punti 4 e 14.

Se lo desidera può dire agli studenti di proseguire a fare altre domande su attività di loro scelta. Fornisca lei il lessico necessario.

Dopo aver svolto questa prima parte dell'attività chieda ad uno studente di raccontare al resto della classe cosa ha scoperto del suo compagno. Come sempre in questi casi, è auspicabile che gli altri intervengano con delle domande.

Alla pag. 49 diamo la pubblicità di un famoso digestivo. Chieda agli studenti di leggere il documento individualmente e passi poi a un commento collettivo: *Che tipo è questo qui?*, *Che lavoro fa?*, *In che situazione si trova nei diversi momenti della sua giornata?*, *Con chi parla?*, *Chi è Elena?*, ecc. Spieghi il lessico nuovo. Non è il caso di presentare l'imperativo.

Cfr. *L.E.*, attività 1, 2, 3, 4 e 7.

2   Pratica d'ascolto sugli orari.

Paolo, un ragazzo italiano, viene intervistato. Argomento: cosa fa, di cosa si occupa, come passa la giornata.

UNITÀ 6

Controlli che gli studenti capiscano le attività menzionate nella scheda da riempire. Poi solleciti gli studenti a concentrarsi sugli orari di Paolo.

Dopo aver svolto l'attività può concentrarsi sul dettaglio, spieghi il lessico nuovo.

Faccia notare, in particolare:
— **quindi**: per introdurre una deduzione
— **diciamo verso le 8 e mezza**: quest'uso di **diciamo** introduce un'informazione presentandola come una decisione approssimativa, e in parte arbitraria, da parte di chi parla, che è incerto su cosa dire esattamente.

Il testo si trova alla pag. 201 del *Libro dello studente*.

3
Attività di lettura e di scrittura.
Gli orari degli italiani.

Le fotografie apportano altre informazioni culturali sull'orario di apertura e chiusura di un ufficio, una banca, una farmacia, un museo e una chiesa.

Se lo ritiene opportuno, prima di passare alla lettura, può chiedere agli studenti di formularsi delle domande a partire da queste foto. Ad es.:

- A che ora apre l'ufficio?
- Alle 9.00.
- E a che ora chiude?
- In inverno alle quattro e mezzo e d'estate alle cinque.

Chieda gli studenti di leggere il testo individualmente, permettendo ad ognuno di seguire il proprio ritmo e li solleciti a rivolgersi a lei soltanto per i dubbi importanti, che possono costituire un ostacolo alla comprensione. Gli studenti non dovrebbero avere grandi problemi.

Dopo questa prima lettura, chieda agli studenti di parafrasare il testo spiegandone i contenuti principali.

Proceda poi a una lettura dettagliata, cercando di portare gli studenti a decifrare da soli il maggior numero di elementi. Li guidi e aiuti con domande.

Spieghi le eventuali parole nuove. Non è il caso di concettualizzare nuovi aspetti di morfosintassi, quale, ad esempio la forma impersonale con *si*.

Se è possibile ricorrere ad una Lcomune può ampliare il discorso culturale facendo notare che in Italia soltanto negli ultimi anni e soltanto nelle grandi città si è diffusa l'abitudine di un orario cosiddetto no-stop o orario continuato per i negozi di abbigliamento e di articoli da regalo. Gli altri generi, ad esempio alimentari, seguono ancora un orario molto rigido fissato e controllato da leggi, circolari e regolamenti regionali e comunali. È impossibile, ad esempio, fare la spesa (cioè acquistare generi alimentari) dopo le 20:30 o nei giorni festivi, se non nelle rosticcerie, nei bar o nei ristoranti. Soltanto per le località turistiche nei periodi di "alta stagione" vengono fatte delle eccezioni.

Appunti sul testo:
Standa e *La Rinascente*: grandi magazzini diffusi in tutto il territorio nazionale. La Standa rispetto alla Rinascente è più economica. Spesso ha anche un supermercato di generi alimentari. Insieme alla UPIM (altra catena di grandi magazzini, dello stesso gruppo della Rinascente ma di livello leggermente inferiore) sono le tre maggiori catene di grandi magazzini in Italia. Esistono inoltre altre catene di grandi magazzini con una diffusione meno ampia o che vendono soltanto alcuni generi di articoli, e numerose catene di supermercati).

Dopo la prima fase, di lavoro sul testo, ogni studente potrà scriverne uno simile sugli orari del suo paese d'origine.

Se la sua classe è composta da studenti della stessa nazionalità, tutto il gruppo insieme potrà preparare un testo unico, oppure ognuno potrà scegliere un paese che conosce bene o un paese immaginario, di cui raccontare gli orari e le abitudini.

UNITÀ 6

4 Pratica d'ascolto delle forme usate per parlare delle proprie abitudini.

Faccia ascoltare i dialoghi una prima volta.

Le conversazioni si svolgono nel corridoio e negli spogliatoi di una palestra: se crede che questo elemento possa aiutare gli studenti lo premetta.

Controlli che gli studenti capiscano le risposte presentate, e chieda di segnare quelle esatte per ogni dialogo.

Se gli studenti mostrano molta difficoltà di comprensione, le consigliamo, come sempre, di procedere gradualmente formulando per ogni dialogo dapprima delle domande generiche (*quante persone parlano?, di cosa parlano?*, ecc.), passando poi a domande più specifiche.

Dopo aver svolto l'attività può rivedere i dialoghi nei dettagli, oppure passare al punto 5 e tornarci su dopo aver commentato le concettualizzazioni.

Il testo è alla pag. 201 del *Libro dello studente*.

scappare: nel dialogo c. è usato con il significato di **andare via in fretta, subito**. Quest'accezione è molto frequente.

5 Presentazione e pratica orale delle forme che si usano per parlare delle attività.

Diamo qui anche la seconda persona plurale **voi**, oltre al **tu** e al **lei**. Le consigliamo di farlo notare agli studenti. Nella pagina seguente, diamo tutto il presente indicativo delle tre coniugazioni e di **fare**, **andare** e **uscire**, perché a questo punto, per continuare a parlare delle attività quotidiane, gli studenti hanno sempre più bisogno di autonomia: quest'argomento è già stato introdotto gradualmente, e gli studenti sono pronti per una revisione sistematica che completi il panorama del presente.

Per quanto riguarda i verbi riflessivi, diamo qui **chiamarsi**, cioè un verbo in **-are**; se lo ritiene opportuno può far notare agli studenti che i riflessivi in **-ere** e quelli in **-ire** hanno gli stessi pronomi riflessivi, e che le desinenze sono le stesse che per gli altri verbi in **-ere** e in **-ire**.

Per gli altri verbi irregolari, Cfr. *Sintesi di grammatica*. È preferibile non affrontare tutte le irregolarità presentate allo stesso momento.

L'attività orale da svolgere su queste concettualizzazioni è completamente libera: gli studenti si fanno domande sulle loro abitudini, applicando anche tutti gli strumenti che hanno visto nell'Unità 5. Tuttavia, in questa fase, non si tratta ancora di parlare in modo esaustivo delle proprie giornate (Cfr. punto 9.), bensì di cominciare a dialogare sull'argomento.

Chieda di lavorare a coppie contemporaneamente, in modo da poter ripetere gli scambi comunicativi con diverse persone ed avere modo di riutilizzare più volte le forme viste finora.

Cfr. *L.E.*, attività 5, 6, 7, 8 e 10.

6 Presentazione di alcune forme per parlare dei gusti.
Quadro generale degli articoli determinativi singolari e plurali.

Abbiamo ritenuto opportuno dare qui le forme più frequenti, ma anche meno estreme, per parlare dei gusti. Se crede può aggiungerne altre come: **adoro/odio/detesto** + *infinito/sostantivo singolare o plurale*.

Se lo ritiene utile può passare direttamente all'attività 7 e tornare al quadro degli articoli solamente in caso di dubbi o errori frequenti degli studenti.

Il quadro riassuntivo degli articoli determinativi può tuttavia rappresentare un'occasione per fare il punto su di essi. I singolari **il, la, l'** e il plurale **le** sono già apparsi nell'Unità 5, mentre i plurali, pur essendo apparsi nei dialoghi e nei testi scritti, non sono mai stati concettualizzati. Abbiamo ritenuto opportuno non presentare qui tutti i casi in cui si

UNITÀ 6

usa il singolare **lo** e il suo plurale **gli**, limitandoci a segnalare il caso più frequente, per permettere agli studenti di cominciare a familiarizzarsi con queste forme che non erano ancora state concettualizzate. Solo se crede che gli studenti non siano eccessivamente sovraccarichi di elementi nuovi può già anticipare gli altri casi (presentati nella *Sintesi di grammatica*). In caso contrario, le consigliamo di aspettare.

Le ricordiamo che un quadro completo degli articoli indeterminativi è nell'Unità 7 al punto 7: è preferibile non anticipare questo punto giacché per ora gli studenti non hanno ancora avuto molte occasioni di usarli, e comunque non sono ancora indispensabili.

Cfr. *L.E.*, attività 9, 11, 12 e 13.

Cfr. la pag. 155 della *Sintesi di grammatica* per la morfologia del verbo **piacere**, e la pag. 134 e seguenti per un approfondimento della morfologia e dell'uso degli articoli determinativi.

7

Pratica orale degli elementi presentati al punto precedente.
Presentazione, pratica scritta e pratica orale di:
– **anche**, **neanche**, **a me no**, **a me sì**, **io no**, **io sì**, **invece**.

Ogni studente deve scrivere individualmente cinque (o anche più) frasi sulle cose che più preferisce fare e cinque su quelle che detesta. Solleciti gli studenti a non limitarsi alle attività quotidiane apparse negli esempi di questa unità, e a considerare anche tutte quelle viste nell'Unità 5 ai punti 4, 6 e 7. L'obiettivo di questa prima parte dell'attività è permettere agli studenti di riutilizzare quanto acquisito al punto precedente, e al tempo stesso di preparare la seconda parte.

Chieda poi agli studenti di dividersi in piccoli gruppi di due o anche di tre persone e di procedere come negli esempi.

Faccia notare:
— siamo d'accordo con il nostro interlocutore e vogliamo ribadire la sua opinione: se la sua frase è affermativa usiamo **anche**, se è negativa usiamo **neanche**;
— non siamo d'accordo con il nostro interlocutore e vogliamo dissociarci dalla sua opinione: se usa il verbo **piacere** affermativamente usiamo **a me no**, se usa **piacere** negativamente usiamo **a me sì**, se usa un verbo diverso da **piacere** affermativamente usiamo **io no**, se usa un verbo diverso da **piacere** negativamente usiamo **io sì**.
— tutte le volte che vogliamo sottolineare un contrasto usiamo **invece**.

Attenzione: sottolinei che con **neanche** e **anche** non si usa **invece** perché **invece** serve per introdurre una nuova informazione sottolineando il contrasto con un'informazione presente già nel contesto, cioè la differenza tra le informazioni. È, quindi, incompatibile con **anche** e **neanche**, operatori utilizzati per riprendere un'informazione precedente sottolineando l'identità dei predicati.

Se gli studenti incontrano molte difficoltà può eventualmente passare alla comprensione d'ascolto del punto 8 subito dopo la concettualizzazione, e tornare all'attività orale prima di passare al punto 9.

Se al contrario gli studenti non mostrano nessuna difficoltà, se lo ritiene possibile può introdurre la forma **preferisco** + *infinito/sostantivo*, spesso usata per specificare meglio il nostro accordo o disaccordo.

- ● Non mi piace il caffè
- ○ Neanche a me. Preferisco il tè.

- ● Il sabato lavoro sempre.
- ○ Io no. Preferisco dormire!

Il presente indicativo del verbo **preferire** è nell'Unità 9.

Cfr. *L.E.*, attività 14, 15, 16, 17, 18, 19, 20, 21 e 22.

8

Pratica d'ascolto delle forme viste al punto 7.

Chieda agli studenti di concentrarsi solamente sull'accordo o sul disaccordo delle persone che parlano.

Dopo aver svolto l'attività, faccia ascoltare di nuovo i dialoghi e solleciti gli studenti a concentrarsi sugli elementi che rivelano a chi ascolta se i parlanti sono d'accordo o meno: se lo crede possibile può già far notare, se necessario in una Lcomune, come anche l'intonazione svolga un ruolo in questo senso. Se il nostro interlocutore esprime la sua

UNITÀ 6

preferenza per un qualcosa che noi detestiamo, la nostra prima reazione è di sorpresa e ciò influisce nell'intonazione caratterizzandola con un tono marcatamente più ascendente, come nei dialoghi b. e d.

Il testo è alla pag. 201 del *Libro dello studente*. Dopo aver svolto l'attività lo può far leggere velocemente agli studenti e spiegare le eventuali difficoltà. Trattandosi di brevissimi scambi di due o tre battute, non dovrebbero sorgere problemi.

9 Attività orale: dare e chiedere informazioni sulle proprie ed altrui abitudini.

Si tratta di un'attività nella quale gli studenti devono usare tutto ciò che hanno visto nell'Unità 5 e nella 6 fino a questo momento.

Fornisca lei il lessico di cui possano aver bisogno gli studenti.

Se tuttavia gli studenti non mostrano particolari difficoltà e se lei ritiene che non siano sovraccarichi di compiti, può sollecitarli a riutilizzare anche le forme usate per scambiare informazioni personali (Unità 2, 3, 4) e quelle per esprimere gusti (punto 6). Esempio:

- ● Cosa fai il pomeriggio?
- ○ In genere lavoro.
- ● Ah...E che lavoro fai?

- ● Cosa fai il pomeriggio?
- ○ Mah...non so. In genere leggo, mi piace molto leggere.
- ● Ah...anche a me piace leggere

Dopo aver fatto lavorare gli studenti a coppie contemporaneamente e sotto la sua supervisione, potrà valutare se chiedere loro di cambiare i posti e continuare con lo stesso sistema oppure se chiedere a uno studente di raccontare cosa ha scoperto del suo compagno, della sua giornata-tipo, della sua settimana, ecc.

Cfr. *L.E.*, attività 23, 24 e 25.

10 Attività orale: dare e chiedere informazioni sulle abitudini di una terza persona.

Attività ludica. Obiettivo: come al punto 9.

Chieda agli studenti di lavorare a coppie prendendo appunti. Li solleciti a non scrivere per intero la giornata-tipo dei due personaggi scelti, per evitare che nella seconda fase cadano nell'errore di leggere, ma a sforzarsi di raccontarla.

Durante questa attività probabilmente sarà necessario introdurre **(ma) prima**, **poi**, e **dopo** e altri elementi che servono a scandire una qualsiasi narrazione nel tempo.

- ● Quando si alza fa colazione, ma prima fa la doccia
- ● Quando si alza prima fa la doccia e poi fa colazione.

Faccia notare che **mah**, anche quando è seguito da **non so** oppure **non lo so**, introduce sempre l'informazione che ci è stata sollecitata. La sua funzione non è infatti quella di evitare una risposta, ma semplicemente di indicare che chi parla vuol prendere le distanze da ciò che dice, sottolineando che non è completamente sicuro di quello che sta per rispondere:

- ● Cosa fa un ladro di giorno?
- ○ Mah...dorme = non ne sono sicuro perché non sono un ladro, però suppongo che dorma, visto che di notte "lavora"

o che è scettico e risponde solo perché gli è stato chiesto di esprimere il suo punto di vista, ma che non aveva opinioni precostituite riguardo all'argomento in questione:

- ● Cosa fai di solito il sabato?
- ○ Mah, non so. A volte gioco a tennis, a volte leggo... = ti rispondo perché lo vuoi sapere ma è molto difficile dirlo esattamente.

Cfr. *L.E.*, attività 27, 28 e 29.

UNITÀ 6

11 Attività d'ascolto.

Vengono intervistati tre italiani: Francesco di 35 anni, Marina di 22 anni, Gianfranco di 60 anni.

Argomento: come impiegano il loro tempo libero (fine settimana, vacanze, estate).

Proponga vari ascolti.

Solleciti ogni studente a prendere appunti individualmente e a concentrarsi solamente su quelli che ritiene siano gli elementi principali di ogni intervista, ad esempio nel caso di Francesco: **campagna**, **cucina** e **bicicletta**.

Dopo aver fatto ascoltare varie volte le interviste, solleciti gli studenti a raccontare cosa ricordano di ogni intervistato.

Se gli studenti mostrano eccessive difficoltà, potrà suggerire anticipatamente alcuni elementi che potrebbero causare un blocco di comprensione.

Dopo aver svolto l'attività può lavorare sul dettaglio delle interviste, facendo attenzione a non presentare nuovi elementi di morfosintassi.

Le trascrizioni delle interviste sono alla pag. 202 del *Libro dello studente*.

12 Presentazione e pratica di lettura su:
– principali festività italiane
– abitudini degli italiani durante queste festività.

Come sempre nelle comprensioni di lettura, le consigliamo di sollecitare gli studenti a leggere il testo individualmente, cercando, in una prima fase, di rivolgersi a lei soltanto per le difficoltà maggiori.

In una seconda fase può discutere del testo con tutto il gruppo, aiutando gli studenti a capirne il dettaglio.

Le illustrazioni apportano ulteriori informazioni culturali: lo spumante a Capodanno; le uova di cioccolato con la sorpresa a Pasqua; la festa di San Valentino, il santo degli innamorati, il 14 febbraio; vacanze esotiche in luoghi anche molto lontani, di moda negli ultimi anni; feste di Carnevale; infine un punto interrogativo e una fetta di torta a significare il compleanno di ognuno che spesso diviene occasione di festeggiamenti in famiglia e con amici.

Se gli studenti sono di diverse nazionalità può, se lo ritiene opportuno, chiedere di scrivere un testo sulle festività del loro paese di origine.

13 Pratica orale degli elementi incontrati in precedenza

Faccia notare come si formula la domanda: **Cosa fai di solito a Natale/a Pasqua/per il tuo compleanno/durante le vacanze/ecc.?**

Le consigliamo di far lavorare gli studenti a coppie contemporaneamente, in modo da poter ripetere gli scambi comunicativi con diverse persone ed avere modo di riutilizzare più volte le forme viste finora.

Fornisca lei il lessico di cui abbiano bisogno gli studenti.

Se lo crede opportuno può, in un secondo momento chiedere a ogni studente di parlare delle festività di un compagno:

● Neus, cosa fa di solito Detlev a Natale?
○ In genere a Natale va in Germania, a trovare la sua famiglia...

UNITÀ 6

14 Pratica orale collettiva.

Chieda ad uno studente di pensare a una professione e di immaginare anche, conseguentemente, come sarebbe la sua giornata se realmente svolgesse quella professione, in modo da essere pronto a rispondere alle domande dei suoi compagni.

Solleciti gli studenti a usare anche tutto ciò che hanno visto nelle unità precedenti: orari, professioni, attività quotidiane, ecc.

Legga l'esempio da cui partire per svolgere l'attività insieme agli studenti.

Dopo una prima fase collettiva, suddivida la classe in gruppi di tre o quattro studenti, e li faccia lavorare contemporaneamente.

15 Fonetica e ortografia. Primo approccio con il problema delle doppie consonanti in italiano.

Nelle Unità 15, 18, 19, 20 e 21 verranno affrontati problemi specifici contrastivi.

È fondamentale che gli studenti imparino a distinguere le consonanti doppie da quelle singole, e a pronunciarle correttamente. Gli studenti di lingua spagnola e quelli di lingua francese hanno spesso grandi difficoltà nella pronuncia delle doppie. Gli studenti di lingua tedesca tendono spesso a trasformare in sorde le doppie consonanti sonore.

Poiché in questo caso non affrontiamo un problema di corrispondenza suono-grafia abbiamo ritenuto opportuno proporre qui una comprensione d'ascolto senza testo scritto. Le consigliamo di sollecitare gli studenti a sensibilizzarsi fin da ora sulla discriminazione dei suoni doppi.

Gli studenti ascolteranno gruppi di tre parole e svolgeranno l'attività in due fasi:

a) cercando di capire se ogni gruppo è composto da parole uguali o diverse tra loro;

b) cercando di capire quali parole hanno doppia consonante.

Faccia ascoltare le parole varie volte.

Gli studenti potranno prima limitarsi a ripeterle, poi potranno scriverle. In questo caso, se è necessario, le consigliamo di fermare il registratore dopo ogni parola.

Può trovare la lista alla pag. 202 del *Libro dello studente*.

Cfr. *L.E.*, attività 30.

UNITÀ 7

Senta, scusi, per andare al Colosseo?

Unità di introduzione all'area tematica relativa allo spazio che verrà poi ampliata nell'Unità 18.

> *Contenuti nozionali e funzionali*: elementi per situare qualcosa e per muoversi nello spazio esterno - formulare domande con **dov'è** - chiedere informazioni per arrivare in un certo luogo - elementi per parlare della distanza - informarsi sull'esistenza e sull'ubicazione di un posto - richiamare l'attenzione con **senta**, **scusi** e **senti**, **scusa**.
>
> *Contenuti grammaticali*: articoli indeterminativi - contrasto articoli determinativi e articoli indeterminativi - ampliamento delle preposizioni articolate (**al, allo, alla, del, dello, della**) - avverbi e preposizioni relativi allo spazio (**davanti a, vicino a, tra...e, a destra/sinistra di**).
>
> *Aree lessicali*: lessico basilare relativo alla città, ad alcuni edifici, servizi pubblici, esercizi commerciali e mezzi di trasporto.
>
> *Fonetica e ortografia*: contrasto /b/ e /p/.

In quest'unità si è deciso di mettere l'enfasi sulle abilità ricettive rispetto a quelle produttive. Lo studente sarà dunque portato a capire molto più di quello che riesce a produrre. Questa scelta è motivata dal fatto che è molto più probabile che uno straniero debba chiedere indicazioni e riuscire a capire le risposte in italiano che non il contrario.

1

> Presentazione di alcuni elementi di:
> – lessico elementare legato alla città
> – espressioni per localizzare qualcosa nello spazio: **vicino, a destra/sinistra, davanti** e **tra x e y**.

Se lo desidera può introdurre anche **dietro a**.

Nella concettualizzazione compare la domanda **dov'è il/la** + *sostantivo maschile/femminile* ma le consigliamo di insistere per ora soprattutto su come si localizza qualcosa nello spazio in modo da procedere gradualmente verso il punto 4 che presenterà gli strumenti per chiedere informazioni sull'ubicazione di un posto.

Diamo qui le preposizioni articolate **a/allo/alla/all'/del/dello/della/dell'** necessarie a svolgere queste funzioni (**all'/alle/dall'/dalle** sono apparse nell'Unità 6, mentre una tabella completa si trova nell'Unità 18 al punto 1).

Con l'aiuto del disegno, si assicuri che gli studenti capiscano il lessico utilizzato.

Dopo la prima fase di lettura e spiegazione/decodifica della concettualizzazione e della piantina, dica agli studenti di coprire la parte superiore della pagina in modo da poter vedere soltanto il disegno e il foglio con le domande, e di cercar di rispondere alle domande per iscritto, guardando la piantina. L'attività va svolta individualmente.

L'obiettivo è di far rivedere agli studenti una serie di usi delle espressioni spaziali e del lessico appena incontrato, per portarli ad acquisirlo attraverso l'uso.

Se gli studenti hanno difficoltà, possono fare riferimento alla concettualizzazione.

Proceda poi a una correzione collettiva.

Le ricordiamo che torneremo sull'argomento spazio nell'Unità 18, ampliando la lista dei marcatori spaziali.

Cfr. *L.E.*, attività 1 e 7.

2

> Presentazione e pratica d'ascolto sul lessico basilare relativo ad alcuni esercizi commerciali e luoghi pubblici.

Chieda agli studenti di guardare la lista delle parole presentate nel box e di rivolgersi a lei per qualunque dubbio. Nella piantina alcuni locali pubblici compaiono con il loro nome, negli altri gli studenti dovranno riempire l'insegna ascoltando i dialoghi registrati.

UNITÀ 7

Faccia ascoltare i dialoghi varie volte sollecitando gli studenti a trascurare per ora le forme che si usano per chiedere informazioni sull'ubicazione e a concentrarsi solo su ciò che viene richiesto dall'attività.

Proceda poi a una correzione collettiva.

Dopo aver svolto l'attività, può riproporre gli stessi dialoghi per lavorare sul dettaglio.

I testi dei dialoghi sono alla pag. 202 del *Libro dello studente*.

3

> Ampliamento e pratica orale del lessico relativo ai negozi.
> Lavoro culturale su dove si acquistano le cose in Italia.

Abbiamo ritenuto opportuno formulare qui un'istruzione che non vincolasse a uno svolgimento a coppie, per lasciare la scelta all'insegnante. L'attività può essere svolta sia collettivamente sia da coppie di studenti.

Limiti, per ora, il lessico relativo agli oggetti ai nomi degli oggetti rappresentati nel *collage*: **libro**, **profumo**, **camicia**, **cravatta**, **rivista**, **pane**, **pollo**, **carne**, **frutta e verdura**. Non è il caso di entrare nei dettagli: è preferibile evitare parole come **ravanelli**, **braciola**, ecc. perché si rischierebbe di distogliere l'attenzione degli studenti dagli obiettivi di questa unità. Il lessico degli oggetti verrà ampliato nelle Unità 8 e 9. Quello dei cibi verrà ripreso ulteriormente nelle Unità 16 e 17, quello dell'abbigliamento nell'Unità 19.

Se lo ritiene possibile potrà ulteriormente ampliare la lista di nomi di negozi o di luoghi pubblici di servizio (ad es. le poste, l'ospedale, ecc.), per lavorare ulteriormente su dove si acquistano determinate cose in Italia, o dove si ottengono determinati servizi.

Se dispone di una lingua di comunicazione con gli studenti, in una seconda fase può essere utile sviluppare ulteriormente il discorso da un punto di vista culturale.

Cfr. *L.E.*, attività 2.

4

> Presentazione di:
> – alcuni dei modi che usiamo per chiedere a qualcuno dove si trova un posto che stiamo cercando e possibili risposte
> – preposizioni usate con i mezzi di trasporto
> – gli avverbi di luogo **qui** e **lì**.

Abbiamo ritenuto opportuno dare qui le forme più frequenti per chiedere e rispondere circa l'ubicazione di un luogo. Le ricordiamo inoltre che, come segnaliamo anche nel Libro dello studente, tutte le risposte possono combinarsi in vario modo.

Questa concettualizzazione è volutamente ridotta, giacché in questa unità non si pretende che lo studente arrivi a produrre tutto quello che capisce.

Se desidera ampliare ulteriormente il discorso, e se non crede di sovraccaricare eccessivamente gli studenti, può presentare anche **prendi/prenda/prendete**, **segui/a questa strada fino a...**, **vai/vada fino a...**, **gira/giri**. Tuttavia, non è il caso di presentare ancora la morfologia dell'imperativo: è sufficiente presentare queste espressioni come frasi fatte.

Le sconsigliamo di concettualizzare **saranno** in modo analitico: anche in questo caso, lo può presentare, per ora, come un'espressione.

Faccia notare agli studenti che con i mezzi di trasporto usiamo la preposizione **in** (**in macchina, in motocicletta, in motorino, in bicicletta, in autobus, in treno, in aereo**, ecc.) e che in un solo caso usiamo la preposizione **a**: **a piedi**.

Nelle vignette di fine pagina diamo un'esemplificazione dell'uso dei due avverbi di luogo **qui** e **lì**. Alcuni usi di **qui** saranno probabilmente già comparsi nell'Unità 5 al punto 1. Prima di concettualizzare elementi che sono già stati incontrati, è conveniente ricordare gli usi già visti agli studenti ("*vi ricordate di* **qui**?"): ciò avrà l'effetto di tranquil-

UNITÀ 7

lizzarli del fatto che non tutto deve essere spiegato subito, e che comunque si possono fidare perché poi si torna sulle cose rimaste in sospeso.

Se lo ritiene possibile può introdurre gli equivalenti qua e là. A questa opposizione corrispondono anche altre opposizioni, ad es. **questo (qui)/quello (lì)** che presenteremo nell'Unità 9 al punto 2.

Se i suoi studenti sono tutti della stessa lingua madre, e se in questa lingua lo spazio in rapporto al parlante viene segmentato in maniera diversa, le consigliamo un'analisi contrastiva.

Le ricordiamo che nell'Unità 2 abbiamo introdotto il discorso dell'accento grafico delle parole, specificando che abbiamo ritenuto opportuno rimandare i casi particolari al *secondo livello*. Con gli avverbi **qui** e **lì** può nascere curiosità negli studenti. Se ciò si dovesse verificare lasciamo all'insegnante la possibilità di discutere o meno del problema in classe: **qui** in quanto monosillabo terminante con un dittongo ascendente (vocale forte + vocale debole) dovrebbe avere accento grafico, ma nell'evoluzione della lingua italiana si è venuto gradatamente a perdere, come pure per il monosillabo **qua**; **lì** in quanto monosillabo non terminante in dittongo ascendente non dovrebbe avere accento grafico ma si usa accentare l'avverbio per distinguerlo dal **li** pronome (il **là** avverbio è accentato per distinzione dal **la** articolo).

Cfr. *L.E.*, attività 8.

Dopo aver commentato la concettualizzazione insieme agli studenti, li solleciti a formularsi delle domande per cominciare a utilizzare gli elementi appena visti.

Può disegnare poi una piantina di una città immaginaria e chiedere agli studenti di dare e chiedere indicazioni. Lo stesso tipo di attività può essere svolto con una delle piantine proposte ai punti 6 e 8.

5

Pratica di lettura degli elementi visti al punto 4.

Attività ludica individuale: a partire dal testo ogni studente cercherà di "accompagnare" il prete nel suo tragitto. Vince chi arriva prima alla Basilica di San Pietro (Città del Vaticano, Roma). Se lo ritiene possibile lanci una "sfida" ponendo un limite di tempo.

Dopo lo svolgimento dell'attività può rivedere il testo insieme agli studenti per assicurarsi della buona comprensione. Non è necessario che gli studenti arrivino a saper produrre tutto quello che viene presentato.

Se lo desidera può cogliere l'occasione per parlare della Basilica di San Pietro, del ruolo della Città del Vaticano a Roma, dei rapporti tra lo Stato italiano e il Vaticano, della cerimonia domenicale dell'Angelus (rappresentata nella fotografia), ecc.

6

Pratica d'ascolto degli elementi visti al punto 4.

I quattro dialoghi riproducono scambi comunicativi autentici tra nativi italiani, alcuni dei quali abbastanza estesi.

Solleciti gli studenti a finalizzare il loro ascolto su ciò che viene richiesto dall'attività e a non cercare di comprendere analiticamente tutti gli scambi di battute per non sovraccaricarsi inutilmente di compiti che non sono per ora in grado di svolgere.

Faccia ascoltare la registrazione varie volte fino allo svolgimento dell'attività.

La piantina è tratta da *Tuttocittà*, uno stradario annuale distribuito insieme agli elenchi telefonici, e riproduce una zona del quartiere Prati di Roma. Le consigliamo di far notare agli studenti che ad ogni dialogo corrisponde una lettera cerchiata e colorata di verde: A in D3, B in B3, C in B4, D in A4, e che da ognuna di esse devono partire per segnare l'itinerario. Ad esempio, nel dialogo a.: dopo il ponte (Ponte Margherita) la terza a destra (la prima è Lungotevere Michelangelo, la seconda è via Orsini, la terza è via Farnese).

Dopo aver svolto l'attività può rivedere i dialoghi nei dettagli. Ricordi però che non c'è bisogno che gli studenti siano in grado di usare attivamente tutto quello che sono in grado di capire.

Le trascrizioni sono a pag. 202.

UNITÀ 7

Se lo desidera può cogliere l'occasione per parlare dei diversi quartieri di Roma, e in particolare delle zone raffigurate nella pianta: Castel S. Angelo, il quartiere Prati (quartiere commerciale con numerosi uffici, molto prestigioso, vicino al Vaticano e al centro storico), il Lungotevere, ecc.

7

Presentazione di alcuni modi per chiedere informazioni sull'esistenza o l'ubicazione di un posto che non conosciamo.

Faccia notare agli studenti che si possono verificare due casi (non sappiamo se questo posto esiste - sappiamo che il posto che cerchiamo esiste ma non sappiamo dov'è situato) a ognuno dei quali corrisponde un diverso modo di formulare la domanda.

Segue la concettualizzazione degli articoli indeterminativi e del loro uso rispetto a quelli determinativi.

Faccia notare che mentre l'articolo determinativo **l'** corrisponde sia a **lo** + *sostantivo maschile che inizia in vocale*, sia a **la** + *sostantivo femminile che inizia in vocale*, **un'** corrisponde solamente a **una** + *sostantivo femminile che inizia in vocale* e che quindi può nascere una confusione maggiore con il maschile **un**. Insista pertanto sul fatto che, al contrario di ciò che avviene nel caso dell'articolo determinativo **l'**, oltre all'iniziale è necessario conoscere anche il genere del sostantivo che segue.

Se lo desidera può cogliere l'occasione per presentare **c'è/ci sono**. Se decide di farlo può limitarsi a una prima presentazione, senza esercitazione, oppure fare pratica dell'uso, ad esempio chiedendo agli studenti di cercar di descrivere senza guardarlo il disegno del punto 1., il *collage* del punto 3., o altre illustrazioni come il *collage* iniziale dell'Unità 1.:

- ● Cosa c'è nel collage del punto 3.? Ve lo ricordate?
- ○ Sì, c'è una camicia con una cravatta...
- ● Poi? Cos'altro c'è?
- ○ ...

Consideri che in questa dinamica sorgeranno degli usi di **c'è/ci sono**, ma non con tutti gli elementi enumerati. Dopo aver finito, può passare a un'altra illustrazione.

In alternativa, sempre se decide di presentare sin da adesso gli usi di **c'è/ci sono**, può fare un disegno di una città alla lavagna, indicando bene cosa sono i diversi edifici, e chiedere agli studenti di descriverlo con frasi del tipo:

- ● In piazza Saffi, c'è un tabaccaio.
- ○ Ci sono tre ristoranti cinesi e due trattorie.
- ● ...

Consideri, comunque, che **c'è/ci sono** vengono lavorati anche nell'Unità 21.

Per un approfondimento di **c'è/ci sono** cfr. pag. 161 della *Sintesi di grammatica*, e pag. 134 per un approfondimento della morfologia e dell'uso degli articoli indeterminativi.

Cfr. *L.E.*, attività 3, 4 e 5.

Dopo aver presentato la concettualizzazione nei dettagli, dica agli studenti di formularle delle domande sull'ubicazione di posti basandosi su una delle piantine presentate nel libro, o sulla città in cui vi trovate, e risponda alle loro domande.

8

Pratica d'ascolto.

Valgono i suggerimenti dati per il punto 6.

Anche in questo caso la piantina è tratta da *Tuttocittà*; ad ogni dialogo corrisponde una lettera cerchiata e colorata di giallo.

L'attività si svolge in due fasi:

UNITÀ 7

– segnare la risposta esatta nella casella corrispondente
– segnare sulla piantina l'itinerario che devono fare le persone che chiedono informazioni.

Faccia ascoltare la registrazione varie volte fino allo svolgimento dell'attività.

Se lo desidera, anche in questo caso può parlare delle zone rappresentate nella pianta: centro storico di Roma, via Veneto, Quirinale, Montecitorio, ecc.

9 Fonetica e ortografia. Introduzione al problema delle consonanti sonore e delle loro corrispondenti sorde; contrasto /b/ - /p/.

Sono numerosi gli stranieri che tendono a pronunciare come sorde alcune consonanti sonore, o a sonorizzare le consonanti sorde. Quest'ultimo fenomeno è frequente anche tra i parlanti di alcuni dialetti del Sud.

Viene proposto l'ascolto di una serie di parole, pronunciate, ognuna, due volte: una volta correttamente, e l'altra volta no: **professione-brofessione**, **belga-pelga**, ecc.

L'attività si svolge in due fasi:
a) riconoscere qual'è la parola italiana di ogni coppia di cui viene proposto l'ascolto;
b) notare la differenza tra il suono /b/ e il suono /p/. Questi due suoni, che corrispondono graficamente alle lettere **b** e **p**, presentano lo stesso punto di articolazione (bilabiale), lo stesso modo di articolazione (occlusivo), ma non lo stesso grado di articolazione: /b/ viene articolato con la vibrazione di corde vocali (suono sonoro), e /p/ senza vibrazione di corde vocali (suono sordo).

Nel *Libro dello studente* invitiamo gli studenti a toccare con la mano la propria gola e a pronunciare questi due suoni per notare la differenza di vibrazioni.

Se il gruppo è omogeneo le consigliamo eventualmente anche un'analisi contrastiva.

Nelle unità seguenti analizzeremo il contrasto tra altre coppie di suoni sordi-sonori:
Unità 8: contrasto /f/-/v/
Unità 9: contrasto /d/-/t/
Unità 10: contrasto /k/-/g/
Unità 11: contrasto /tʃ/-/dʒ/

Nella seconda parte dell'attività gli studenti ascoltano soltanto le parole pronunciate correttamente. Le faccia ascoltare varie volte.

Gli studenti potranno prima limitarsi a ripetere le parole, poi potranno scriverle (se necessario fermando il registratore dopo ogni parola) e infine leggerle a voce alta, sotto la sua supervisione.

La lista delle parole è alla pag. 203 del *Libro dello studente*.

Cfr. *L.E.*, attività 9.

UNITÀ 8

Mi serve un litro di latte

Unità dai contenuti prevalentemente nozionali, costituisce un'introduzione all'area tematica degli acquisti (Unità 9 e 20) e a quella del cibo (Unità 16 e 17).

> *Contenuti nozionali e funzionali*: pesi e misure - contenitori - espressioni di quantità imprecisata: **un po' di**, **qualche**, partitivi - **mi serve/servono** - per valutare le quantità: **troppo/a/i/e, poco/a/i/che** - numeri da **100** in poi - cifre o quantità approssimative: **circa, più o meno**.
>
> *Contenuti grammaticali*: **di + articoli determinativi** - il partitivo.
>
> *Aree lessicali*: pesi e misure - contenitori - cibi e bevande: lessico elementare - nomi di alcuni oggetti di uso comune.
>
> *Fonetica e ortografia*: contrasto /f/-/v/.

1
Presentazione di:
– lessico elementare relativo a cibi e bevande
– pesi, misure e contenitori che si usano con cibi e bevande

Il lessico dei cibi e delle bevande presentato in questa Unità è volutamente ridotto. Lo studente dovrebbe concentrarsi maggiormente sui numerosi contenuti nozionali che incontra. Nelle attività 2, 3 e 4 c'è comunque la possibilità di ampliare il lessico relativo a cibi e bevande, secondo i gusti e le necessità del gruppo. Tuttavia, se il corso non ha luogo in Italia, e non c'è dunque per gli studenti l'esigenza immediata e quotidiana di fare la spesa, le consigliamo per il momento di limitare la presentazione di questo tipo di lessico. Lungo il corso si incontreranno numerose altre occasioni di lavorarci, particolarmente nelle Unità 16 e 17.

Riguardo a pesi e misure, è da notare l'uso in italiano dell'**etto**, rispetto ad altre lingue che usano invece soltanto i grammi. In italiano, nell'area degli acquisti o delle ricette di cucina, per riferirsi a cifre "tonde" (100 - 150 - 200 - 250 - ecc.) nei registri informali si usa etto: **un etto, un etto e mezzo, due etti, due etti e mezzo**, ecc. Se si vuol sottolineare maggiormente un'idea di precisione, nei registri più formali o quando non si tratta di quantità "tonde" si usano spesso i grammi: **centoventi grammi, duecentocinque grammi**, ecc. Nel linguaggio scientifico (ricette mediche, diete alimentari, ingredienti contenuti in un prodotto, ecc.) si usano i **grammi**.

Per presentare i contenitori, le consigliamo di sollecitare gli studenti a leggere la concettualizzazione formulando delle frasi del tipo:

• Il n° 1 è una busta di gnocchi surgelati.

Dopo questa lettura collettiva può commentare la concettualizzazione e dare le opportune spiegazioni.

La presentazione dei contenitori introduce anche alcuni aspetti culturali legati all'alimentazione in Italia: diversi cibi ed ingredienti tipici della cucina italiana, alcune famose marche di prodotti alimentari e un accenno (le fette biscottate integrali) a una recente evoluzione delle abitudini alimentari degli italiani.

pesto: condimento per pasta o riso a base di basilico, pinoli, olio d'oliva e parmigiano (Genova). Può approfittare per fare un breve accenno ai numerosissimi tipi di condimento per la pasta (oltre al pesto, nel *collage* sono rappresentati i pomodori pelati, un elemento estremamente usato nella cucina italiana).

fusilli: tipo di pasta, raffigurato sulla confezione. Può cogliere l'occasione, specialmente se dispone di una Lcomune, per fare un breve accenno alla quantità di formati diversi. (L'argomento sarà ripreso nelle Unità 16 e 17).

Cfr. *L.E.*, attività 1, 2.

2
Attività scritta.
Pratica e ampliamento del lessico presentato al punto 1.

UNITÀ 8

L'attività può essere svolta a coppie, con il suo aiuto o collettivamente.

La fotografia, contenendo elementi di cui non si conosce ancora il nome, costituisce un'occasione per l'ampliamento del lessico, che può essere ulteriormente stimolato con una domanda del tipo *Cos'altro si può comprare normalmente quando si fa la spesa?*

Se queste parole non sono già emerse nell'Unità 7 (in particolare al punto 3), può essere opportuno introdurre qui alcune categorie con cui si classificano i cibi, come **frutta**, **verdura**, **carne**, **pesce**, ecc. Se sono già emerse possono comunque essere ricordate qui.

3

Presentazione di:
- operatori che individuano quantità imprecisate
- **di** + *articoli determinativi* (partitivo)

Se si dispone di una L comune può essere utile introdurre il discorso numerabili/non numerabili insieme agli studenti stessi, stimolandoli con opportune domande (Conoscono già il problema? Possono fare alcuni esempi nella loro lingua madre?...).

Presentando le varie espressioni di quantità verrà naturale un ampliamento delle liste aperte della concettualizzazione. Le consigliamo sempre di mantenerlo sotto controllo.

È opportuno far notare agli studenti che **un po' di** è strategicamente utile finché non si ha una buona padronanza di **di + articolo**.

Può essere opportuno sottolineare che **qualche** è sempre seguito da un sostantivo singolare, a differenza di alcuni operatori corrispondenti di altre lingue.

Allo stesso modo, si può far notare che **di + articolo determinativo** forma sempre un'unica parola. Non è ancora il caso di presentare tutte le preposizioni articolate perché gli studenti ancora ne hanno incontrate pochissime. Un quadro completo delle preposizioni articolate si trova nell'Unità 18.

È possibile fare pratica brevemente degli elementi concettualizzati con domande tipo *Cos'hai mangiato stamattina? E ieri sera?* Gli studenti rispondono enumerando le cose mangiate, senza alcun bisogno di formare frasi con verbi al passato:

- ● Cos'hai mangiato stamattina?
- ○ Dei biscotti, del pane, un uovo...

Fornisca lei il lessico di cui hanno bisogno gli studenti: l'acquisizione avverrà così in modo personalizzato ai bisogni di ciascuno.

Non è ancora il caso di soffermarsi sui nomi dei pasti, i quali possono essere facilmente elusi riferendosi ai diversi momenti della giornata.

Come già detto, in questa fase non è consigliabile addentrarsi in lunghe presentazioni sistematiche di lessico riguardante i cibi: è preferibile che gli studenti si familiarizzino con alcuni termini. Nelle Unità 14, 16 e 17 avranno altre occasioni di ampliare le loro conoscenze in questo campo.

Cfr. *L.E.*, attività 4, 5.

4

Attività scritta.
Attività interattiva orale.
Pratica degli elementi presentati nelle attività 1, 2 e 3.
Presentazione e pratica dell'espressione **mi serve/servono**.
Ulteriore ampliamento personalizzato del lessico dei cibi.

La prima parte dell'attività, da svolgersi individualmente, consente una riflessione individuale su quanto incontrato in questa Unità. Anche qui sarà spontaneo un ampliamento del lessico, secondo le scelte di ogni studente.

UNITÀ 8

Prima della seconda parte, da svolgersi a coppie, è opportuno far notare che il verbo **servire** in questo caso funziona come **piacere** (**mi serve/piace** + *singolare*, **mi servono/piacciono** + *plurale*), presentato nell'Unità 6, punto 6.

Faccia notare che in quest'uso tipicamente italiano il verbo **servire** ha il significato di **aver bisogno di**. In altre lingue il verbo simile formatosi a partire dalla stessa radice non ha questo significato.

Cfr. *L.E.*, attività 8.

5 Presentazione e pratica di **troppo/a/i/e** e **poco/a/i/e** + *sostantivo*.

Non è necessario che gli studenti facciano vere e proprie frasi. Se lo desidera può sollecitare gli studenti a fare frasi del tipo:

- C'è poca acqua.
- Ci sono poche scatole.
  ...

- Ha poco lavoro.
- Ha pochi soldi
  ...

- Fuma troppe sigarette.
- Beve troppo vino.
  ...

Se nell'Unità 7 ha presentato **c'è/ci sono** può ricordare agli studenti di usarlo.

Chiave: troppa birra, troppo alcool - troppe sigarette, troppo fumo - poco lavoro, poche idee - poche uova.

Se il suo gruppo reagisce bene, può inoltre presentare il verbo **bastare** con delle frasi del tipo:

- Non bastano i soldi.
- Non basta l'acqua.

Oppure con delle domande:

- Bastano queste scatole?
- Sì, per me sono troppe.
- Per me non bastano.

Per fare ulteriormente pratica degli usi del verbo **bastare** può tornare all'attività 4: gli studenti riutilizzano la stessa lista che avevano preparato precedentemente, oppure ne fanno un'altra, pensando a un altro menù, e chiedono a un loro compagno le cose di cui hanno bisogno senza specificarne la quantità. Il compagno fa domande per sapere se le quantità da lui previste vanno bene:

- Mi servono delle uova?
- Quante? Bastano sei?/Basta mezza dozzina?
- Sì, vanno bene.
- Poi?
- Del latte...
- Basta un litro?
  ...

Cfr. *L.E.*, attività 6.

6 Presentazione dei numeri da **100** in poi.

Può essere opportuno sottolineare che in Italia, a causa della nostra moneta, i prezzi vengono normalmente espressi con cifre mediamente più alte rispetto ad altri paesi, ed è quindi essenziale possederne una buona padronanza anche per situazioni comunicative quotidiane. Oltre alla presenza della preposizione **di** dopo **milione/i** non seguiti da altri numeri, può essere utile far notare l'invariabilità di **cento** (**cento, duecento, trecento,**...) rispetto all'alternanza **mille/mila** (**mille, duemila, tremila,**...).

Cfr. *L.E.*, attività 7.

UNITÀ 8

7 Attività interattiva orale e scritta.
Pratica sui numeri.

Se lo ritiene necessario, in un primo momento può dettare lei qualche numero al gruppo. In seguito, le consigliamo di far svolgere l'attività in due momenti:
– prima, una coppia di studenti alla volta, sotto il suo controllo, per poter rendersi conto di eventuali problemi, peraltro piuttosto frequenti in questa fase;
– poi, ancora a coppie, ma contemporaneamente.
È comunque opportuno non soffermarsi troppo a lungo su questa attività, anche in presenza di errori frequenti. I punti 8, 9 e 10 di questa Unità presentano infatti altre e diverse opportunità di pratica sui numeri. Se lo ritiene necessario, l'attività 7 potrà sempre essere ripetuta in seguito.

8 Attività interattiva orale.
Pratica sui numeri.

Quest'attività ha un duplice obiettivo: da una parte costituisce un ponte tra la presentazione e la prima attività di pratica dei numeri alti (punti 6 e 7) e uno dei contesti nei quali lo studente dovrà presumibilmente usarli più spesso, cioè in riferimento ai soldi, fornendo al tempo stesso un'ulteriore opportunità di assimilazione attraverso la pratica; dall'altra, rappresenta una prima occasione perché lo studente cominci a familiarizzarsi con i prezzi italiani, con il valore dei soldi, ecc.

Le suggeriamo di svolgere l'attività in due fasi:
– in un primo momento, a coppie, contemporaneamente;
– successivamente, in gruppo, con il suo coinvolgimento per quanto riguarda i prezzi italiani.

È consigliabile approfittare di questa attività per riprendere e fare pratica di alcune strutture incontrate in precedenza: *informazione* + **credo**, **non lo so** (Unità 4, punto 9), **mah** + *informazione* (Unità 6, punto 10). L'uso di **secondo me** per sottolineare il carattere personale di un giudizio o di un'affermazione è presentato nell'Unità 21, punto 10. Se lo ritiene opportuno, è comunque possibile introdurlo adesso. L'attività è probabilmente più interessante se si lavora con un gruppo formato da studenti di diverse nazionalità. Tuttavia, nel caso di una provenienza omogenea, gli studenti possono informarsi sui prezzi precisi delle cose e parlarne durante la lezione successiva.

Se gli studenti hanno problemi di lessico, li stimoli a farle domande: *Come si chiama questo in italiano?* Quest'attività costituisce un'occasione di ampliamento del lessico degli oggetti. Le ricordiamo che già nell'Unità 7, in particolare al punto 3, era emersa una prima serie di termini.

Prezzi approssimativi in Italia (1992):
FIAT Panda £8.000.000 circa, quotidiano £1.200, televisore portatile da £400.000, maglione di lana £100/150.000, birra £4.000, pantaloni £100.000, occhiali da sole £70/80.000, Sony Walkman £200.000, cagnolino £0/1.500.000, computer portatile da £1.500.000, pizza £6/8.000.
Se lo ritiene necessario, l'attività può essere estesa ad altri oggetti.

In questa occasione è inoltre possibile presentare l'uso della parola **gratis**.

Le illustrazioni riguardanti le monete e le banconote italiane forniscono interessanti spunti culturali: ancora una volta le cifre legate alla Lira italiana, la presenza del gettone telefonico che, a differenza di quanto accade in altri paesi, in Italia circola normalmente come sostituto/alternativa alle monete da duecento lire. Tuttavia, quest'usanza è in diminuzione a causa della veloce diffusione dei telefoni che funzionano anche con monete o schede, la quale sta portando alla progressiva scomparsa dei gettoni telefonici.

Le banconote da mille e duemila lire sono in fase di sostituzione: è il motivo per il quale nell'illustrazione sono rappresentati entrambi i formati in circolazione.
È consigliabile mettere in guardia gli studenti contro le possibili confusioni tra le diverse banconote. Spesso gli stranieri confondono, in particolare, le banconote da mille con quelle da cinquantamila lire.
Si stanno diffondendo attualmente le nuove monete da cinquanta e da cento lire, molto più piccole delle altre: perciò nella fotografia vi sono due monete da cento e due da cinquanta lire.
Le monete da dieci e venti lire sono in via di sparizione. Quelle da cinque lire non si trovano praticamente più: è il motivo per il quale non sono rappresentate qui.

Faccia notare, inoltre, come l'unica moneta a due colori è quella da cinquecento lire.

UNITÀ 8

9 Attività di lettura.
Pratica sui numeri.

Le suggeriamo di introdurre l'attività spiegando che in Italia la legge prescrive, per quasi tutte le attività commerciali, l'obbligo di rilasciare scontrini o ricevute fiscali, e per i cittadini l'obbligo di esigerli, e che le multe per i trasgressori sono molto elevate. All'uscita da qualsiasi attività commerciale, il cliente è tenuto a portare con sé per un certo numero di metri per poterlo esibire eventualmente a eventuali richieste della guardia di finanza.

Lo scontrino deve riportare il nome del titolare dell'esercizio, l'indirizzo, la partita IVA del titolare, la data di emissione, il numero dello scontrino (numero progressivo di emissione nella data indicata), e il numero di matricola del registratore di cassa che lo ha emesso, generalmente indicato in basso. Inoltre, spesso gli scontrini riportano anche il tipo di attività commerciale, il numero telefonico, e gli articoli acquistati.

Durante la lettura dei numeri, è opportuno non soffermarsi troppo sul lessico della merce a cui si riferiscono gli scontrini. Più interessanti sono i nomi dei negozi che li hanno emessi.

Durante il gioco finale del conto complessivo, le consigliamo di non dare lei la soluzione, ma di stimolare il confronto dei calcoli tra gli studenti stessi, che si troveranno così nella condizione di ripetere varie volte le cifre.

Chiave: £171.570.

10 Attività interattiva orale.
Pratica sui numeri.
Presentazione di **circa** e **più o meno** + *numero*.

Il gioco, da svolgersi in gruppo, crea negli studenti la necessità di usare gli operatori **circa** e **più o meno**. Come per l'attività 8, le suggeriamo di sfruttare l'occasione per riprendere alcune strutture incontrate in precedenza: *informazione* + **credo**, **non lo so**, **mah** + *informazione* (e **secondo me**, se ne ha anticipato la presentazione). Se necessario, l'attività può essere estesa ad altri paesi e città.

11 Fonetica e ortografia:
contrasto /f/-/v/

Prosegue lo studio sistematico del contrasto tra consonanti sorde e consonanti sonore. In particolare, in quest'unità viene affrontato il contrasto /f/-/v/.

Come nell'unità precedente, viene proposto l'ascolto di una serie di parole, pronunciate, ognuna, due volte: una volta correttamente, e l'altra volta no.
L'attività si svolge in due fasi:
a) riconoscere qual'è la parola italiana di ogni coppia di cui viene proposto l'ascolto;
b) notare la differenza tra il suono /f/ e il suono /v/. Questi due suoni che, corrispondono graficamente alle lettere **f** e **v**, presentano lo stesso punto di articolazione (labiodentale), lo stesso modo di articolazione (fricativo) ma non lo stesso grado di articolazione: /v/ viene articolato con la vibrazione di corde vocali (suono sonoro), e /f/ senza vibrazione di corde vocali (suono sordo). Può essere utile far notare agli studenti il parallelismo con il contrasto affrontato nell'unità precedente.
Nel *Libro dello studente* invitiamo gli studenti a toccare con la mano la propria gola e a pronunciare questi due suoni per notare la differenza di vibrazioni.
Nella seconda parte dell'attività gli studenti ascoltano soltanto le parole pronunciate correttamente. Le faccia ascoltare varie volte.

Gli studenti potranno prima limitarsi a ripetere le parole, poi potranno scriverle (se necessario fermando il registratore dopo ogni parola) e infine leggerle a voce alta, sotto la sua supervisione.

La lista delle parole è alla pag. 203 del *Libro dello studente*.

Cfr. *L.E.*, attività 9.

UNITÀ 9

Tu quale preferisci?

In questa Unità vengono presentati gli elementi e le strategie elementari per affrontare le esigenze comunicative legate all'area tematica degli acquisti.

Come sempre, introducendo l'argomento, è consigliabile verificare se nel gruppo c'è chi possiede già qualche elemento o è in grado di elaborare strategie per soddisfare queste esigenze.

> *Contenuti nozionali e funzionali*: contrasto **questo/a/i/e**, **quello/a/i/e** (+ *caratteristica*) - fare acquisti: chiedere qualcosa in un negozio e chiedere il prezzo - al bar: ordinare e chiedere il conto - per riferirsi a oggetti di cui non si conosce il nome: **una cosa per** + *infinito*.
>
> *Contenuti grammaticali*: presente indicativo di **preferire** (verbi in **-ire** con suffisso **-isc**) - dimostrativi - tavola riassuntiva della concordanza aggettivo/sostantivo.
>
> *Aree lessicali*: colori - vestiti: lessico base.
>
> *Fonetica e ortografia*: contrasto /d/-/t/.

1

> Attività interattiva orale.
> Presentazione e pratica di:
> – presente indicativo di **preferire** (verbi in **-isc**)
> – **questo/a/i/e**

In questa fase non si tratta ancora di lavorare sull'accostamento **questo/a/...** + *sostantivo*, che verrà ripreso più avanti. Qui viene presentato soltanto in modo passivo, attraverso l'esempio. È preferibile, per ora, insistere maggiormente sulla concordanza maschile/femminile, singolare/plurale.

In una prima fase le consigliamo di fare lei la domanda *Guarda queste borse. Quale preferisci?*, avvicinandosi a uno o due studenti e mostrando loro il suo libro, in modo che chi risponde possa indicare una delle immagini e dire **questo**, evitando così la necessità di usare **quello/a/i/e** (+ *caratteristica*), che verrà introdotto ai punti 2 e 4. Se lo desidera questa dimostrazione iniziale può anche esser svolta mostrando altri oggetti che non siano le illustrazioni presenti nel libro, purché sempre da vicino.

In un secondo momento, dopo questa prima dimostrazione, l'attività può proseguire a coppie, eventualmente anche con l'ausilio di altre illustrazioni, più vicine ai gusti del gruppo. È tuttavia sconsigliabile l'uso di immagini di persone, dato che si sta affrontando l'area tematica degli acquisti.

Alternativamente o successivamente allo svolgimento dell'attività a coppie, può procedere velocemente a un controllo collettivo: in questo caso gli studenti possono rispondere **questo** alzando il loro libro e indicando l'immagine in modo che sia visibile per tutti.

Presentando la coniugazione del presente di **preferire**, è utile far notare l'importanza del gruppo dei verbi che formano il presente con il suffisso **-isc**, dato che costituisce la maggioranza dei verbi in **-ire**. Ai fini del syllabus del primo livello, in questo momento l'introduzione di altri verbi dello stesso tipo non è necessaria. Tuttavia, se le esigenze del gruppo lo richiedono, suggeriamo di proporne una selezione limitata ai verbi di uso più frequente (Cfr. *Sintesi di grammatica*, pag. 147).

Cfr. *L.E.*, attività 1.

2

> Attività interattiva orale.
> – Presentazione e pratica di:
> – **quello/a/i/e**
> – uso di **questo/quello**

Per questa attività le consigliamo di procurarsi gruppi omogenei di oggetti o delle illustrazioni raffiguranti gruppi omogenei di oggetti (un catalogo di vendite per corrispondenza è l'ideale). Presentando le fotografie agli studen-

UNITÀ 9

ti, dovrà ripetere la domanda dell'attività 1, questa volta rimanendo a distanza da chi deve rispondere, in modo tale da provocare l'uso di **quello/a/i/e**.

In questo momento è sufficiente che gli studenti si concentrino sul contrasto **questo/quello** dal punto di vista nozionale, e sulla concordanza in genere e numero con l'oggetto al quale si fa riferimento senza insistere sull'uso di **quel/quello/a/... + sostantivo**, che verrà affrontato al punto 8.

L'uso di **questo/quello + caratteristica o altro elemento di riconoscimento** verrà introdotto al punto 4 di questa Unità.

È consigliabile far notare agli studenti le espressioni **questo qui/qua** e **quello lì/là**.

Cfr. *L.E.*, attività 2.

3

Presentazione di:
- lessico elementare dei colori
- quadro riassuntivo della concordanza aggettivo/sostantivo

Il lessico dei colori presentato in questa Unità è volutamente limitato, per non sovraccaricare lo studente in una fase in cui è sottoposto ad un notevole sforzo di apprendimento/acquisizione di elementi nozionali e funzionali. Tuttavia, se le caratteristiche del gruppo lo rendono possibile e lei lo ritiene necessario, può ampliare il lessico dei colori, tenendo in considerazione che avrà comunque occasione di farlo nello svolgimento delle attività 4, 5, 7 e 8 di questa Unità, nonché nel corso delle Unità 19 e 20.

Se il suo gruppo ha ancora difficoltà con la concordanza aggettivo - sostantivo, può approfittare di questa occasione per una ricapitolazione generale con l'aiuto della tabella.

Dopo la presentazione dei nomi dei colori, per permettere agli studenti di fare pratica, può introdurre la domanda **Di che colore è + questo/quello?** oppure **Di che colore è + oggetto?** Dopo aver guardato attentamente i nomi dei colori, gli studenti chiudono il libro e si fanno domande indicando oggetti presenti nell'aula, fotografie, ecc. Quest'attività può essere svolta collettivamente, in piccoli gruppi o a coppie.

Cfr. *L.E.*, attività 12.

4

Attività interattiva orale. Presentazione e pratica dell'identificazione di un oggetto all'interno di un gruppo

L'attività, simile ai punti 1 e 2, prevede ora l'uso della struttura **questo/quello + caratteristica o altro elemento di riconoscimento**, e si può eventualmente prolungare utilizzando il catalogo usato per l'attività 2.

Gli elementi di riconoscimento utilizzabili in questo momento dagli studenti si limitano ai colori appena incontrati e ai marcatori spaziali presentati nell'Unità 7: **vicino a**, **davanti a**, **tra ... e**, **a destra/sinistra (di)**. La concettualizzazione introduce inoltre **in alto** e **in basso**.

Analogamente a quanto detto a proposito del lessico dei colori, in assenza di esigenze specifiche, le sconsigliamo di ampliare eccessivamente le aree lessicali che si incontrano in questa fase del corso. Si limiti a dare i nomi degli oggetti rappresentati (**ombrello, maglione, borsa, cappello**) e lo stretto necessario per lo svolgimento dell'attività. Il lessico viene presentato in modo graduale: con i pochi elementi comparsi ai diversi punti delle unità precedenti, lo studente dispone già di un bagaglio lessicale elementare per nominare e riferirsi a oggetti, che verrà progressivamente sviluppato: anche in questo caso, infatti, il syllabus prevede un approfondimento del lessico e delle strutture per la descrizione degli oggetti alle Unità 19 e 20. Il lessico dell'abbigliamento viene presentato nell'Unità 7 al punto 3., nell'Unità 8 al punto 8, in quest'unità, e nell'Unità 19. Viene poi ripreso e sistematizzato nell'Unità 20.

Cfr. *L.E.*, attività 13.

5

Attività di ascolto.
Pratica riassuntiva degli elementi incontrati finora in questa Unità, in particolare dell'identificazione di oggetti all'interno di un gruppo attraverso le loro caratteristiche.

UNITÀ 9

L'illustrazione rende sufficientemente chiaro il contesto in cui si svolge il dialogo.

Se ritiene necessaria la lettura del testo, lo può trovare a pag. 203 del *Libro dello studente*.

6

Attività di ascolto.
Presentazione degli elementi basilari per acquistare qualcosa.

Con questa attività passiamo dall'identificazione/descrizione elementare di oggetti, all'acquisto degli oggetti stessi: arrivato a questo punto lo studente dispone di tutti gli elementi basilari di cui ha bisogno per poter affrontare con successo quest'area: numeri, quantità, deittici (dimostrativi), identificazione all'interno di un gruppo di oggetti (vetrina) e di un lessico minimo di oggetti da acquistare.

Le illustrazioni contestualizzano chiaramente i tre dialoghi, che possono essere sfruttati in due momenti:
— dapprima senza leggere il testo, con l'obiettivo di rispondere alle domande di pag. 73, dopo essersi assicurati della loro comprensione da parte degli studenti. Così facendo si lavora su elementi già incontrati in precedenza (numeri, pesi e misure, cibi). La presenza nelle scelte multiple di qualche termine nuovo costituisce un utile esercizio di riconoscimento auditivo.
— successivamente, i dialoghi possono essere ascoltati leggendone il testo, con l'obiettivo di individuare le espressioni che si usano per le funzioni comunicative concettualizzate a pag. 73. Questo secondo momento può avere luogo prima dell'analisi della concettualizzazione, con l'obiettivo di introdurla, oppure dopo, come verifica.

Appunti sui dialoghi
— b. È possibile che gli studenti chiedano chiarimenti a proposito dell'espressione **me ne dia**. Per il momento le consigliamo di spiegare loro che, trattandosi di una combinazione di elementi che ancora non conoscono, è prematuro affrontarne un'analisi. Tuttavia, ascoltando o leggendo il dialogo, gli studenti dovrebbero essere in grado di dedurre dal contesto che si tratta di una richiesta, e di capire che il cliente sta chiedendo una busta. Questo dimostrerà loro che è sempre più importante concentrarsi sulla comprensione delle informazioni che ogni scambio comunicativo veicola, piuttosto che sull'analisi delle singole parole o espressioni.
(I pronomi personali complemento indiretto sono presentati nell'Unità 10, punto 4, e la loro trasformazione davanti a **lo/la/**... appare nell'Unità 11, punto 9. L'uso di **ne** partitivo è spiegato nell'Unità 20, punto 8. L'imperativo è introdotto nell'Unità 15, punto 2, mentre per le irregolarità del presente congiuntivo si rimanda al *secondo livello*.)
— c. Se lo ritiene opportuno, può far notare l'omissione di **-cento** e **-mila** nell'espressione del prezzo ("**Sono... quindici e due, signora.**"), caratteristica della lingua parlata informale.

La concettualizzazione presenta alcune delle espressioni che soddisfano le esigenze comunicative più comuni durante l'acquisto di qualcosa. Il syllabus prevede un approfondimento e un ampliamento di quest'area tematica nell'Unità 20.

La presenza di due voci verbali (**volevo/vorrei**) sconosciute agli studenti non deve essere considerata un ostacolo all'acquisizione dell'espressione che le contiene. Le consigliamo di spiegare anche alla classe che per soddisfare le funzioni comunicative incontrate in questa Unità non è necessario soffermarsi sulla coniugazione completa dei due nuovi tempi verbali. Inoltre, l'impossibilità di usarli in attività interattive ne ridurrebbe l'apprendimento a un esercizio esclusivamente mnemonico, con il risultato di sovraccaricare gli studenti in una fase che prevede l'introduzione di numerosi nuovi elementi a livello nozionale. Se il gruppo ha una buona dimestichezza con argomenti grammaticali (come nel caso di studenti universitari di lingue), può comunque precisare che si tratta delle prime singolari dell'indicativo imperfetto e del condizionale presente, e far notare che il primo verrà trattato nel corso dell'Unità 22 (parlare di situazioni del passato), mentre del secondo si avrà un anticipazione, limitata al verbo **volere**, nell'Unità 24 (parlare del futuro).

Riguardo l'espressione **Avete + *oggetto* + (*caratteristica*)**, vale quanto detto al punto 4 a proposito delle caratteristiche degli oggetti. Tuttavia, nel corso dell'attività 8, se lo riterrà opportuno potrà introdurre alcune caratteristiche riguardanti l'abbigliamento, secondo le esigenze del gruppo.

Le due vignette a pag. 73 concettualizzano graficamente le domande che si fanno per informarsi del prezzo e per chiedere quanto si deve pagare, spesso confuse dagli studenti stranieri. L'argomento verrà poi ripreso nella concettualizzazione del punto 10.

Se lo desidera, dopo la presentazione della concettualizzazione può introdurre un primo momento di pratica sollecitando gli studenti a scambiarsi brevi battute seguendo il modello della concettualizzazione.

Cfr. *L.E.*, attività 5, 6, 7, 8.

UNITÀ 9

7   Attività scritta.
Presentazione e pratica del lessico basilare riguardante l'abbigliamento.

L'attività presenta alcuni dei termini più comuni legati all'abbigliamento, da osservare in gruppo, con l'aiuto dell'insegnante.

Nel corso della redazione da parte di ogni studente della lista dei vestiti più usati, è molto probabile il caso di richieste individuali di ampliamento del lessico. Ciò permette di personalizzare in parte l'acquisizione del lessico. Le consigliamo tuttavia di tenere sotto controllo quella che a volte si trasforma in una dinamica di pura curiosità lessicale. Anche in questo caso, infatti, il syllabus prevede un successivo approfondimento del lessico, alle Unità 19 e 20.

È preferibile che nella lista gli studenti non si limitino a un elenco di sostantivi, ma cerchino di specificare, nei limiti delle loro possibilità, le caratteristiche dei vestiti che usano.

Successivamente, se il gruppo non è troppo numeroso, ogni studente può leggere agli altri la sua lista, iniziando con una frase tipo **In questo periodo uso spesso...**. In questo modo potrà verificare se l'uso degli articoli è stato sufficientemente assimilato. Sarà inoltre opportuno introdurre in questa fase l'espressione **un paio di scarpe/calze/pantaloni/...**.

Cfr. *L.E.*, attività 9, 10.

8   Attività interattiva orale.
Pratica di elementi presentati ai punti 3, 4, 6 e 7.
Presentazione e pratica di **quel/quello/... + *sostantivo***.

In questa attività gli studenti devono immaginare di entrare in un negozio di abbigliamento e chiedere qualcosa. Le consigliamo di stimolarli a farlo in vari modi: dopo aver scelto uno o più oggetti tra quelli raffigurati nel disegno, e quindi usando **quel/quello/... + *sostantivo*** (**Vorrei provarmi quella gonna rossa**); oppure chiedendo qualcosa che nel disegno non c'è (**Volevo una gonna blu**). In questa seconda ipotesi può cogliere l'occasione per far notare l'uso dell'indeterminativo **un/una**, concettualizzato nell'Unità 7 al punto 7. Questa osservazione può risultare utile per permettere agli studenti di andare oltre gli usi presentati nella concettualizzazione, e prendere coscienza del fatto che si tratta di un fenomeno più generale. Se sente che il suo gruppo è già pronto può far riferimento anche al quadro generale dei determinanti del sostantivo presentato nella *Sintesi di grammatica*.

Stimoli gli studenti a sfruttare bene la concettualizzazione e le possibilità incontrate nei dialoghi, andando oltre la semplice richiesta di oggetti e facendosi domande del tipo: **quanto costa**?

Durante l'attività è probabile che sorgano nuove richieste di lessico, in particolare relativo alle caratteristiche degli oggetti acquistati. È preferibile, anche in questo caso, cercare di limitare il numero di elementi nuovi: la presentazione di un bagaglio lessicale eccessivamente ampio rischierebbe di distogliere in parte gli studenti dagli obiettivi dell'Unità, concentrandosi più su delle singole parole che sul come muoversi in una determinata area nozional-funzionale.

Se le sembra importante già in questa fase, può presentare le domande **Che taglia?** (capi di abbigliamento) e **Che misura?** (capi di abbigliamento e scarpe). In questo caso sarà probabilmente necessario dare alcune indicazioni di tipo culturale sulle taglie italiane rispetto a quelle di altri paesi dove vigono sistemi totalmente diversi. Il modo più semplice è dare degli esempi di taglie medie da uomo e da donna, facendo notare che esistono diversi sistemi per i diversi indumenti: camicie, pantaloni, maglioni, scarpe, ecc. Tenga conto, tuttavia, che avrà occasione di affrontare/tornare su questi aspetti nell'Unità 20.

È consigliabile far notare agli studenti le analogie tra le forme di **quel/quello/...** e gli articoli determinativi.

Cfr. *L.E.*, attività 11.

UNITÀ 9

9

Attività interattiva orale.
Presentazione e pratica del lessico di alcuni oggetti comuni.
Pratica di elementi presentati al punto 6.

Dopo un semplice esercizio di ampliamento del lessico di alcuni oggetti comuni, in questa attività gli studenti devono immaginare di entrare in un negozio non identificato per informarsi sulla presenza di questi oggetti, usando l'espressione **Avete + *oggetto*?**.

Se lo ritiene opportuno, successivamente può fornire agli studenti una lista comprendente sostantivi singolari numerabili e non numerabili, e ripetere l'attività facendo notare che, come già visto a proposito delle quantità (Unità 8, punto 3), anche in questa espressione i sostantivi numerabili si usano al plurale e i non numerabili al singolare.

Utilizzando le illustrazioni dei punti 8 e 9, si possono poi svolgere attività di *role-play*, inscenando situazioni complete in cui riutilizzare tutti gli elementi incontrati nell'Unità (l'attività può essere preparata ascoltando nuovamente i dialoghi del punto 6). È però consigliabile che, almeno in un primo momento, sia l'insegnante a fare la parte del negoziante. È infatti opportuno che gli studenti si concentrino maggiormente sul ruolo che dovranno verosimilmente sostenere nella vita, e cioè il cliente.

10

Attività di ascolto.
Presentazione di:
– elementi basilari per prendere qualcosa al bar
– uso di **per me** nelle ordinazioni

Con questa attività si passa a un ambito particolare dell'area degli acquisti: il bar.

L'attività prevede l'ascolto di due brevi dialoghi, utilizzabili, come nel caso del punto 6, in due momenti:
— dapprima con l'obiettivo di rispondere alle due domande, che individuano due sotto-obiettivi: la domanda a., prevedendo nella risposta parole ancora sconosciute, comporta un esercizio di discriminazione auditiva: cercar di ripetere o trascrivere parole nuove dette da altri, cosa che gli stranieri (in particolare quelli che stanno imparando la lingua) devono spesso fare. La b. intende far concentrare gli studenti sulle intenzioni comunicative del cliente, riprendendo la differenza tra **Quant'è?** e **Quanto costa/viene?**;
— poi, dopo aver analizzato la concettualizzazione, come riscontro immediato di quanto affrontato nella concettualizzazione stessa. Se lo ritiene opportuno, può far notare, nel caso del dialogo b., l'omissione di **-cento** nell'espressione del prezzo ("Sono mille e sette.").

Cfr. *L.E.*, attività 4.

11

Attività di lettura.

Il testo presenta in modo molto generale le caratteristiche più comuni dei bar e il rapporto che gli italiani hanno con i bar stessi. Come sempre, le generalizzazioni possono portare a non tener conto di tutte le diverse realtà, soprattutto nel caso di un paese così eterogeneo come l'Italia. Il testo deve dunque essere considerato, oltre che come attività di lettura, come uno spunto per proseguire il discorso in due possibili direzioni: da una parte, approfondendo la conoscenza dei bar italiani; dall'altra, paragonandone gli aspetti con le realtà di altri paesi e culture. Se poi il corso è composto da studenti di varia provenienza, l'argomento può essere ulteriormente sviluppato confrontando le caratteristiche dei bar dei paesi d'origine degli studenti.

La fotografia presenta uno scorcio del Bar della Pace, a Roma, vicino a Piazza Navona, un locale molto frequentato soprattutto d'estate. Sullo sfondo la chiesa di S. Maria della Pace.

Come in tutte le attività di lettura le consigliamo di far leggere il testo agli studenti individualmente, insistendo affinché cerchino di capire tutti gli elementi fondamentali deducendoli dal contesto, o aiutandosi con le somiglianze delle parole sconosciute con altre parole italiane o con parole di altre lingue.

In un secondo momento può far riassumere/parafrasare il testo a tutto il gruppo collettivamente, aiutando gli studenti a capirne sempre più elementi, in particolare guidandoli con domande.

L'ultima lettura può esser fatta collettivamente per spiegare gli eventuali punti rimasti oscuri.

UNITÀ 9

12 Attività interattiva orale.
Presentazione e pratica del lessico di quello che si consuma al bar.
Pratica degli elementi introdotti al punto 10.

L'introduzione del lessico può avvenire nel corso dell'attività. Il lessico è presentato mediante un tipico listino prezzi di un bar, e comprende soprattutto bevande.

Non è necessario che gli studenti apprendano ora tutti termini che compaiono nel listino: in questa fase è consigliabile favorire, nei limiti del possibile, l'acquisizione di un lessico "personalizzato", che risponda ai gusti e alle esigenze individuali.

Nel caso di un corso che si svolge in Italia, può essere opportuno completare la presentazione del lessico con altri generi di normale consumo al bar, e con i quali gli studenti possono facilmente trovarsi a contatto, ampliando così ulteriormente la conoscenza dei bar italiani: panini, pizzette, tramezzini, ecc. È importante sottolineare, in particolare, che al bar non si mangiano piatti caldi né freddi, ma soltanto panini, tramezzini, ecc. Per mangiare vere e proprie pietanze, in Italia, bisogna andare in una tavola calda, in un ristorante, ecc. Faccia notare anche il tè e il caffè freddi, due bevande tipicamente italiane che spesso colpiscono gli stranieri.

L'attività consiste in un *role-play* che può essere svolto in vari momenti:
— Con l'insegnante che fa il cameriere, uno studente alla volta. È infatti opportuno che gli studenti si concentrino maggiormente sul ruolo che dovranno sostenere nella vita, il cliente, piuttosto che su quello del cameriere. Inoltre, il fatto di svolgere l'attività a turno permette a ogni partecipante di fare domande sul lessico secondo la propria curiosità, e al tempo stesso di far ascoltare le risposte a tutto il gruppo.
— Ancora con l'insegnante nei panni del cameriere, ma due studenti alla volta. Ciò consente la pratica di **per me** durante l'ordinazione.
— Se poi lo ritiene opportuno, può far ripetere l'attività a gruppi di 2/3 studenti, contemporaneamente, scambiandosi a turno i ruoli di cameriere e cliente.

13 Attività interattiva orale.
Presentazione e pratica di **una cosa per** + *infinito*.

L'espressione **una cosa per** + *infinito* costituisce un'utilissimo strumento per superare problemi lessicali. Le consigliamo di insistere su questa importante strategia comunicativa ogni qualvolta se ne presenti l'occasione; ad esempio, parlando di oggetti, invitando gli studenti a far uso di questa strategia.

Le consigliamo di far svolgere l'attività a coppie, contemporaneamente, per permettere a tutti di ripetere più volte possibile la nuova espressione.

È importante che gli studenti capiscano che non si tratta di dire il nome degli oggetti rappresentati, ma di riferirvisi spiegando a cosa servono.

Dopo lo svolgimento dell'attività, può dare i nomi degli oggetti raffigurati: **spugna**, **walkman con cuffia**, **cavatappi**, **detersivo**, **spazzolino per stoviglie**, **forbici**.

Se necessario, l'attività può essere estesa ad altre immagini di oggetti.

Cfr. *L.E.*, attività 13.

14 Fonetica e ortografia:
contrasto **/t/-/d/**

Prosegue lo studio sistematico del contrasto tra consonanti sorde e consonanti sonore. In particolare, in quest'unità viene affrontato il contrasto **/t/-/d/**.

Come nell'unità precedente, viene proposto l'ascolto di una serie di parole, pronunciate, ognuna, due volte: una volta correttamente, e l'altra volta no.

L'attività si svolge in due fasi:

UNITÀ 9

a) riconoscere qual'è la parola italiana di ogni coppia di cui viene proposto l'ascolto;

b) notare la differenza tra il suono /t/ e il suono /d/. Questi due suoni che, corrispondono graficamente alle lettere **t** e **d**, presentano lo stesso punto di articolazione (dentale), lo stesso modo di articolazione (occlusivo), ma non lo stesso grado di articolazione: /d/ viene articolato con la vibrazione di corde vocali (suono sonoro), e /t/ senza vibrazione di corde vocali (suono sordo). Può essere utile far notare agli studenti il parallelismo con il contrasto affrontato nelle unità precedenti.

Come nelle unità precedenti, nel *Libro dello studente* invitiamo gli studenti a toccare con la mano la propria gola e a pronunciare questi due suoni per notare la differenza di vibrazioni.

Nella seconda parte dell'attività gli studenti ascoltano soltanto le parole pronunciate correttamente. Le faccia ascoltare varie volte.

Gli studenti potranno prima limitarsi a ripetere le parole, poi potranno scriverle (se necessario fermando il registratore dopo ogni parola) e infine leggerle a voce alta, sotto la sua supervisione.

La lista delle parole è alla pag. 204 del *Libro dello studente*.

Cfr. *L.E.*, attività 14.

UNITÀ 10

Vi va di andare a casa di Betta?

Unità di introduzione all'area tematica relativa ai rapporti sociali, che verrà ampliata nelle Unità 14 e 15.

> *Contenuti nozionali e funzionali*: proporre delle attività da fare insieme - negoziare un appuntamento - elementi temporali **prima di**, **dopo**, **tra e fra**.
>
> *Contenuti grammaticali*: tabella riassuntiva dei pronomi personali soggetto e complemento indiretto sia atoni che tonici - **mi/ti/le/ci/vi va** - paradigma completo del presente indicativo dei verbi **potere**, **dovere**, **volere** e **venire**.
>
> *Aree lessicali*: approfondimento del lessico relativo alle attività.
>
> *Fonetica e ortografia*: contrasto /k/ - /g/.

Questa unità per l'area tematica che sviluppa costituisce un'occasione di verifica/ripresa delle funzioni, degli operatori grammaticali e del lessico trattati nelle Unità 5 e 6 (attività quotidiane, tempo, frequenza, orari, abitudini, momenti della giornata, giorni della settimana, stagioni, mesi, ecc.).

1
> Presentazione e pratica d'ascolto di alcune forme usate per proporre attività da fare insieme, per accettare o rifiutare.

I quattro dialoghi riproducono scambi comunicativi autentici tra nativi italiani. In essi vengono proposte attività da fare insieme. Nel *Libro dello studente* viene riportata la trascrizione dei dialoghi, ma le consigliamo di sollecitare gli studenti a coprirlo per concentrarsi, in un primo momento, solo su una comprensione auditiva.

L'attività va svolta in due fasi: inizialmente gli studenti devono riconoscere se la proposta viene accettata o rifiutata e in un secondo momento devono concentrarsi sulle forme che si usano per proporre qualcosa, per accettare o rifiutare.

Le ricordiamo che la sistematizzazione di queste forme è alla pagina seguente, al punto 2, e che questa attività ha soprattutto l'obiettivo di far nascere nello studente il bisogno di scoprire queste forme.

Al punto 2, dopo una concettualizzazione, è previsto un ascolto con lettura del testo.

Massimo Troisi: attore e regista comico napoletano

2
> Presentazione e pratica d'ascolto di alcune forme usate per proporre attività da fare insieme, per accettare o rifiutare.

Le ricordiamo che l'argomento rapporti sociali viene ripreso nell'Unità 14 (chiedere e offrire oggetti) e nell'Unità 15 (chiedere il permesso, chiedere e offrire di fare).

Questa concettualizzazione può essere affrontata dopo l'attività d'ascolto precedente, come correzione alla seconda fase in cui gli studenti ascoltano per reperire le forme usate per proporre attività da fare insieme.

Faccia notare, in particolare, che i rifiuti sono generalmente seguiti da una spiegazione o una giustificazione; in caso contrario vengono sentiti come troppo bruschi. In alcuni casi non si tratta di una vera e propria giustificazione (**ho un impegno**) perché si aggiunge poca informazione. Tuttavia è importante che gli studenti si abituino all'idea per evitare che un loro eventuale rifiuto venga interpretato come scortese.

Se lo desidera e se sente di non sovraccaricare eccessivamente gli studenti, può presentare altri modi di proporre, e di rifiutare: **che ne diresti/direste di** + *infinito*, **ti/le/vi piacerebbe** + *infinito*, **scusa, ma** + *giustificazione*, **purtroppo non posso** + *giustificazione*, **sono desolato ma purtroppo (non posso)** + *giustificazione*.

Dopo la concettualizzazione faccia ascoltare di nuovo i dialoghi del punto 1 chiedendo agli studenti di guardare il testo.

UNITÀ 10

Cfr. *L.E.*, attività 1, 2 e 3.

Se sente il bisogno di presentare la morfologia del verbo **andare** Cfr. *Sintesi di grammatica*, pag. 155.

3

Pratica orale delle forme presentate al punto 2.

Gli studenti possono attenersi alle attività suggerite nel box e utilizzare gli esponenti visti nella concettualizzazione del punto 2, o proporre altre attività: fornisca lei il lessico necessario. Ricordi agli studenti che nelle Unità 5 e 6 sono apparse molte attività quotidiane che possono eventualmente riutilizzare. Li solleciti inoltre ad aggiungere sempre una giustificazione in caso di rifiuto.

Il punto 5 di questa unità consiste in una comprensione d'ascolto. Se ritiene più utile anticiparla a questa attività di produzione orale, per dare ancora agli studenti la possibilità di osservare l'uso delle forme proposte, può seguire questa progressione: punto 2, punto 5, punto 3, punto 4, punto 6, ecc.

4

Presentazione di:
mi va
pronomi complemento indiretto
presente indicativo di **dovere**, **potere**, **volere** e **venire**.

Faccia notare l'analogia d'uso esistente tra **mi va** e **mi piace** apparsa nell'Unità 6 al punto 6.

Pronomi complemento indiretto: faccia notare agli studenti che per le persone **io**, **tu**, **noi** e **voi** vi è un'unica forma atona di pronome complemento.

Le ricordiamo che le prime tre persone di **potere** sono apparse nell'Unità 4.

Cfr. *L.E.*, attività 6, 7 e 9.

Per un approfondimento dei pronomi complemento Cfr. *Sintesi di grammatica*, pag. 140.

5

Pratica d'ascolto delle forme presentate ai punti precedenti.

Faccia ascoltare i dialoghi varie volte. Gli studenti devono capire se l'invito viene accettato o rifiutato e, in quest'ultimo caso, quale motivazione viene data del rifiuto.

Come in tutti i dialoghi che riproducono scambi comunicativi autentici gli studenti sentiranno anche delle forme non ancora concettualizzate: se lo ritiene opportuno può far svolgere l'attività in due fasi.

Faccia notare che in caso di rifiuto la risposta non necessariamente contiene una negazione (**no**, **non**), come, ad esempio, nel dialogo c.

Dopo una correzione collettiva dell'attività, riveda i dialoghi insieme agli studenti per affrontarne il dettaglio.

6

Presentazione e pratica d'ascolto di alcune forme usate per:
– prendere/proporre un appuntamento, rispondere
– fare una proposta alternativa.

Faccia ascoltare i dialoghi varie volte: ogni studente deve segnare individualmente sull'agenda di Carlo Delfino gli appuntamenti che concorda in cinque diverse telefonate. Lo studente ha la libertà di formularsi l'appunto come meglio crede, ad es. dopo la telefonata (b.) alle 14.30 del giorno 4 potrà scrivere sia "ingegnere", sia "via Crescenzio 13", sia "ingegnere, via Crescenzio 13".

Faccia presente che le telefonate si svolgono il giorno lunedì 31.

Il testo delle telefonate si trova alla pag. 204 del *Libro dello studente*.

UNITÀ 10

Se gli studenti mostrano molte difficoltà può posticipare la comprensione d'ascolto alla concettualizzazione.

Le ricordiamo che tra i giovani e, negli ultimi anni anche tra i meno giovani, è molto frequente la risposta **OK** invece dell'italiano **va bene**, al punto da non venire più percepito come uno stranierismo o uno snobismo. Faccia notare che la pronuncia dell'**OK** (presentato nell'esempio) viene completamente italianizzata in /o'kkɛj/.

Faccia notare che, quando si prendono appuntamenti, per parlare di attività future da un punto di vista cronologico si usa sempre il presente (che gli studenti già conoscono). Non è il caso di presentare il futuro indicativo (che di solito non si usa in questi contesti). Le ricordiamo che nell'Unità 24 torneremo sui modi più comuni di parlare del futuro.

Se lo desidera, per fare pratica delle date in modo puntuale, può fare domande su date storiche.

- ● Quando è cominciata la rivoluzione francese?
- ○ Il 14 luglio 1789.

È importante che a fare le domande sia lei, per evitare che gli studenti debbano utilizzare il passato, che ancora non conoscono. In questo modo, l'attività può servire da utile anticipazione passiva. Il passato verrà affrontato nell'Unità 12.

Ricordi agli studenti che sanno già dire l'ora (Unità 5 e 6), e hanno conoscenze sufficienti per poter dare riferimenti spaziali per gli appuntamenti (Unità 7).

L'uso di **tra** e **fra** è molto frequente, in particolare, quando si prendono appuntamenti molto vicini nel tempo, nella stessa parte della giornata (mattina, pomeriggio, sera, ecc.).

Se lo desidera, per approfondire l'uso di questi due operatori può far riferimento alla *Sintesi di grammatica*. Tuttavia, le ricordiamo che ci torneremo nell'Unità 24: le consigliamo quindi di aspettare.

Se lo desidera, e se non sente di sovraccaricare eccessivamente gli studenti, può presentare altri modi di prendere appuntamenti.

Cfr. *L.E.*, attività 4, 8 e 10.

7 Attività di lettura
Il tempo libero degli italiani.

Per quanto riguarda lo sfruttamento di questo testo abbiamo ritenuto opportuno lasciare all'insegnante la possibilità di operare una scelta basandosi sulla valutazione del livello del gruppo. Suggeriamo diversi tipi di sfruttamento:

a) chiedere agli studenti di leggere e capire, sollecitandoli a rivolgersi a lei solo per i dubbi che possono ostacolare la comprensione globale del testo, e passare poi al punto 8;

b) se gli studenti mostrano delle difficoltà di comprensione le consigliamo di formulare delle domande dapprima generiche (*di cosa parla? chi esce di più?*, ecc.) e poi sempre più specifiche (*cosa fanno i giovani?*, *e gli altri?*, ecc.) in modo da indirizzare l'attenzione verso un unico aspetto alla volta semplificando il lavoro di comprensione;

c) se gli studenti non mostrano grosse difficoltà e/o se è possibile l'uso di una Lcomune, le consigliamo di sfruttare il testo per una discussione sulle differenze tra le serate degli italiani e quelle degli studenti (*cosa è meglio?*, *dove si fa più tardi?*, *si tratta di differenze culturali, o no?*, ecc.).

Se lo ritiene possibile e se la sua classe è composta da studenti di diverse L1, può chiedere di produrre un testo simile a questo sulle loro serate nel loro paese di origine.

È comunque auspicabile uno sfruttamento del testo per affrontare da un punto di vista culturale il problema del tempo libero, e una serie di problemi ad esso connessi: la televisione in Italia, gli spettacoli in genere, ecc.

UNITÀ 10

8 Pratica orale delle forme presentate ai punti 2 e 6.

Le illustrazioni forniscono degli spunti per delle proposte abbastanza frequenti tra i giovani e i meno giovani italiani: andare allo stadio o vedere una partita di calcio alla TV; andare a bere una birra; andare a vedere un film al cinema; andare a visitare una mostra; andare ad un concerto di musica classica; andare a teatro; andare a cena fuori; andare a un concerto di musica leggera.

Naturalmente si possono aggiungere altre possibilità (discoteca, gita, ecc) tenendo conto anche delle attività viste nelle Unità 5 e 6.

Le consigliamo di far lavorare gli studenti a coppie, contemporaneamente e sotto la sua supervisione, in modo da poter ripetere gli scambi comunicativi con diverse persone ed avere modo di mettere in pratica più volte le forme viste finora.

Solleciti inoltre gli studenti a tener conto dei propri impegni in modo da creare degli "ostacoli" e una negoziazione tra gli interlocutori. Ad es.:

- Ti va di andare a prendere una birra stasera?
- No, mi dispiace, stasera non posso, sarebbe meglio domani. Va bene domani?
- Per me sì. Dove ci vediamo?
- ...

Se lo ritiene opportuno potrà chiedere agli studenti di ripetere l'attività usando la forma **lei**, considerando che in questo caso gli inviti saranno limitati a quegli impegni che possono avvenire tra interlocutori che non hanno un rapporto eccessivamente informale. Consideri comunque che l'attività 9 prevede l'uso del **lei**.

Può cogliere l'occasione per spendere qualche parola su Lucio Dalla e sulla musica e la canzone italiana, o su Nanni Moretti e sul cinema italiano recente: tuttavia, tenga conto del fatto che nell'Unità 12 vi è un testo interamente dedicato proprio a Nanni Moretti. Se lo desidera, può anche parlare del peso del calcio in alcuni settori della società italiana.

9 Pratica orale delle forme presentate ai punti precedenti.

Considerando che altri appuntamenti sono già stati registrati nell'agenda, ogni studente, tenendo conto del tempo che ha disposizione, aggiunge gli impegni suggeriti nel box o altri impegni di sua scelta, in modo da riempire l'agenda lasciando pochi spazi liberi, e poi negozia con quattro differenti compagni altri incontri: due con persone con le quali intrattiene un rapporto informale (uso del **tu**), due con persone con le quali intrattiene un rapporto formale (uso del **lei**). Anche in questo caso li solleciti a comportarsi in modo naturale, dando sempre una spiegazione quando rifiuta una proposta (Cfr. punto 2).

Fornisca lei il lessico di cui hanno bisogno gli studenti.

Gli studenti possono muoversi nella classe, alla ricerca dei compagni con i quali prendere gli appuntamenti.

Alla fine dell'attività può suggerire a tutto il gruppo di mettersi d'accordo per fare qualcosa tutti insieme: andare a cena fuori, fare una gita, ecc. Stimoli gli studenti a negoziare, anche chiedendo loro di cercar di spostare gli appuntamenti già presi, per arrivare a un accordo con tutto il gruppo.

10 Fonetica e ortografia. Problema delle consonanti sonore e delle loro corrispondenti sorde; in particolare contrasto /g/ e /k/.

L'attività si svolge in due fasi:
a) riconoscere qual'è la parola italiana di ogni coppia di cui viene proposto l'ascolto;
b) notare la differenza tra il suono /g/ e il suono /k/.

Per la corrispondenza suono-grafia di /k/ e /g/ le ricordiamo che il problema è stato affrontato rispettivamente nelle Unità 3 e 4.

Questi due suoni presentano lo stesso punto di articolazione (velare), lo stesso modo di articolazione (occlusivo),

UNITÀ 10

ma non lo stesso grado di articolazione: **/k/** viene articolato senza vibrazione di corde vocali (suono sordo), e **/g/** con la vibrazione di corde vocali (suono sonoro).

Come già in altre occasioni, nel *Libro dello studente* invitiamo gli studenti a toccare con la mano la propria gola e a pronunciare questi due suoni per notare la differenza di vibrazioni.

Se la classe è di lingua omogenea consigliamo un'analisi contrastiva.

Le ricordiamo che abbiamo già analizzato i seguenti contrasti:
Unità 7: contrasto **/p/-/b/**
Unità 8: contrasto **/f/-/v/**
Unità 9: contrasto **/d/-/t/**
e che inoltre analizzeremo il contrasto /tʃ/-/dʒ/ nell'Unità 11.

Faccia ascoltare le parole varie volte.

Gli studenti potranno prima limitarsi a ripeterle, poi potranno scriverle (se necessario fermando il registratore dopo ogni parola) e infine leggerle a voce alta, sotto la sua supervisione.

La lista è alla pag. 205 del *Libro dello studente*.

Cfr. *L.E.*, attività 12.

UNITÀ 11

Buongiorno, sono Marcella, c'è Franco?

L'obiettivo generale di questa unità è quello di fornire allo studente gli strumenti principali per gestire e portare avanti una buona conversazione al telefono.

> *Contenuti nozionali e funzionali*: gestione della comunicazione telefonica - saluti e convenevoli - primo approccio con le forme basilari utili a trasmettere o ripetere parole dette da altri o in altre situazioni
>
> *Contenuti grammaticali*: elementi basilari di stile indiretto (**che** + *frase* / **di** + *infinito*) - posizione e uso dei pronomi complemento indiretto di terza persona - pronomi personali complemento diretto di terza persona singolare (**lo/la**) - pronomi personali **complemento indiretto** + **lo/la** (**me lo/me la**) - presente indicativo del verbo **stare** - morfologia del gerundio - **stare** + *gerundio*
>
> *Aree lessicali*: lessico legato alla comunicazione telefonica
>
> *Fonetica e ortografia*: contrasto /tʃ/-/dʒ/.

Le ricordiamo che trattandosi di conversazioni telefoniche, prevalgono le attività di comprensione d'ascolto.

Abbiamo ritenuto opportuno adottare uno schema ciclico all'interno di ogni attività: allo studente, giunto ormai a poco meno della metà del primo livello, vengono gradualmente proposte delle attività d'ascolto che riproducono conversazioni telefoniche autentiche tra nativi italiani differenziate tra loro sia per il tipo di registro adottato (formale/informale) sia per le forme usate. A partire da queste conversazioni lo studente, guidato dall'insegnante, cerca di scoprire quali sono le "*forme usate per...*" (ad es. rispondere, chiedere di qualcuno, rispondere che qualcuno non c'è, ecc.).
Questa struttura permette allo studente di procedere gradualmente nella scoperta degli elementi legati alla conversazione telefonica e occasionalmente fornisce lo spunto per introdurre e concettualizzare anche problemi più generali, quali ad es. i pronomi **ti**, **gli** e **le**, o **stare** + *gerundio* al punto 6.

Dopo questa prima sistematizzazione da parte di ogni studente, segue in genere un'attività di pratica orale guidata da svolgere in coppie sotto la sua supervisione.

Al punto 9 diamo una concettualizzazione riassuntiva delle forme viste nei diversi punti dell'unità che gli studenti hanno già potuto ascoltare e sistematizzare a partire dalle registrazioni. Il quadro può essere sfruttato sia per fare il punto finale della situazione, sia come verifica collettiva da svolgersi gradualmente dopo ogni attività (ad es.: gli studenti hanno già trovato le forme che servono a rispondere al telefono e possono controllare nella tabella la loro correttezza o delle eventuali omissioni).

1
> Presentazione e pratica d'ascolto delle forme usate per:
> – rispondere al telefono
> – chiedere di una persona
> – rispondere che questa persona non c'è
> – identificarsi.

Chieda agli studenti di coprire il testo dei dialoghi e faccia ascoltare la registrazione varie volte prima di procedere all'attività.

Chieda poi agli studenti di finalizzare l'ascolto sulle forme richieste alla pag. 86. I sei dialoghi propongono vari modi di rispondere, identificarsi, ecc.

Proponga anche un ascolto finale leggendo il testo.

Se lo ritiene opportuno, come già anticipato sopra, può passare immediatamente a una verifica delle forme che sono state individuate dagli studenti a partire dal quadro del punto 9. Se tuttavia gli studenti non hanno incontrato particolari difficoltà passi direttamente all'attività 2.

Cfr. *L.E.*, attività 2, 3 e 4.

UNITÀ 11

2 Pratica orale delle forme presentate al punto 1.

Chieda agli studenti di lavorare a coppie: uno assume un ruolo del box di sinistra, l'altro quello corrispondente nel box di destra. L'attività può essere ripetuta invertendo i ruoli e cambiando le coppie, oppure può dire agli studenti di svolgerla alternandosi nei ruoli.

3 Presentazione e pratica d'ascolto delle forme usate per:
- controllare l'esattezza del numero formato
- controllare la comunicazione in caso di linea disturbata
- segnalare a chi chiama che c'è un errore.

Per lo svolgimento dell'attività Cfr. il punto 1.

Cfr. *L.E.*, attività 5.

4 Pratica orale delle forme presentate ai punti precedenti.

Per lo svolgimento dell'attività Cfr. il punto 2.

5 Presentazione e pratica d'ascolto delle forme usate per:
- chiedere se l'interlocutore vuole lasciare un messaggio
- dire che la persona cercata c'è ma è occupata e non può rispondere.

Per lo svolgimento dell'attività Cfr. i punti 1 e 3.

6 Presentazione di:
- pronomi complemento indiretto e loro uso con i modali **potere**, **volere** e **dovere**
- morfologia del gerundio
- forma irregolare **facendo**
- presente indicativo di **stare**
- **stare + gerundio**.

Tutti gli elementi presentati in queste brevi concettualizzazioni sono indispensabili per potersi muovere in quest'area nozional-funzionale.

In particolare, **stare + gerundio** serve per dare spiegazioni sul perché la persona richiesta non può rispondere al telefono.

Cfr. *L.E.*, attività 6, 7 e 9.

Cfr. pag. 140 della *Sintesi di grammatica* per un approfondimento dell'uso dei pronomi complemento indiretto e dei riflessivi con i verbi modali, e pag. 155. per **stare + gerundio**.

7 Pratica orale della forma *presente di* **stare + gerundio**.

Chieda agli studenti di lavorare a coppie. In caso di dubbio li solleciti a usare le forme per esprimerlo (**mah** / **informazione + credo** / ecc.).

Fornisca lei il lessico di cui hanno bisogno gli studenti.

UNITÀ 11

Se lo desidera, può estendere l'attività proponendo altre immagini tratte da riviste, o chiedendo agli studenti di portare fotografie del loro album con persone che fanno diverse cose.

In un secondo momento può proporre la stessa attività come gioco: una persona mima delle azioni e gli altri devono capire cosa sta facendo.

8 Pratica orale delle forme presentate ai punti precedenti.

Per lo svolgimento dell'attività Cfr. i punti 2 e 4.

9 Quadro generale delle principali forme viste finora e dei pronomi complemento diretto di terza persona maschile (**lo**) e femminile (**la**).

Come già anticipato nell'introduzione a questa unità, il quadro fornisce l'occasione di procedere a una sistematizzazione di tutte le forme presentate gradualmente per mezzo delle varie attività. Se gli studenti non hanno mostrato particolari difficoltà nella pratica, non le consigliamo di insistere analiticamente su ogni forma per evitare di far nascere delle confusioni. L'attività che segue è un'attività di revisione, che potrà indicarle meglio se e fino a che punto gli studenti hanno avuto modo di interiorizzare le forme legate all'area tematica della conversazione telefonica.

Non tutte le possibilità apparse nei dialoghi sono state concettualizzate qui: abbiamo scelto alcune delle strategie frequenti che possano servire allo studente straniero in un alto numero di situazioni.

Cfr. *L.E.*, attività 8.

Cfr. pag. 140 della *Sintesi di grammatica* per un approfondimento della morfologia e dell'uso dei **pronomi complemento indiretto + lo/la** e pag. 160 per lasciare un messaggio o riferire cose dette.

SIP: Società italiana per le telecomunicazioni.

10 Pratica d'ascolto di tutte le forme presentate in questa unità.

Gli studenti devono riempire un foglietto messaggio per ogni conversazione ascoltata. Se incontrano molte difficoltà di comprensione faccia ascoltare le conversazioni varie volte sollecitandoli a concentrarsi su un unico elemento alla volta:
1° ascolto: i nomi delle persone cercate,
2° ascolto: i nomi di chi ha chiamato
3° ascolto: l'eventuale messaggio lasciato.

Alla fine dell'attività può procedere a una lettura dettagliata delle trascrizioni, che si trovano a pag. 205 del *Libro dello studente*.

Cfr. *L.E.*, attività 13.

11 Pratica d'ascolto.

Gli studenti devono associare il dialogo ascoltato alla situazione extratestuale in cui si svolge.

Chiave: (d) - (c) - (b) - (e) - (a)

Dopo aver svolto l'attività, può procedere a una lettura dettagliata delle trascrizioni: i testi sono alle pagg. 205-206 del *Libro dello studente*.

UNITÀ 11

12 Fonetica e ortografia. Problema delle consonanti sonore e delle loro corrispondenti sorde; in particolare contrasto /dʒ/ - /tʃ/.

L'attività si svolge in due fasi:
a) riconoscere qual'è la parola italiana di ogni coppia di cui viene proposto l'ascolto;
b) notare la differenza tra il suono /dʒ/ e il suono /tʃ/.

Per la corrispondenza suono-grafia di /dʒ/ e /tʃ/ le ricordiamo che il problema è stato affrontato rispettivamente nell'Unità 3 e nell'Unità 4.
Questi due suoni presentano lo stesso punto di articolazione (alveopalatale), lo stesso modo di articolazione (affricato), ma non lo stesso grado di articolazione: /tʃ/ viene articolato senza vibrazione di corde vocali (suono sordo), e /dʒ/ con la vibrazione di corde vocali (suono sonoro).

Nel *Libro dello studente* invitiamo gli studenti a toccare con la mano la propria gola e a pronunciare questi due suoni per notare la differenza di vibrazioni.

Se la classe è di lingua omogenea consigliamo un'analisi contrastiva. Insista sulla differenza e in futuro torni sull'argomento tutte le volte che si presenta l'occasione.

Le ricordiamo che abbiamo già analizzato i seguenti contrasti:
Unità 7: contrasto /p/-/b/
Unità 8: contrasto /f/-/v/
Unità 9: contrasto /d/-/t/
Unità 10: contrasto /k/-/g/.

Faccia ascoltare le parole varie volte.

Gli studenti potranno prima limitarsi a ripeterle, poi potranno scriverle (se necessario fermando il registratore dopo ogni parola) e infine leggerle a voce alta sotto la sua supervisione.

La lista è alla pag. 205 del *Libro dello studente*.

Cfr. *L.E.*, attività 15.

UNITÀ 12

Venerdì sera sono andato a una festa

In questa unità si introduce la funzione parlare del passato, limitandosi all'uso del passato prossimo per situare, raccontare e mettere in ordine sequenziale avvenimenti passati. L'argomento verrà ripreso e ampliato nelle Unità 22 e 23, presentando l'imperfetto ed il suo uso in combinazione con il passato prossimo.

In caso di esigenze comunicative particolarmente pressanti, può essere opportuno anticipare parzialmente i contenuti delle Unità 22 e 23, con una prima presentazione in questa fase, immediatamente dopo l'Unità 12. Ciò può avvenire soprattutto nel caso di corsi di tipo non-intensivo, che prevedano dunque l'utilizzo completo del primo livello in un arco di tempo della durata di diversi mesi. La presentazione anticipata dei contenuti nozionali e grammaticali delle Unità 22 e 23 non presenta inoltre controindicazioni dal punto di vista dell'organizzazione globale dei contenuti dell'opera. Sarà tuttavia preferibile rimandare a una successiva ripresa del passato prossimo la presentazione della concordanza participio passato/complemento diretto (Unità 23, punto 6). L'anticipazione sull'uso del passato remoto (Unità 23, punto 10), non rispondendo a particolari esigenze comunicative, potrà comunque essere presentata verso la fine del syllabus.

> *Contenuti nozionali e funzionali*: marcatori temporali per riferirsi al passato – per chiedere di situare nel tempo: **quando?** – raccontare avvenimenti passati - date: **nel + anno** – per mettere in ordine sequenziale gli elementi di un racconto: **prima... poi... e poi**
>
> *Contenuti grammaticali*: participio passato: morfologia dei verbi regolari e di alcuni irregolari frequenti – passato prossimo con **avere** e con **essere** – concordanza participio passato/soggetto nel passato prossimo con **essere**
>
> *Aree lessicali*: attività quotidiane: ampliamento
>
> *Fonetica e ortografia*: pronuncia e ortografia di /**kw**/ e /**gw**/

1 Attività di ascolto.

L'ascolto dei dialoghi, senza la lettura delle trascrizioni, serve come introduzione all'Unità. Può essere opportuno anticipare agli studenti che si tratta di dialoghi fra amici e colleghi di lavoro che si incontrano il lunedì, e domandare al gruppo cosa ci si aspetta che possano raccontarsi queste persone.

In questa prima fase si richiede soltanto una comprensione globale dei dialoghi, che verranno riproposti al punto 4 per un lavoro più specifico e sistematico. Può essere comunque opportuno guidare l'ascolto (sempre con il testo coperto) con domande del tipo: *Di cosa parlano le persone del dialogo? Anche nel dialogo c. parlano del loro fine settimana?* Chiaramente in questa fase gli studenti non potranno ancora fornire risposte usando tempi del passato. Queste domande possono essere utilizzate dopo un primo ascolto.

Appunti sui dialoghi
— *Parco Nazionale d'Abruzzo*: uno dei 5 parchi nazionali italiani, si estende sull'Appennino Abruzzese. Importante la presenza dell'orso e del camoscio abruzzesi e del lupo appenninico, specie fortemente protetta di cui rimangono in vita pochi esemplari. Gli altri parchi nazionali sono: il Parco Nazionale del Gran Paradiso, il Parco Nazionale dello Stelvio, il Parco Nazionale del Circeo, il Parco Nazionale della Maremma.
— *Milan*: squadra di calcio di Milano, vincitrice negli ultimi anni di vari tornei nazionali e internazionali, preseduta da Silvio Berlusconi.
— *"L'ultimo imperatore"*: film del regista Bernardo Bertolucci, vincitore nel 1990 di numerosi premi Oscar.

2 Attività interattiva orale.
Presentazione e pratica dei marcatori temporali per riferirsi al passato.

E' opportuno far notare agli studenti che:
— l'espressione **un giorno fa** praticamente non viene usata dagli italiani, che preferiscono **ieri**;
— il termine **momento**, in espressioni per localizzare nel tempo, difficilmente viene usato al plurale. In particolare, trattandosi di un'unità di misura troppo vaga, è incompatibile con il concetto di numero.

UNITÀ 12

Faccia notare inoltre l'assenza di articolo con i giorni della settimana in questi usi, a differenza dei casi visti nell'Unità 5.

Nello svolgimento dell'attività è importante tenere presente che si tratta di una pratica dei marcatori temporali. Non vi è alcun bisogno, quindi, che gli studenti facciano frasi con verbi al passato. Possono limitarsi a rispondere con i marcatori temporali, come nell'esempio. Lo studente che fa la domanda riprende integralmente quanto suggerito nel box. Le consigliamo quindi di non correggere gli errori di concordanza del participio passato quando gli studenti si rivolgono a una donna: la formazione del passato prossimo verrà introdotta al punto 3. Quest'attività non è che una prima introduzione passiva al passato.

Sarà invece opportuno soffermarsi sul significato di alcuni nuovi verbi (**baciare**, **arrabbiarsi**, **piangere**, ecc.).

In contesti di questo genere, nella risposta di solito si spiegano le ragioni o le circostanze in cui è avvenuto il fatto di cui si sta parlando. Tuttavia, gli studenti non hanno ancora gli elementi per poterlo fare. Fornirglieli comporterebbe l'introduzione dell'imperfetto, con il rischio di sovraccaricarli. Per queste ragioni proponiamo qui di attenersi a questa prima pratica elementare. Si avranno numerose altre occasioni di raccontare avvenimenti passati in modo più articolato e completo.

Cfr. *L.E.*, attività 1, 9, 10, 16.

3

Presentazione di:
– passato prossimo
– participio passato

Può introdurre la concettualizzazione chiedendo agli studenti di osservare gli usi che hanno incontrato finora del passato prossimo, per portarli progressivamente a notare che, a differenza di quanto accade in altre lingue, per raccontare cose fatte nel passato l'italiano parlato normalmente utilizza il passato prossimo.

Data la sua complessità, in questa fase non è necessario analizzare in dettaglio il tema della scelta dell'ausiliare. E' sufficiente considerare l'uso di **avere** come regola generale, e l'uso di **essere** per i due gruppi di verbi presentati nella concettualizzazione. Un approfondimento (Cfr. *Sintesi di grammatica*) sarà più opportuno quando gli studenti si saranno familiarizzati con gli aspetti formali ed avranno avuto occasione di confrontarsi con l'uso di questo tempo.

Se lo ritiene necessario, può riprendere verbi noti agli studenti per discutere con loro con quale ausiliare essi formino il passato prossimo. A questo fine può utilizzare, per esempio, le liste proposte nell'Unità 5, punti 4 e 6.

Per quanto riguarda i verbi che formano il passato prossimo utilizzando il verbo **essere**, i disegni costituiscono un'esemplificazione della concordanza soggetto/participio passato. La presentazione della concordanza complemento diretto/participio passato è invece rinviata all'Unità 23.

Cfr. *L.E.*, attività 1, 2, 3, 4, 5, 6, 7, 8, 11, 12, 13, 14, 15, 16.

4

Attività di ascolto.

Le scelte multiple proposte hanno l'obiettivo generale di fornire allo studente un "pretesto" che lo può aiutare ad ascoltare ancora una volta i dialoghi facendo attenzione al dettaglio, e due sotto-obiettivi: da una parte un esercizio di discriminazione auditiva, dall'altra la verifica della comprensione di alcuni degli elementi appena presentati.

Le consigliamo di far riascoltare i dialoghi una prima volta a libro chiuso, e solo in un secondo momento avendo davanti le scelte multiple. Il controllo delle risposte potrà avvenire mediante la lettura della trascrizione dei dialoghi (punto 1).

5

Attività interattiva orale.
Pratica del passato prossimo.

Per la prima volta dall'inizio dell'unità gli studenti sono chiamati ad utilizzare autonomamente il passato prossimo.

UNITÀ 12

E' dunque probabile che ci si trovi in presenza di numerosi errori, sia nell'uso degli ausiliari che nelle concordanze e nella formazione del participio passato. Le consigliamo di far lavorare gli studenti a coppie, e di effettuare successivamente un giro di controllo vignetta per vignetta con tutto il gruppo, lasciando a questa fase eventuali correzioni.

I verbi da utilizzare, in parte già noti, costituiscono un'integrazione del lessico relativo alle attività quotidiane.

Non è il caso, in questa fase, di sfruttare i disegni per parlare di come si sentono i personaggi. Questo punto verrà affrontato nell'Unità 23, al punto 2.

6
Attività di ascolto.
Pratica sul passato prossimo.

Obiettivo dell'attività è la ripresa della funzione "raccontare avvenimenti passati" e la loro trascrizione, con un ampliamento del lessico relativo alle attività.

Il dialogo può essere introdotto dalla spiegazione della situazione: una ragazza, Susanna, durante la colazione, racconta ad un'amica come ha passato la serata. Può essere interessante far notare i diversi elementi culturali di sottofondo che accompagnano il racconto (rumori della cucina, caffettiera, radio accesa sul notiziario). Nel caso in cui il livello del gruppo lo permetta, può procedere direttamente all'ascolto, evitando di introdurre la situazione e ritornando in seguito sugli aspetti culturali di cui sopra. Due o tre ripetizioni dell'ascolto (eventualmente fermando il registratore sugli elementi da riconoscere per consentire agli studenti di completare l'attività) dovrebbero essere sufficienti.

Appunti sul dialogo
A Roma, come in altre città italiane, esistono forni che lavorano di notte alla preparazione di lieviti e paste che verranno venduti nei bar al mattino seguente, dove, generalmente dopo mezzanotte o l'una, prima di tornare a casa a dormire, è possibile comprare cornetti e altri dolci appena sfornati. Spesso si tratta di una vendita non autorizzata (ma soltanto tollerata), in luoghi dove la saracinesca è dunque abbassata a metà. A volte, gli abitanti dei palazzi circostanti si lamentano per il rumore (voci, automobili) dei numerosi giovani che si fermano a mangiare i cornetti in strada.

7
Attività di lettura.
Attività interattiva orale.
Presentazione e pratica di **nel** + *anno*.

Prima della lettura ricordi agli studenti di non soffermarsi eccessivamente sulle parole che non capiscono, ma di concentrarsi sulla comprensione generale del brano. Il significato di termini chiave come **pubblico**, **critica** e **successo**, tuttavia, può essere anticipato. Anche **pallanuoto** può essere utile per decodificare la foto del regista (ripreso durante la lavorazione di *Palombella rossa*, film che racconta, appunto, di una partita di pallanuoto). Dopo una prima lettura può far notare l'uso di **nel** + *anno*.

Trattandosi di un brano che presenta una serie di fatti puntuali, può aiutare gli studenti a rileggerlo con un obiettivo, suggerendo di concentrarsi sulle diverse tappe che hanno portato Nanni Moretti verso il successo, oppure formulare domande del tipo: *Quali sono i diversi film menzionati e l'anno in cui è uscito ognuno? Che accoglienza ha avuto ogni film? Come è andato? E' piaciuto?*

Quindi, dopo la seconda lettura, chiusi i libri, il gruppo ricostruisce le varie tappe della vita di Nanni Moretti.

Successivamente, si torna sul brano, rileggendolo per chiarire eventuali problemi.

Il brano può essere ulteriormente sfruttato per un'osservazione delle voci al passato prossimo che presenta (risalire agli infiniti, osservare gli ausiliari e i participi passati, ecc.)

Se lo desidera, può eventualmente proporre agli studenti di preparare a casa un testo simile su un personaggio a loro scelta.

Appunti sul testo
Palombella rossa: nella pallanuoto, la palombella è un tiro in porta a parabola, che scavalca il portiere. L'aggettivo *rossa* si riferisce a uno dei temi del film, la crisi dell'ex Partito Comunista Italiano.

UNITÀ 12

8

Attività interattiva orale.
Presentazione e pratica degli elementi per ordinare una sequenza di fatti: **prima**..., **poi**..., **e poi**.

Si tratta della prima attività in cui gli studenti devono usare il passato prossimo in modo realmente comunicativo, in presenza di un vuoto di informazione.

Le consigliamo di suddividere il gruppo in piccoli sottogruppi di 2-3 persone. All'interno di ogni gruppo, gli studenti si raccontano cosa hanno fatto. Li stimoli a rilanciarsi le domande: **e tu che hai fatto?**

In una seconda fase, i vari gruppi si fanno domande e si raccontano cosa hanno fatto:

- ● E voi cosa avete fatto a Natale?
- ○ Io sono andato in montagna, Anne è andata a Parigi, e Kurt è rimasto a casa. E voi?
- ● Noi siamo rimasti tutti a casa.

Per le esperienze in comune emergeranno così alcuni usi delle forme plurali.

Il grado di correttezza dipenderà da vari fattori, e altrettanto variabili, pertanto, saranno i suoi interventi correttivi. Le ricordiamo ancora, tuttavia, che obiettivo dell'attività è la comunicazione, e che pertanto dovrebbe evitare di correggere errori che non ostacolano il raggiungimento dell'obiettivo fissato, rimandando alla fine dell'attività il momento di sensibilizzazione su alcuni dei principali errori.

Cfr. *L.E.*, attività 13.

9

Attività di lettura.

Come sempre, in un primo momento faccia leggere il testo individualmente, ricordando che non è importante capire ogni singola parola, a meno che questa non sia indispensabile alla comprensione globale.

Dopo questa prima lettura globale, può passare a una lettura guidata, per aiutare gli studenti a capirne di più.

Il brano consente diversi sfruttamenti.

Un primo livello di sfruttamento del brano può riguardarne il significato.

Dopo diverse letture da parte degli studenti, può far ripetere oralmente o riscrivere i principali punti del testo con il libro chiuso. Se lo desidera può far classificare i fatti descritti in *fatti avvenuti quel giorno* e *fatti avvenuti in altri momenti*.

Nella fase posteriore di controllo collettivo della comprensione, aiuti gli studenti a decifrare il dettaglio del testo con domande del tipo: Chi "ha passato la giornata...", "ha finito..." ecc? Chieda loro come immaginano Spino: quanti anni ha? Che lavoro fa? Cosa sappiamo dei suoi gusti? Cosa gli piace fare? Chi è Sara? Chi è Corrado? Sara e Spino vivono insieme? Stimoli gli studenti a controllare/confermare le loro sensazioni con il testo, e a spiegare su quali elementi del testo si basano.

In una seconda fase, per affrontare aspetti più prettamente formali può far sottolineare tutti i verbi al passato prossimo, trascriverli sul quaderno e risalire al loro infinito. Può far suddividere questi verbi in due liste, una per i verbi che usano l'ausiliare **avere**, e una per quelli che usano **essere**, e chiedere spiegazione dell'appartenenza di ogni verbo all'uno o all'altro gruppo. E' possibile ampliare questa attività con esercizi di rinforzo, per esempio cambiando i soggetti (invece della terza persona usata da Tabucchi, come se il narratore fosse Spino).

Se lo ritiene necessario, può procedere, infine, a una lettura collettiva con l'obiettivo di spiegare eventuali punti rimasti oscuri. Tuttavia, le sconsigliamo di sfruttare il brano per introdurre nuovi aspetti di morfosintassi.

E' importante inoltre, che gli studenti capiscano che non hanno bisogno di imparare tutti i termini nuovi: parole quali **ballatoio**, **riscuotersi**, **scorrere**, ecc., sebbene importanti, sono tutt'altro che imprescindibili in questa fase dell'apprendimento.

UNITÀ 12

10 Fonetica e ortografia: /kw/ e /gw/.

Rispetto all'ortografia del suono **[kw]**, è importante ricordare agli studenti che, come hanno già visto all'Unità 3, si usa la **q**. Può inoltre spiegare che nel caso della **q** non esiste la doppia. Per ottenere un suono di doppia consonante si scrive **cq**: **acqua**, **acquistare**. L'unica **q** doppia è nella parola **soqquadro**.

Se lo ritiene opportuno, può inoltre presentare alcune eccezioni: **cuore**, **scuola**.

Rispetto alla pronuncia, da una parte valgono le osservazioni fatte a proposito del contrasto sordo/sonoro tra /k/ e /g/, dall'altra va considerata la tendenza dei parlanti di lingua tedesca alla pronuncia **[kv]** e **[gv]**.

Cfr. *L.E.*, attività 17.

UNITÀ 13

Un po' d'esercizio

Unità di revisione sugli elementi incontrati in precedenza.

> *Contenuti nozionali e funzionali*: revisione generale degli elementi trattati nelle Unità 1-12.
>
> *Contenuti grammaticali*: revisione e riutilizzo di quanto incontrato in precedenza.
>
> *Aree lessicali*: ampliamento e riutilizzo di quanto incontrato in precedenza.
>
> *Fonetica e ortografia*: /ts/, /tʃ/ e /ʃ/: pronuncia, ortografia e contrasto.

1
> Attività interattiva orale.
> Revisione e pratica di:
> – morfologia e uso del passato prossimo

L'attività può essere svolta a piccoli gruppi (nel caso di un corso numeroso) oppure tutti insieme. E' opportuno che tutti partecipino allo scambio comunicativo con domande, osservazioni, ecc., e non sia solo l'insegnante l'interlocutore degli studenti. Le consigliamo inoltre di controllare che il racconto e/o le domande degli studenti non spostino l'obiettivo dell'attività verso la descrizione di situazioni al passato, onde evitare per il momento l'esigenza di usare l'imperfetto. Per evitare che ciò avvenga, i racconti non devono essere eccessivamente approfonditi: quando si scende nei dettagli si tende a dare spiegazioni o evocare situazioni, con il conseguente bisogno dell'imperfetto. Quest'attività funziona bene se ci si concentra sui principali fatti: **cosa? quando? con chi? dove?**

Se necessario, l'attività può essere ripetuta utilizzando altre esperienze degli studenti: *Parla dell'ultima volta che hai fatto un viaggio/hai fatto dello sport/sei uscito con gli amici/...*

2
> Attività interattiva orale.
> Revisione e pratica di:
> – elementi per localizzare nello spazio
> – lessico: la città, negozi e servizi

La prima fase dell'attività, consistente nella personalizzazione guidata dell'esercizio, oltre a costituire una valida occasione per rivedere individualmente una parte del lessico incontrato, permette un'eventuale ripetizione dell'esercizio. Sarà sufficiente che gli studenti usino una matita per avere la possibilità di cancellare i nomi dalle insegne dei negozi, e poter quindi ripetere l'attività con coppie e informazioni diverse.

Se lo desidera, può approfittare per parlare dei nomi delle principali vie e piazze, tutti molto frequenti nelle città italiane, e dare alcune informazioni elementari sui personaggi o luoghi a cui si riferiscono: Cavour, Mazzini, Garibaldi, Vittorio Emanuele, Terni, ecc.

3
> Attività interattiva orale.
> Revisione e pratica di:
> – elementi per dare informazioni sul modo di arrivare in un luogo
> – lessico generico della città: **piazza, semaforo, ponte, giardino**, ecc.

L'attività prevede due momenti distinti:
— dapprima è l'insegnante a stabilire un punto di partenza e a descrivere a tutto il gruppo il percorso da compiere per raggiungere un punto d'arrivo che gli studenti però non conoscono. Ciò dovrebbe avvenire imitando il più possibile una situazione reale, vale a dire con richieste di ripetizione, di chiarimento, interruzioni, ecc., proprio come se ci si trovasse per la strada. Una strategia molto utile a questo scopo, spesso utilizzata, da suggerire agli studenti, è la ripetizione con tono di domanda dell'ultima cosa detta dell'interlocutore.

— una volta che il gruppo abbia preso confidenza con la dinamica dell'attività, l'esercizio verrà ripetuto a coppie o a piccoli gruppi. E' consigliabile evitare di correggere, nel corso dell'attività, eventuali errori che non ostacolino il

UNITÀ 13

raggiungimento dell'obiettivo prefissato, e cioè la comprensione del percorso descritto e l'individuazione del punto d'arrivo. Una volta conclusa l'attività, sarà tuttavia opportuno sensibilizzare gli studenti sui loro errori.

4
> Attività di lettura.
> Revisione e pratica di:
> – parlare del passato (passato prossimo)

Come per le altre letture, il brano può essere sfruttato in vari modi, a discrezione dell'insegnante:
— comprensione globale del testo (*Chi è Anna Magnani? Cosa ha fatto nella vita?* ecc.)
— stabilire una cronologia con i principali fatti della vita di Anna Magnani
— comprensione di informazioni specifiche (*Dov'è nata A.M.? Quando è nata?* ecc.)
— ripetizione, senza guardare il testo, delle principali tappe della vita di Anna Magnani
— ricerca delle voci al passato prossimo e riconoscimento del verbo a cui appartengono

5
> Attività interattiva orale.
> Revisione e pratica di:
> – elementi per chiedere e dare informazioni personali (3ᵉ persone)
> – parlare del passato: morfologia e uso del passato prossimo
> – lessico legato alle principali tappe della vita di una persona

La prima fase dell'attività crea negli studenti la necessità di acquisire informazioni. Ciò potrà avvenire sia consultando persone o materiali italiani (se il corso si svolge in Italia o se si dispone di una biblioteca in italiano), sia utilizzando la propria madrelingua. E' invece consigliabile che la stesura di appunti venga effettuata in italiano, anche con frasi molto semplici: *E' nato a..., nel..., ha studiato... a..., ha scritto/dipinto/lavorato/...* Successivamente, in classe, ogni studente metterà al corrente il gruppo dei risultati della sua ricerca. Ciò può avvenire mediante uno scambio domande/risposte tra gli studenti, oppure sotto forma di discorso rivolto a un pubblico passivo.

6
> Attività di lettura.
> Attività interattiva orale.
> Revisione e pratica di:
> – parlare del passato: morfologia e uso del passato prossimo

Per le possibilità di sfruttamento dell'articolo, Cfr. il punto 4 di questa unità.

E' probabile che alcune difficoltà di ordine lessicale ostacolino la comprensione del testo. E' importante, tuttavia, che gli studenti si sforzino di leggere il testo da soli almeno un paio di volte. Le suggeriamo di stimolare sempre negli studenti la capacità di interpretare/immaginare, quando è possibile, il senso delle parole sconosciute, utilizzando il contesto o la somiglianza con altre lingue, al fine di attivare anche nella lingua straniera le strategie di comprensione che utilizziamo quotidianamente con la nostra madrelingua.

Dopo questa prima lettura, può anticipare il significato di alcune parole: **mattarello, carabinieri, strumento, doloroso, efficace, mettere una pietra su...**. e guidare gli studenti nella lettura, in particolare attraverso domande.

Per concludere può condurre una lettura collettiva o sollecitare gli studenti a rivolgerle domande su tutti gli eventuali punti rimasti ancora oscuri.

E' importante non sfruttare questo testo per presentare nuovi elementi di morfosintassi.

La lettura dell'articolo è inoltre uno spunto per provocare la narrazione di altri episodi "curiosi" da parte degli studenti. L'attività può essere svolta collettivamente o a piccoli gruppi. Fornisca lei il lessico di cui hanno bisogno gli studenti.

Se necessario, può essere l'insegnante stesso a cominciare a raccontare per primo. Ai fini di un'autentica dinamica comunicativa, è importante che gli studenti si sentano liberi di poter intervenire attivamente ed interrompere il racconto ogniqualvolta abbiano necessità di farsi ripetere o spiegare meglio qualcosa.

UNITÀ 13

Dopo il lavoro in gruppi può, comunque, essere utile un momento di verifica collettiva, in cui gli studenti raccontano a tutta la classe l'episodio che più li ha interessati o incuriositi tra quelli che sono stati raccontati nel loro gruppo.

Le ricordiamo di rimandare alla fine dell'attività la correzione di errori che non ostacolino la comprensione globale di ciò che viene raccontato.

7
> Attività d'ascolto.
> Attività interattiva orale.
> Revisione globale e pratica di elementi incontrati nelle Unità 1 - 12.

E' opportuno introdurre l'ascolto spiegando che si tratta di una telefonata che Cristina fa a Linda, una sua amica, dopo essere tornata da un viaggio a Roma. Le ragazze non sono a Roma. Linda è di un piccolo centro vicino Roma, mentre Cristina è sarda.

Dopo aver ascoltato almeno una volta la registrazione con l'obiettivo di una comprensione globale, le consigliamo di far concentrare gli studenti sulle scelte multiple, il cui obiettivo principale è fornire un nuovo pretesto che spinga gli studenti ad ascoltare con attenzione.

E' importante che gli studenti capiscano che tra le risposte suggerite ci può essere più di una risposta esatta (ad es. per l'ultima domanda), o può non essercene nessuna (ad es. per la penultima domanda). La risposta alla seconda domanda deve essere dedotta: Gabriele abita con Enrico. Enrico abita vicino P.zza Navona...

Può far ascoltare ulteriormente il dialogo e far domande del tipo *Chi è...? Cosa fa...?*

La fotografia illustra piazza Navona, citata nel dialogo.

Appunti sul dialogo.
— *Castel Sant'Angelo*: nato come mausoleo di Adriano, fu costruito nel II secolo d.C. Successivamente fu trasformato e arricchito dai papi, che lo usarono sia come residenza di rifugio che come dimora stabile. Oggi il castello è sede del Museo nazionale di Castel Sant'Angelo (museo di armi).
— *Lungotevere*: serie di viali, per la maggior parte alberati, che fiancheggiano le due sponde del Tevere.

Nella seconda metà dell'attività, dopo l'ascolto, lo studente è sollecitato perché inizi a scoprire nuove strategie di espressione: infatti gli viene chiesto di cimentarsi con la descrizione di una città senza aver ancora affrontato in modo sistematico l'area delle descrizioni. E' importante che gli studenti cerchino soluzioni nuove che li portino a sfruttare al massimo gli elementi già conosciuti, con interventi semplici e brevi.

8
> Attività di lettura.
> Attività interattiva orale.
> Revisione, pratica e ampliamento di alcune aree lessicale incontrate.

La lettura del brano, molto semplice, introduce l'attività orale. Nell'esposizione dei risultati delle mini-indagini svolte, per fare pratica con i numeri è consigliabile far esprimere i dati in percentuale.

Le consigliamo di far svolgere l'attività individualmente, e di procedere poi a una correzione collettiva. Si assicuri che gli studenti capiscano gli elementi a cui si riferiscono le percentuali.

Appunti sul testo.
TOXA: Gioco di parole a partire da DOXA, importante istituto di ricerche statistiche.

Dopo questa prima fase di lettura, gli studenti si muovono all'interno della classe per portare a termine le loro piccole indagini. Si assicuri che abbiano capito l'attività da svolgere.

Se lo desidera può suggerire agli studenti di chieder **perché?** dopo aver ottenuto una risposta. In questo caso le suggeriamo di proporre lei una gamma di risposte probabili all'intervistatore, il quale potrà, così, aiutare i suoi compagni a rispondergli, riducendo il numero di richieste di aiuto rivolte direttamente a lei. Se la sua classe è composta da un numero maggiore di studenti, può suggerire agli studenti di inventare loro stessi altre domande, o proporgliele lei. Un'altra soluzione può essere far fare ogni domanda da più studenti, in modo da poter paragonare poi i risultati e verificare se tutti hanno risposto nello stesso modo ai diversi intervistatori.

UNITÀ 13

9
> Attività d'ascolto.
> Attività interattiva orale.
> Revisione e pratica di:
> – orari
> – date
> – mezzi di trasporto
> – morfologia e uso del passato prossimo

E' opportuno introdurre l'ascolto spiegando che si tratta di una conversazione che si svolge in un'agenzia di viaggi. La cartina geografica illustra l'itinerario di andata della Sig.na Cucchi, localizzando tutti i centri nominati nel dialogo.

Dopo lo svolgimento dell'attività, può proporre un ascolto di dettaglio con lettura della trascrizione. In questo caso le consigliamo di far notare, in particolare:

– **esatto**: giusto, corretto (di una cosa detta o una risposta di un altro)
– **a questo punto**: dopo quanto detto o successo prima, in questo momento
– **quanto ci vuole...? (ci vuole/ci vogliono + *quantità di tempo*)**: per parlare della durata di un'azione
– **già che ci sono**: approfittando di questa occasione...
– **guardi che...**: per avvertire, mettere in guardia

Anche questa attività fornisce lo spunto per uno scambio di esperienze tra gli studenti, utile per fare pratica sugli elementi per raccontare avvenimenti passati (marcatori temporali, passato prossimo).

Appunti sul dialogo.
– *Termini*: principale stazione ferroviaria di Roma.
– *Civitavecchia*: città del Lazio, ospita il principale porto dell'Italia centrale per i collegamenti con la Sardegna.
– *Olbia*: città della Sardegna, ospita un importante porto.
– *Palau*: centro della Sardegna, stazione balneare e porto d'imbarco per l'isola della Maddalena.
– *Maddalena*: isola principale dell'omonimo arcipelago, è un'importante centro turistico.

10
> Fonetica e ortografia.
> /ts/, /tʃ/ e /ʃ/: pronuncia, ortografia e contrasto.

a. L'ascolto e la successiva ripetizione del primo gruppo di parole hanno lo scopo di concentrare l'attenzione degli studenti sul suono /ts/, che presenta problemi di pronuncia per molti stranieri, in particolare gli ispanofoni. Se nel gruppo è presente questo tipo di difficoltà, le consigliamo di far provare a tutti di pronunciare /t/ seguito da /s/, con un intervallo di tempo tra i due suoni sempre minore, fino ad arrivare a pronunciarli insieme: /ts/.

b. Il terzo gruppo di parole presenta i tre suoni /ts/, /tʃ/ e /ʃ/. Gli studenti a questo punto dovrebbero essere in grado di riconoscerli senza particolari difficoltà, mentre è probabile che per i parlanti di alcune lingue la pronuncia continui a costituire un problema. In questo caso è consigliabile tornare periodicamente su questi suoni con esercizi analoghi, puntando sempre sulla spiegazione di come pronunciarli, e non sulla semplice ripetizione.

UNITÀ 14

Vi posso offrire qualcosa da bere?

Questa unità sviluppa la seconda parte dell'area tematica dei rapporti sociali, già introdotta nell'Unità 10 (e che verrà ampliata nell'Unità 15).

> *Contenuti nozionali e funzionali*: chiedere e offrire oggetti - accettare e rifiutare - chiedere qualcosa in prestito - forme usate nel dare qualcosa (**ecco**, **tieni**, ecc.).
>
> *Contenuti grammaticali*: pronomi indiretti di prima e seconda persona singolare e plurale
>
> *Aree lessicali*: lessico relativo agli oggetti che normalmente vengono offerti - revisione e ampliamento del lessico relativo al cibo e agli oggetti più comuni
>
> *Fonetica e ortografia*: contrasto /l/ - /ll/ - /ʎ/.

1 Approccio e pratica d'ascolto: forme usate per offrire oggetti.

Per introdurre l'attività e l'unità spieghi agli studenti che vengono affrontati i modi di offrire. Chieda cosa direbbero per offrire qualcosa a qualcuno.

Dopo questa prima presa di coscienza, solleciti gli studenti a coprire i dialoghi e a finalizzare l'ascolto su ciò che viene richiesto dall'attività senza cercare di scomporre i dialoghi analiticamente. È infatti previsto un ascolto con lettura del testo a conclusione dell'attività.

Le forme introdotte qui sono le seguenti:

> **ti/le posso offrire qualcosa?**
> **vuoi un po' di...?**

Poiché questa attività ha la finalità di introdurre l'argomento agli studenti al punto 3 troverà un quadro riassuntivo che potrà discutere insieme a loro.

2 Presentazione di lessico di prodotti tipici che vengono spesso offerti
Lavoro culturale su alcuni prodotti tipici italiani.

Il *collage* presenta una serie di prodotti che vengono normalmente offerti nelle case italiane. Alcuni di essi sono tradizionalmente legati a delle festività (ad es. il **panettone**, il **pandoro** e i **torroni** al Natale, l'**uovo di cioccolato** e la **colomba** alla Pasqua), altri sono in misura minore o maggiore presenti tutto durante tutto l'anno e vengono ripetutamente offerti agli ospiti anche se improvvisati o di passaggio (cioccolatini, crostata, biscotti, caffè, liquori, ecc.).

Chieda agli studenti di guardare le foto e di rivolgersi a lei per qualunque dubbio. L'attività suggerisce di parlare di queste cose e ciò può avvenire, se lei lo ritiene opportuno, in italiano. Se, tuttavia, la lingua italiana in questo caso rappresenta un ostacolo per gli studenti, li solleciti, se è possibile, ad usare una Lcomune.

Se crede che gli studenti possano essere interessati, può proporre di parlare delle differenze culturali che esistono tra i vari paesi di provenienza degli studenti e l'Italia (*Nel tuo paese si usa offrire qualcosa agli ospiti?*, *Cosa si usa offrire?*, *Ci sono dei dolci o dei piatti tipici di qualche festività, o legati ad un certo momento della giornata?*, ecc.).

Faccia notare, in particolare che, oltre alle patatine, le olive, le noccioline e i salatini, in Italia, a differenza di quanto accade in altre culture, è meno frequente che si offrano cose salate, eccetto, naturalmente, nei casi in cui si invita qualcuno a un cocktail, a pranzo o a cena.

Se lo desidera, può anche attirare l'attenzione sui nomi *Mon Chéri* (cioccolatini ripieni di liquore) e *President Reserve*: due dei tanti prodotti italiani con nomi stranieri. Parli della tendenza dei pubblicitari ad adottare nomi stranieri: oltre ai *Mon Chéri*, la Ferrero produce i *Ferrero Rocher*, i *Pocket Coffee*, e una vasta gamma di cioccolatini per bambini e ragazzi dal nome *Kinder*. Le lingue più usate in pubblicità sono il francese e l'inglese.

UNITÀ 14

Tutte le marche dei prodotti rappresentati nel collage sono estremamente conosciute.

3

Presentazione delle forme basilari usate per offrire qualcosa (un oggetto) e per rispondere.

La concettualizzazione è volutamente ridotta. Se lo desidera può presentare altri elementi.

Le ricordiamo che in Italia quando ci viene offerto qualcosa è frequente, come prima risposta, rifiutare. Il nostro interlocutore è tenuto ad insistere almeno un'altra volta e solo a questo punto è considerato conveniente accettare. Si tratta di un comportamento culturale, esistente anche in altri paesi europei (ad es. in Spagna) ma che causa imbarazzo con chi proviene da paesi nei quali non esiste questa sorta di "gioco" (ad es. con molti inglesi, che tendono a interpretare la nostra insistenza come una specie di violazione a quelli che sono i loro desideri). Per queste ragioni abbiamo ritenuto opportuno sottolineare questo aspetto: insista con gli studenti sul fatto che si tratta di un comportamento esclusivamente culturale che va, pertanto, interpretato come tale. Se lo ritiene possibile può già introdurre questo discorso tenendo naturalmente conto dei loro eventuali contatti con l'Italia; un richiamo esplicito a questo comportamento è dato nel *Libro dello studente* a conclusione della concettualizzazione del punto 3.

Cfr. *L.E.*, attività 2 e 3.

4

Ampliamento del lessico dei prodotti che vengono tipicamente offerti in Italia
Attività orale sulle forme viste al punto 3.

Chieda agli studenti di lavorare a coppie, a partire dagli esempi, sotto la sua supervisione, in modo da poter ripetere gli scambi comunicativi con vari compagni.

Se gli studenti vogliono offrire altre cose, li incoraggi e fornisca il lessico necessario.

Insista affinché gli studenti non cerchino di formulare scambi comunicativi eccessivamente estesi (ad es. salutarsi o proseguire dopo l'accettazione), limitandosi a offrire e rispondere velocemente. Ricordi loro di dare una giustificazione in caso di rifiuto e, se crede che possano entrare nel "gioco" culturale di cui abbiamo parlato a conclusione del punto 2, li solleciti a rifiutare per poi accettare in un secondo momento (può essere utile il terzo esempio della concettualizzazione del punto 3).

Nella foto è possibile vedere anche altri prodotti tipici italiani: liquori (*Amaretto di Saronno*, grappa, amaro *Cynar*, brandy *Vecchia Romagna*) e biscotti (i *Krumiri* di Casale Monferrato in provincia di Alessandria). La marca di birra (*Peroni*) visibile nella fotografia è la più nota in Italia.

5

Pratica d'ascolto delle forme presentate al punto 3.

Faccia ascoltare i dialoghi varie volte. Se gli studenti incontrano molte difficoltà di comprensione li solleciti a concentrarsi prima sull'accettazione o meno dell'offerta e in un secondo momento su cosa viene offerto.

Dopo aver svolto l'attività proceda a una lettura dettagliata dei dialoghi. Il testo è alla pag. 207 del *Libro dello studente*.

Non si soffermi su **veramente sono molto stanca**: si limiti a spiegarne il significato. Le espressioni per esprimere sensazioni e stati fisici o emotivi verranno sistematizzate nell'Unità 23.

6

Attività di lettura
Presentazione della forma **si + 3ª persona singolare** del presente indicativo

Chieda prima agli studenti di leggere la lettera individualmente concentrando l'attenzione sul messaggio globale del testo. Dopo aver chiarito eventuali dubbi li solleciti a sottolineare nel testo le frasi in cui viene impiegata la forma impersonale, in modo da introdurre la concettualizzazione più facilmente.

La lettera racconta la vita di una coppia italiana, Roberta e Sandro, in un momento di vacanza in un piccolo paese dell'Abruzzo, e insiste proprio su quegli elementi culturali che in parte abbiamo già introdotto a conclusione del

UNITÀ 14

punto 2. In Italia l'invitare qualcuno a pranzo, a cena o semplicemente al bar a prendere qualcosa, è un comportamento culturale tipico, che solo gli studenti che abbiano avuto occasione di soggiornare in Italia possono aver notato, e che non tutti possono facilmente comprendere provenendo da culture in cui questo aspetto ricopre una minore importanza.

L'invito a pranzo o cena viene sentito come un tentativo di dare il via a un rapporto di amicizia. Un ripetuto rifiuto viene spesso percepito come sconveniente da un punto di vista sociale poiché trasmette un messaggio che va al di là del suo significato letterale (stasera non posso) e che in realtà rappresenta un rifiuto a stabilire un legame più intimo.

Anche l'accettare ripetutamente degli inviti senza mai ricambiare viene recepito come un comportamento se non proprio di scortesia quanto meno di freddezza, anche se tra i giovani ciò avviene in misura minore rispetto alle generazioni passate.

Alla comprensione di lettura segue un'attività orale. Le consigliamo di sollecitare gli studenti a scambiarsi opinioni collettivamente. Se la classe è composta da persone di diverse L1, la discussione sarà sicuramente varia e li porterà a riflettere anche su comportamenti tipici della propria cultura di origine ai quali prima non avevano prestato la dovuta attenzione.

Se la classe è formata da studenti con la stessa lingua di provenienza, molto probabilmente la discussione si incentrerà maggiormente su un discorso comparativo "paese di origine - Italia".

La fotografia a conclusione dell'attività (pag. 112) mostra un'allegra "tavolata" in un tipico ristorante italiano: mangiare insieme è occasione di festeggiamenti di compleanni, ricorrenze e avvenimenti importanti e gli italiani tendono a organizzare queste serate soprattutto con gli amici più intimi.

Dopo una lettura globale del testo ne faccia una dettagliata.

Cfr. *L.E.*, attività 4.

7

Presentazione e comprensione d'ascolto delle forme basilari usate per chiedere oggetti.

Chieda agli studenti di coprire il testo e faccia ascoltare i dialoghi varie volte.

L'attività si svolge in due fasi: nella prima gli studenti devono limitarsi a riconoscere gli oggetti chiesti durante le conversazioni, nella seconda concentrarsi sulle forme usate per chiedere questi oggetti.

Poiché questa attività ha la finalità di introdurre l'argomento agli studenti al punto 8 troverà un quadro riassuntivo che potrà discutere insieme a loro.

È previsto un ascolto con lettura del testo a conclusione dell'attività.

8

Presentazione delle forme basilari usate per:
– chiedere qualcosa (un oggetto) e per rispondere
– accompagnare il gesto di dare (**ecco, tieni/tenga**).

Faccia notare le varie condizioni: non sappiamo se l'altro possiede la cosa che chiediamo, si tratta di una cosa che non si restituisce, si tratta di un prestito. Ad ogni condizione corrisponde l'impiego di un certo verbo o di una certa forma.

Alla pag.115 diamo vari esempi di queste forme: chieda agli studenti di guardarli attentamente e di rivolgersi a lei per eventuali dubbi. In fondo alla pagina presentiamo l'uso di **un momento** che spesso accompagna la richiesta.

Non si soffermi su **Ho una fame!** Si limiti a spiegarne il significato. Gli studenti incontrano così progressivamente diverse espressioni per esprimere stati fisici o emotivi che verranno riprese e sistematizzate nell'Unità 23.

Cfr. *L.E.*, attività 6, 7 e 8.

UNITÀ 14

9 Pratica orale delle forme presentate al punto 8.

Solleciti gli studenti a tener conto della condizione che accompagna la richiesta (*si tratta di qualcosa che si può restituire o no?*, *di una cosa che tutti hanno in casa o no?*) prima di formulare la domanda e a rispondere anche negativamente in alcuni casi.

Faccia lavorare gli studenti a coppie alternandosi nei ruoli. Se lo desidera può farli lavorare anche con altri oggetti oltre a quelli presentati dalle illustrazioni.

10 Fonetica. Contrasto /l/ - /ll/ - /ʎ/.

L'attività si svolge in due fasi:
a. ascoltare la lista delle parole del box in modo da introdurre il problema del contrasto tra questi tre suoni;

b. ascoltare la lista di parole senza guardare il testo in modo da svolgere un'attività di discriminazione di questi suoni.

Per la corrispondenza suono-grafia di /ʎ/ le ricordiamo che il problema è stato affrontato nell'Unità 5.

Questi tre suoni presentano lo stesso modo di articolazione: sono tutti e tre laterali, ma non lo stesso punto di articolazione: /l/ e /ll/ sono alveolari mentre /ʎ/ è palatale, inoltre /ll/ corrisponde a un /l/ prolungato.

Se la classe è di lingua omogenea consigliamo un'analisi contrastiva. Se la lingua di partenza non possiede questi suoni insista sulla differenza e in futuro torni sull'argomento tutte le volte che si presenta l'occasione.

Le ricordiamo che abbiamo già analizzato il seguente contrasto:
Unità 13: contrasto /ts/ - /tʃ/ e /ʃ/.

Dopo aver riempito la tabella, chieda agli studenti di ripetere le parole.

La lista è alla pag. 207 del *Libro dello studente*.

Cfr. *L.E.*, attività 9.

UNITÀ 15

Le dispiace se chiudo la porta?

Questa unità sviluppa la terza parte dell'area tematica relativa ai rapporti sociali già introdotta nelle Unità 10 e 14.

> *Contenuti nozionali e funzionali*: chiedere il permesso - concederlo e rifiutarlo - chiedere e offrire di fare qualcosa - accettare e rifiutare - offrire aiuto - accettarlo e rifiutarlo.
>
> *Contenuti grammaticali*: 2ª persona singolare (**tu**), 2ª plurale (**voi**) e 3ª singolare (**lei**/formale) dell'imperativo affermativo
>
> *Aree lessicali*: lessico relativo alle cose che in genere si chiede e si offre di fare
>
> *Fonetica e ortografia*: contrasto /r/ - /rr/.

1
> Presentazione e pratica d'ascolto delle forme che si usano per chiedere il permesso di fare qualcosa.

Per presentare l'attività e l'unità chieda agli studenti cosa direbbero per ottenere il permesso di fare qualcosa.

Dopo questa prima introduzione del problema, che avrà fatto sorgere negli studenti il bisogno di lavorare su quest'area, chieda di coprire il testo e faccia ascoltare i dialoghi varie volte.

L'attività si svolge in due fasi: nella prima gli studenti devono limitarsi a riconoscere le informazioni esatte, nella seconda concentrarsi sulle forme usate per chiedere il permesso.

Se gli studenti dovessero manifestare difficoltà a completare la scheda segnando le risposte esatte, si assicuri che capiscano bene le possibilità suggerite nella scheda.

Dopo la correzione del lavoro sulla scheda, faccia ascoltare ancora i dialoghi e chieda agli studenti di concentrarsi sulle forme usate per chiedere il permesso di fare qualcosa.

Poiché questa attività ha la finalità di introdurre l'argomento agli studenti, al punto 2 troverà un quadro riassuntivo che potrà discutere insieme a loro.

Fa freddo: non è ancora il caso di cogliere l'occasione per presentare forme quali **ho freddo**. (Cfr. Unità 23)

È previsto un ascolto con lettura del testo a conclusione dell'attività.

2
> Presentazione delle forme usate per:
> – chiedere il permesso, concederlo, negarlo
> – imperativo affermativo di **tu**, **lei**/formale e **voi** (le tre coniugazioni).

La lettura di queste concettualizzazioni può avvenire durante la correzione della seconda parte dell'attività precedente.

Faccia notare che le risposte **sì, puoi** e **no, non mi dispiace** non vengono interpretate come una concessione normale del permesso, bensì come una risposta positiva che il parlante si sente forzato a dare ma che non vorrebbe dare.

Quando si rifiuta di concedere il permesso, generalmente si adduce una giustificazione. Di solito, la parola **no** non compare nella risposta.

Se desidera approfondire ulteriormente la presentazione dell'imperativo può fare riferimento alla *Sintesi di grammatica*.

Alla pag. 119: volantino sul problema dello spreco energetico firmato *Greenpeace*. Chieda agli studenti di leggerlo individualmente concentrandosi dapprima sul messaggio globale; una volta chiariti eventuali dubbi potrà sfruttarlo sia per dare informazioni lessicali (senza naturalmente insistere eccessivamente su parole tecniche quali **defore-**

UNITÀ 15

stazione, imballaggi, ecc.) sia per fare pratica della morfologia dell'imperativo (ad esempio, facendo notare tutti i verbi in imperativo che sono in neretto nel testo e chiedendo di sottolineare tutti quelli in corsivo normale che riescono a trovare).

Se lo desidera può cogliere l'occasione per parlare dell'ecologismo in Italia. Si tratta di un movimento che si sta sviluppando, ma a livello politico i Verdi sono tuttora un piccolo movimento e non hanno ancora ottenuto i risultati conseguiti in altri paesi europei. Ciò è probabilmente dovuto, in parte, all'alto numero di formazioni politiche che si presentano alle elezioni, che comporta una forte frammentazione del voto, e in parte a una serie di altri problemi che distolgono in parte l'attenzione dell'elettorato dai problemi ecologici, quali quello della criminalità (lotta alla mafia, specialmente nel sud del paese, lotta alla corruzione di un sistema politico che non si rinnova sufficientemente), il bisogno di riforme istituzionali e in particolare del sistema elettorale, sentito in modo sempre più pressante, ecc. Tuttavia, il problema ecologico è sempre più presente nella vita degli italiani.

Cfr. *L.E.*, attività 2, 3, 4, 5, 6 e 7.

3

Pratica orale delle forme viste al punto 2 (registro informale).

Chieda agli studenti di lavorare a coppie sotto la sua supervisione alternandosi nei ruoli, oppure faccia poi ripetere l'attività ad ognuno con un altro compagno ma con i ruoli invertiti (chi prima chiedeva il permesso ora risponde e viceversa). Ricordi agli studenti che in caso di rifiuto devono dare una giustificazione. Se è necessario chiarisca collettivamente eventuali problemi di lessico, prima di far svolgere l'attività.

Se lo ritiene opportuno può chiedere agli studenti di ripetere l'attività usando un registro formale e impiegando il **lei**.

Si assicuri che gli studenti capiscano le situazioni suggerite nel box.

Sei stanco: non è il caso di sistematizzare le forme usate per parlare di stati fisici ed emotivi, le quali verranno sistematizzate nell'Unità 23.

4

Pratica orale delle forme viste al punto 2 (registro formale/uso del **voi**).

Per lo svolgimento dell'attività cfr. il punto 3. Chi si rivolge al portiere deve usare il registro formale (**lei**). Si suppone inoltre che chi parla è in compagnia di un'altra persona e pertanto chiede il permesso di fare delle cose che riguardano anche il suo compagno. Il portiere nel rispondere deve perciò utilizzare il **voi**. I due studenti che chiedono il permesso si alterneranno nel farlo in modo da parlare a turno.

Si assicuri che gli studenti capiscano le situazioni suggerite nel box.

5

Approccio con le forme che si usano per chiedere a qualcuno di fare qualcosa
Pratica d'ascolto di:
- forme che si usano per chiedere a qualcuno di fare qualcosa
- forme presentate ai punti precedenti.

Chieda agli studenti di coprire il testo e faccia ascoltare i dialoghi varie volte.

L'attività si svolge in due fasi: nella prima gli studenti devono limitarsi a riconoscere le informazioni esatte; nella seconda concentrarsi sulle forme usate per chiedere a qualcuno di fare qualcosa. Per quanto riguarda la prima fase faccia loro notare che ai punti precedenti hanno già visto le forme che riguardano il chiedere il permesso (1ª colonna) mentre quelle che riguardano il chiedere a qualcuno di fare qualcosa (colonna centrale) e quelle che riguardano l'offrire a qualcuno di fare qualcosa (terza colonna) sono nuove.

Poiché questa attività ha la finalità di introdurre l'argomento agli studenti, al punto 6 troverà un quadro riassuntivo che potrà discutere insieme a loro.

Non mi sento bene: si limiti per ora a spiegarne il significato. I modi di esprimere sensazioni fisiche ed emotive verranno affrontati in modo sistematico nell'Unità 23.

È previsto un ascolto con lettura del testo a conclusione dell'attività.

UNITÀ 15

6 Presentazione delle forme usate per chiedere a qualcuno di fare qualcosa, accettare e rifiutare.

Faccia notare che in questi contesti si tende a dare una giustificazione non solo in caso di rifiuto ma anche nel momento della richiesta:

- Le dispiace chiudere la porta? Non sento nulla...

Legga insieme agli studenti anche gli esempi illustrati.

Oggi veramente sono stanco: se vi sono problemi di comprensione, si limiti a spiegarne il significato. Non è ancora il caso di sistematizzare i modi di esprimere sensazioni fisiche o emotive, le quali verranno affrontate nell'Unità 23.

Dopo aver letto e commentato la concettualizzazione, può tornare ai dialoghi in cui si chiede a qualcuno di fare qualcosa (b., d., f.) e rivederne il dettaglio.

Cfr. *L.E.*, attività 9 e 10.

7 Pratica orale delle forme presentate al punto 6.

Chieda agli studenti di lavorare a coppie sotto la sua supervisione, alternandosi nei ruoli, oppure faccia poi ripetere l'attività ad ognuno con un altro compagno ma con i ruoli invertiti (chi prima chiedeva all'altro di fare qualcosa ora risponde e viceversa). Ricordi agli studenti che devono dare una giustificazione non solo in caso di rifiuto ma anche, quando è possibile, al momento della richiesta. Se è necessario chiarisca collettivamente eventuali problemi di lessico, prima di far svolgere l'attività.

Si assicuri che gli studenti capiscano le situazioni suggerite nel box.

Se lo ritiene opportuno può chiedere agli studenti di ripetere l'attività usando un registro formale e impiegando il **lei**.

8 Presentazione e pratica d'ascolto delle forme usate per offrire aiuto, offrire a qualcuno di fare qualcosa accettare e rifiutare.

Queste forme sono già state introdotte al punto 5 (3ª colonna). Prima ancora di guardare la concettualizzazione che segue faccia ascoltare di nuovo i dialoghi del punto 5 agli studenti e faccia svolgere l'attività.

Alla pag.123 diamo vari esempi di queste forme: chieda agli studenti di guardarli attentamente e di rivolgersi a lei per eventuali dubbi.

Dopo aver letto e commentato la concettualizzazione, può tornare ancora ai dialoghi del punto 5 e rivederne il dettaglio.

Cfr. *L.E.*, attività 11.

9 Pratica orale delle forme viste al punto 8.

Chieda agli studenti di lavorare a coppie sotto la sua supervisione, alternandosi nei ruoli, oppure faccia poi ripetere l'attività ad ognuno con un altro compagno ma con i ruoli invertiti (chi prima offriva aiuto all'altro ora lo riceve e viceversa). Ricordi agli studenti che devono dare una giustificazione in caso di rifiuto. Se è necessario chiarisca collettivamente eventuali problemi di lessico, prima di far svolgere l'attività.

Si assicuri che gli studenti capiscano le situazioni suggerite nel box.

Se lo ritiene opportuno può chiedere agli studenti di ripetere l'attività usando un registro formale e impiegando il **lei**.

UNITÀ 15

10 Pratica d'ascolto di tutte le forme viste in questa unità.

Faccia ascoltare i dialoghi varie volte agli studenti sollecitandoli prima a guardare attentamente la tabella. Se è necessario prima di svolgere l'attività ricordi loro le varie concettualizzazioni viste ai punti 2, 6 e 8.

Dopo lo svolgimento dell'attività può affrontare il dettaglio dei dialoghi. I testi si trovano a pag.207 del *Libro dello studente*.

11 Fonetica. Contrasto /r/ - /rr/.
Ripresa del problema delle doppie consonanti in italiano già introdotto nell'Unità 6.

L'attività si svolge in tre fasi:

a) faccia ascoltare agli studenti la lista delle parole in modo da introdurre il problema del contrasto tra questi due suoni. Faccia notare la presentazione che viene data nel *Libro dello studente* e se è necessario la commenti ulteriormente. Chieda poi alla classe di trascrivere queste parole in modo da passare al problema della rappresentazione grafica di /r/ e /rr/.

Un primo controllo della pronuncia può già essere effettuato a questo punto dell'attività chiedendo agli studenti di leggere a voce alta la lista di parole.

b) Dopo aver commentato con la classe la seconda parte della presentazione proceda con l'ascolto della seconda parte della registrazione premettendo che si tratta delle stesse parole, ma che non sempre sono pronunciate correttamente da parlanti italiani. Gli studenti devono riconoscere quali sono le parole pronunciate correttamente.

Le parole pronunciate correttamente sono: carro, leggere, favore, ora, sera, sicuramente, arrivo

c) Faccia notare che in caso di parola che inizia per **r**, la pronuncia, in italiano standard, è sempre equivalente a **[r]**

Se la classe è di lingua omogenea consigliamo un'analisi contrastiva. Se la lingua di partenza non possiede questi suoni o non possiede l'opposizione tra i due suoni, insista sulle differenze e in futuro torni sull'argomento tutte le volte che si presenta l'occasione.

Se la lingua di partenza non possiede doppie consonanti prima di introdurre questo problema specifico può eventualmente riproporre alla classe l'attività fonetica dell'Unità 6.

Le ricordiamo che nelle seguenti unità verranno affrontati altri problemi specifici contrastivi:
Unità 18: contrasto **s - ss**
Unità 19: contrasto **m - mm** e **n - nn**
Unità 20: contrasto **p - pp** e **b - bb**
Unità 21: contrasto **d - dd** e **t - tt**

La lista delle parole è alla pag. 208 del *Libro dello studente*.

Cfr. *L.E.*, attività 13.

UNITÀ 16

Ti piace la pizza?

Questa unità riprende e sviluppa l'area tematica dei cibi, introdotto nell'Unità 8 nell'ambito di un primo contatto con l'area degli acquisti. In questa unità l'attenzione si concentra fondamentalmente su due aspetti: da un lato la descrizione dei cibi, e in particolare degli aspetti legati al rapporto che ciascuno di noi ha con i cibi; dall'altro alcuni aspetti socioculturali legati all'alimentazione in Italia.

> *Contenuti nozionali e funzionali*: elementi per chiedere e spiegare la composizione dei cibi - elementi per parlare dei gusti in rapporto ai cibi - operatori che si riferiscono all'intensità: **per niente**, **non molto**, **abbastanza**, **molto**, **moltissimo**, **un po'**, **troppo**.
>
> *Contenuti grammaticali*: superlativi – **con** e **senza** – **mi/ti/... piace/piacciono** (ripresa)
>
> *Aree lessicali*: i pasti - i cibi: revisione e ampliamento - aggettivi per parlare di sapori e sensazioni legate al cibo
>
> *Fonetica e ortografia*: consonanti sorde e sonore: revisione generale - pronuncia delle occlusive /b/, /g/ e /d/.

1 Attività di lettura.
Attività interattiva orale.
Presentazione e pratica del lessico dei pasti.

Il testo sulle abitudini alimentari degli italiani non ha ovviamente la pretesa di essere esaustivo: vi sono presentati alcuni aspetti molto comuni, ma molti altri avrebbero potuto trovare spazio. Abbiamo preferito descrivere i pasti in un senso più tradizionale, lasciando all'insegnante la possibilità di ampliare e approfondire l'argomento in varie direzioni: nuove tendenze legate ai ritmi della vita moderna o a una migliore cultura dell'alimentazione nelle giovani generazioni, differenze regionali, importazione di abitudini alimentari da altri paesi, ecc.

Durante la lettura individuale da parte degli studenti, o nel corso della seconda parte dell'attività può far riferimento agli orari, visti nell'Unità 6.

Per favorire la comprensione può far riferimento alle immagini. Tuttavia, è opportuno far notare che il succo d'arancia a prima colazione è meno diffuso, e che molti italiani anziché un cornetto o una merendina, preferiscono mangiare biscotti secchi.

Se ritiene il testo sia difficile per i suoi studenti, può cominciare dalla seconda parte dell'attività, partendo dall'esempio, in modo da aiutare gli studenti a entrare nell'argomento.

Anche in questo caso, è auspicabile una lettura graduale, svolta in più fasi, che porti gli studenti a capire progressivamente il testo con il minor aiuto possibile da parte dell'insegnante, che prima di diventare un "vocabolario vivente" deve essere una guida che aiuti gli studenti a sfruttare al massimo gli elementi capiti e le somiglianze tra parole, portandoli così, un po' per volta, a una sempre maggiore autonomia di lettura.

Solo dopo questo sfruttamento, alla fine dell'attività di lettura, le consigliamo di percorrere ancora una volta il testo con gli studenti e di chiarire gli eventuali punti rimasti oscuri.

La lettura del testo fornisce lo spunto per un confronto tra le abitudini alimentari degli studenti. Nel caso di un gruppo di provenienza omogenea l'accento cadrà sulle consuetudini individuali, mentre studenti di varie nazionalità potranno confrontare gli atteggiamenti verso il cibo dei rispettivi paesi.

In ognuno dei due casi l'attività provoca la richiesta da parte degli studenti di un lessico strettamente legato alle necessità, ai gusti e alle esperienze individuali, favorendo così l'acquisizione di un vocabolario sempre più "personalizzato".

2 Attività di scrittura.
Revisione e ampliamento lessicale sui cibi.

Oltre al riutilizzo del lessico acquisito nelle unità precedenti, e in particolare nelle Unità 8, 9 e 14, questa attività ha

UNITÀ 16

l'obiettivo di proseguire il discorso culturale e, al tempo stesso, di stimolare ulteriori necessità lessicali, favorendone, analogamente al punto 1, un apprendimento in senso "personalizzato", e facendo inoltre concentrare gli studenti sulla grafia.

La fotografia presenta una serie di prodotti alimentari caratteristici della cucina abruzzese.

Montepulciano: esiste, oltre al Montepulciano d'Abruzzo, il Montepulciano toscano. Entrambi sono vini molto noti.

3 Attività interattiva orale.
Presentazione e pratica di **con** e **senza**.

L'attività ha l'obiettivo di far utilizzare agli studenti **con + articolo** e **senza + ø** all'interno di brevi scambi comunicativi. Se il gruppo non è numeroso, si possono confrontare i gusti di tutti, in caso contrario è preferibile dividere gli studenti in piccoli gruppi. L'attività offre inoltre l'occasione di riutilizzare sistematicamente alcuni elementi incontrati in precedenza: presente di **preferire**, **mi piace/piacciono**, articoli, **anch'io/anche a me/io invece no/...**.

Stimoli gli studenti a cercar di dedurre dal contesto, o da eventuali somiglianze con parole straniere il significato dei termini nuovi.

Sono possibili anche **con panna** e **senza lo zucchero**. Le sfumature e i contesti di uso sembrano essere leggermente diversi. La scelta qui è stata per gli usi più comuni e meno marcati.

Cfr. *L.E.*, attività 1.

4 Attività di lettura.

Il primo testo presenta una breve storia della pasta, corredata da un'immagine pubblicitaria che dà un'idea della grande varietà di tipi di pasta della cucina italiana. La lettura può presentare delle difficoltà: le consigliamo di procedere gradualmente, e di utilizzarla con l'obiettivo di una comprensione globale del testo, senza entrare nel dettaglio del lessico se non per spiegare il significato di termini importanti.

Se lo desidera, una seconda lettura può concentrarsi maggiormente sui riferimenti storici (successione di fatti, ecc.).

Può, infine, condurre una lettura di dettaglio, senza soffermarsi su nuovi aspetti di morfosintassi, né su particolarità lessicali. In particolare, ancora non è il caso di presentare l'imperfetto o il futuro.

Appunti sul testo.
(Testo scritto dal Gruppo Meta - L'immagine è del pastificio Bettini)
— *Etruschi*: antica popolazione dell'Italia centrale tirrenica (IX - I secolo a.C.).
— *Cerveteri*: centro della costa laziale (provincia di Roma), anticamente una delle principali città dell'Etruria, la regione abitata dagli etruschi.

La lettura delle due ricette è più semplice e presenta un lessico omogeneo e attinente al tema dell'unità. Sia gli *spaghetti aglio, olio e peperoncino* che la *pasta alla carbonara* sono ricette ampiamente diffuse in tutta Italia.

Se lo desidera, può essere interessante cogliere l'occasione per organizzare una cena italiana con tutto il gruppo. Questo permette spesso di migliorare le dinamiche all'interno del gruppo, che si sente sempre più motivato e reagisce meglio alle diverse attività. Tuttavia, se sente che il gruppo, per la sua composizione o per la dinamica stabilitasi, non si presti a questo tipo di esperienza, può limitarsi a suggerire agli studenti di preparare a casa una delle due ricette.

Naturalmente le ricette presentate sono due ricette-base, che possono essere modificate secondo i gusti personali. In particolare, la pasta aglio e olio può avere più o meno aglio e peperoncino, a piacere. Nella pasta alla carbonara alcuni mettono più uova e/o un po' di cipolla soffritta. C'è anche chi aggiunge un po' di ricotta di pecora. Spesso, prima di mangiarla si aggiunge un po' di pepe.

È importante dare alcune informazioni culturali riguardo a queste due ricette.

Come indicato nel testo, la pasta aglio, olio e peperoncino viene tipicamente preparata quando si improvvisa una spaghettata tra amici, trattandosi di una ricetta semplice.

UNITÀ 16

La pasta alla carbonara viene generalmente vissuta come "qualcosa di veloce ma buono", con un elemento di eccezionalità: non è un piatto di "tutti i giorni", a differenza, ad esempio, della pasta al sugo, o delle diverse ricette di pasta con verdure (broccoletti, melanzane, ecc.), che non hanno, di solito, connotazioni di eccezionalità.

Nessuna delle due ricette viene servita in situazioni formali, a meno che si voglia offrire tutto un pasto all'insegna del "rustico".

Se lo ritiene opportuno, può far notare l'uso dell'infinito per dare istruzioni scritte senza rivolgersi a un destinatario preciso.

Se il suo gruppo reagisce bene e non presenta particolari problemi di acquisizione di quanto viene presentato, può suggerire agli studenti di scrivere ricette analoghe, o di spiegare oralmente al resto del gruppo come si prepara un piatto che a loro riesce bene. Tenga presente, tuttavia, che quest'attività comporta l'acquisizione/uso di un lessico specifico, di cui i suoi studenti possono non aver bisogno.

5

> Attività orale.
> Presentazione e pratica di alcuni aggettivi relativi a sapori e sensazioni legate al cibo.

Quest'attività costituisce inoltre una prima introduzione al linguaggio delle descrizioni, che verrà ripreso nelle Unità 19 e 20 (descrizione degli oggetti) e nell'Unità 21 (descrizione delle persone).

La presentazione degli aggettivi può essere svolta in un primo momento individualmente e in forma scritta, se si desidera far concentrare maggiormente gli studenti sulla grafia degli aggettivi presentati: ogni studente scrive su ogni elemento del collage gli aggettivi adatti a descriverlo.

In un secondo momento si fa una correzione collettiva, nel corso della quale può chiarire eventuali dubbi o errori di interpretazione del significato dei diversi aggettivi. Prima di questa seconda fase può controllare che gli studenti conoscano il lessico dei cibi raffigurati, in modo tale che possano costruire brevi frasi del tipo:

- Questo pesce è crudo.
- La torta è fredda e dolce.

Il lessico di cui hanno bisogno gli studenti è il seguente: **pesce**, **torta/dolce/semifreddo**, **pomodoro**, **pane**, **grissini**, **limone**, **formaggio**, **caffè**, **salsa piccante/tabasco**

Nello svolgimento di questa seconda parte dell'attività ricordi agli studenti che possono esprimere pareri usando **per me**:

- Per me questo dolce è freddo.

Per presentare/spiegare il significato degli aggettivi può far riferimento a termini o espressioni conosciute o già comparse, o procedere per analogie. Esempio:

freddo:
fa freddo
la neve (disegno di un pupazzo di neve, o di fiocchi di neve) è fredda

Per i termini **crudo** e **cotto** può usare un disegno di una pentola sul fuoco...

Se necessario, l'attività può essere ripetuta, adesso o successivamente, con il supporto di altre immagini o semplicemente nominando altri cibi.

Cfr. *L.E.*, attività 2.

6

> Attività di lettura.
> Attività interattiva orale.
> Presentazione di alcuni piatti della cucina italiana.
> Presentazione e pratica di **(Che) cos'è/cosa sono?**

I cinque semplici menù costituiscono pasti associabili a diverse situazioni (ristorante/pizzeria/casa, estate/inverno,

UNITÀ 16

carne/pesce). L'attività ha l'obiettivo di provocare una dinamica comunicativa nel gruppo, stimolando una richiesta di informazioni mediante le strutture **(Che) cos'è/cosa sono?**. Le consigliamo di fornire lei le risposte soltanto quando nessuno studente è in grado di farlo.

Cfr. *L.E.*, attività 3, 4, 13.

7
Attività di scrittura.
Revisione del lessico acquisito.

L'attività permette di fare il punto sul lessico riguardante i cibi incontrato fino a questo punto. Alla fase individuale, in cui ogni studente compila la sua lista e chiede all'insegnante le parole che non ricorda o che vorrebbe sapere, può seguire una fase di confronto che permetta la stesura (anche alla lavagna) di una lista comprendente le conoscenze di tutto il gruppo.

Tenuto conto degli obiettivi del gruppo e del livello di specializzazione al quale deve arrivare, oltre che dell'andamento del corso e la capacità di assimilazione degli studenti, può limitare questa seconda fase a una revisione generale di quanto incontrato in precedenza, o approfittare per sviluppare ulteriormente il lessico presentato.

8
Presentazione degli elementi per parlare dei gusti.

La concettualizzazione ripropone l'uso più frequente del verbo **piacere**, precedentemente incontrato al punto 6 dell'Unità 6, utilizzato questa volta per fare domande sui gusti personali.

Nelle risposte vengono presentati alcuni operatori che si riferiscono all'intensità. Da sottolineare che l'espressione del non gradimento di qualcosa, se non completata da un giudizio/spiegazione, è spesso vissuta come aggressiva o polemica.

Infine, viene concettualizzata la struttura più elementare per descrivere qualcosa o esprimere un giudizio: **è/sono + *aggettivo*** (ripresa e ampliamento di questo tipo di strutture alle Unità 19 e 21). In questo caso l'obiettivo è mettere gli studenti in grado di fornire il giudizio negativo/spiegazione menzionato nel paragrafo precedente. Per questo si sottolinea il fatto che la positività o la negatività di un aggettivo associato al cibo dipende sempre dalle aspettative degli interlocutori, e che gli operatori **un po'** e **troppo** hanno la prerogativa di presentare come negativi quasi tutti gli aggettivi che accompagnano.

Anche l'aggettivo **buono** se introdotto da **un po'** tende a diventare una caratteristica negativa: se si vuol regalare qualcosa di cattivo a qualcuno che non ci piace per fargli un dispetto, per riferirci a qualcosa che non ci sembra adatto, possiamo dire: *È un po' buono*. Tuttavia, questi usi sono rarissimi e sembrano molto strani, al limite dell'accettabile: è a questa impossibilità che si riferisce la frase di commento alla concettualizzazione.

Cfr. *L.E.*, attività 5, 6, 7, 8, 9.

9
Attività di ascolto.
Attività interattiva orale.
Pratica di:
– lessico relativo ai cibi
– elementi per parlare dei gusti

Dopo aver introdotto la pratica d'ascolto, spiegando agli studenti che ascolteranno cinque brevi conversazioni nelle quali alcune persone esprimono i loro gusti riguardo a determinati cibi, le consigliamo di far ascoltare una prima volta i dialoghi con il libro chiuso, per evitare che la presenza della scheda da riempire condizioni eccessivamente la comprensione globale. Successivamente, è consigliabile che i cinque dialoghi vengano riproposti uno alla volta. Se necessario, specifichi che non tutte le caselle della colonna *perché?* prevedono una risposta.

Dopo aver completato il quadro, si consiglia di procedere a una correzione collettiva.

In una seconda fase, tutti insieme o a piccoli gruppi, gli studenti e l'insegnante dovranno farsi reciprocamente domande sui loro gusti riguardo gli stessi cibi di cui si parla nei dialoghi. L'attività offre anche l'opportunità di fare pratica degli usi di **anche/neanche a me, a me (invece) sì/no**.

UNITÀ 16

10 Attività d'ascolto.
Ripresa e ampliamento delle strutture per esprimere un giudizio.
Presentazione del superlativo.

Si è deciso volutamente di non proporre alcuna attività specifica su questa comprensione d'ascolto, per lasciare il massimo di libertà all'insegnante.

Dopo un primo ascolto con l'obiettivo di una comprensione globale, la registrazione può essere sfruttata in vari modi:
— con domande di carattere generale: *In che situazione ci troviamo? Di cosa si parla?* ecc.
— con domande più specifiche: *Quali sono i cibi che vengono menzionati? Come si chiama la padrona di casa? Dove compra il pesce?* ecc.
— chiedendo di individuare le espressioni usate per esprimere i propri gusti (se necessario, leggendo la trascrizione del dialogo)

Se lo desidera, in una fase ulteriore può affrontare il dettaglio del dialogo, con l'aiuto della trascrizione riportata a pag. 208.

Appunti sul dialogo.
Anzio: centro del Lazio (a sud della provincia di Roma), stazione balneare e porto turistico e di pesca.

La concettualizzazione può essere commentata dopo l'attività di ascolto o tra il primo ascolto globale e il lavoro di dettaglio.

La concettualizzazione del punto 8 viene qui ripresa e completata facendo notare che, quando si esprimono i propri gusti su soggetti particolari, e non su una categoria di cose, spesso si aggiunge un giudizio/spiegazione anche a un commento positivo. La vignetta ne illustra un tipico esempio.

Viene, inoltre, introdotto il superlativo, molto frequente in questi casi.

Cfr. *L.E.*, attività 10, 11, 12.

11 Attività interattiva orale.
Pratica di:
– lessico relativo ai cibi
– elementi per parlare dei gusti

L'attività, che dovrebbe essere svolta da gruppi di 2 o 3 studenti, ha l'obiettivo di permettere il riutilizzo dei diversi elementi funzionali, nozionali e lessicali incontrati precedentemente. Se necessario, può essere ripetuta sfruttando altre immagini.

Può avviare l'attività chiedendo a uno studente: *Com'è l'anatra?* o *Com'è la tua pizza?*

Le consigliamo di scrivere questi esempi alla lavagna.

Fornisca lei il lessico necessario: **linguine al sugo di gamberetti e vongole, risotto con asparagi, involtini di verdure (sedani) con polpette** (piatto atipico), **sogliola con patate, anatra al forno con patate, pizza alle olive/margherita con olive.**

12 Fonetica e ortografia.
Revisione del contrasto sorso/sonoro.
I suoni occlusivi **/b/, /d/** e **/g/**.

a) L'ascolto del primo gruppo di parole, e la successiva ripetizione da parte degli studenti, hanno l'obiettivo di riprendere il tema del contrasto tra suoni sordi e sonori, permettendo all'insegnante di valutare se le attività svolte a questo riguardo nelle Unità 7-12 sono state sufficienti per risolvere eventuali problemi.

b) Si passa ora ad affrontare il problema che i parlanti di alcune lingue hanno nel pronunciare i suoni occlusivi so-

UNITÀ 16

nori /b/, /d/ e /g/. L'ascolto del secondo gruppo di parole ha l'obiettivo di verificare la capacità degli studenti di riconoscere la pronuncia italiana di questi suoni.

Le parole del gruppo b. pronunciate bene sono: modo, lungo, due, caldo, segretaria, grande, negozio, abitare, buonasera, bello, brutto.

c) L'ulteriore ascolto e ripetizione delle parole del punto a. ha infine l'obiettivo di verificare negli studenti il grado di correttezza nella pronuncia dei suoni /b/, /d/ e /g/. Se necessario, le consigliamo di insistere sulla spiegazione del fatto che, pronunciando questi suoni, bisogna ostruire completamente per un attimo l'emissione dell'aria, esattamente come avviene per le sorde corrispondenti /p/, /t/ e /k/.

Cfr. *L.E.*, attività 14.

UNITÀ 17

Per me un'insalata mista

L'Unità 17, proseguendo il discorso sui cibi (introdotto nell'Unità 8 e ripreso nella 16), amplia il tema degli acquisti (introdotto nell'Unità 9), presentandone un nuovo aspetto: il ristorante. Come nell'unità precedente, anche qui compaiono molte informazioni di tipo socioculturale, e ciò è dovuto sia al rilievo che ha il ristorante nella vita di molti italiani, sia all'importanza e alla diffusione della ristorazione italiana nel mondo.

> *Contenuti nozionali e funzionali*: elementi per ordinare e chiedere cose in un ristorante – uso del **loro** di cortesia
>
> *Contenuti grammaticali*: pronomi complemento diretto di terza persona: forme atone – **un altro/a, altri/e, altro/a, un altro po' di**.
>
> *Aree lessicali*: lessico della tavola - cibi: revisione e ampliamento
>
> *Fonetica*: contrasto /l/ - /r/

1 Attività d'ascolto.

La registrazione del dialogo tra il cameriere e i due clienti presenta il momento dell'ordinazione al ristorante. L'obiettivo richiesto agli studenti è la comprensione dei piatti ordinati.

Dopo il primo ascolto le consigliamo di far leggere il menù agli studenti e di proporre un secondo ascolto durante il quale gli studenti possono riconoscere i piatti ordinati sul menù.

Segue poi una fase di correzione collettiva.

Successivamente, la registrazione può essere sfruttata per individuare le espressioni usate per ordinare.

Se lo desidera può sfruttare ulteriormente il menù proponendo agli studenti di farle domande del tipo: **cos'è.../cosa sono...?**

cacio e pepe: formaggio grattugiato (pecorino o parmigiano) e pepe

L'osteria dell'Angelo, di cui si presenta un menù adattato, si trova a Roma, nel quartiere Prati, ed è un ristorante che offre cucina tipica romana.

2 Attività interattiva orale.
Ripresa di alcuni elementi incontrati in precedenza: **Senta, scusi** (Unità 7), **per me** (Unità 9).
Presentazione e pratica di:
– uso del **loro** di cortesia
– pronomi complemento diretto di 3ª persona: forme atone

Dopo aver rivisto l'uso di **Senta, scusi** e di **per me** (valuti lei se sia il caso o meno di soffermarsi nuovamente su questi elementi), si introduce l'uso del **loro** di cortesia. È importante sottolineare che si tratta di un uso limitato a situazioni che si possono ricondurre al rapporto clienti/attività commerciale o servizio. Legato al **loro** di cortesia è l'uso di **i signori** per rivolgersi a più persone, caratteristico del rapporto cameriere/cliente.

La successiva attività interattiva prevede l'uso del menù delle pagine 137-138. Le suggeriamo di suddividere la classe in gruppi, cercando di riprodurre la situazione di vari tavoli di un ristorante. Questa distribuzione può essere mantenuta anche per le successive attività (punti 3-4-6). È preferibile che il ruolo di cameriere non venga svolto da uno studente, principalmente per due motivi: a) è un ruolo che verosimilmente non si troverà mai a ricoprire; b) in questa fase è più importante che si concentri sul ruolo del cliente. Sarà dunque l'insegnante a "girare per i tavoli", raccogliendo le ordinazioni, mentre gli studenti analizzeranno il menù. È importante che, prima di chiedere al cameriere informazioni sui piatti che non conoscono, gli studenti ne parlino tra loro, utilizzando la domanda **Cos'è/Cosa sono...?** e, tra le possibili risposte, **Non lo/la/li/le conosco**.

UNITÀ 17

Presentando le forme atone dei pronomi complemento diretto di terza persona, è opportuno far notare che **lo** e **la**, davanti a un suono vocalico, diventano **l'**.

Cfr. *L.E.*, attività 1, 2.

3 Attività interattiva orale.
Presentazione e pratica di:
– elementi per chiedere qualcosa al ristorante
– lessico della tavola

Il lessico della tavola, limitato agli elementi basilari, è presentato mediante un disegno. Faccia notare che, a differenza di quanto accade in altre lingue, non si fa, nella lingua parlata correntemente, la differenza tra bicchiere e coppa, e si usa indistintamente il termine **bicchiere**.

La pubblicità delle posate Pinti, oltre a sottolineare un certo orgoglio italiano, a volte eccessivo, a proposito della nostra cucina, introduce il termine **posate**.

L'attività, da svolgersi con gli stessi gruppi del punto 2 oppure a coppie, prevede semplici scambi di battute, con l'obiettivo di mettere in pratica le strutture concettualizzate.

Faccia notare che non si tratta di vere e proprie ordinazioni, bensì di piccole richieste puntuali di cose mancanti o legate a bisogni del momento.

In questo caso il ruolo del cameriere, limitandosi a un semplice "appoggio" come interlocutore e non prevedendo l'uso di strutture atipiche come il **loro** di cortesia, può essere ricoperto anche dagli studenti, a turno.

L'attività, che può essere prolungata o ripetuta in altro momento prolungando la lista delle cose da chiedere, offre l'occasione di rivedere l'uso degli operatori che individuano quantità imprecisate (**un po' di**, **qualche**, partitivi) e la differenza tra sostantivi numerabili e non numerabili (Unità 8).

Cfr. *L.E.*, attività 3, 4.

4 Attività interattiva orale.
Presentazione e pratica degli elementi per chiedere di nuovo qualcosa che è già stata servita.

L'attività ripropone le modalità di svolgimento del punto 3, questa volta utilizzando le espressioni che si usano per chiedere nuovamente qualcosa che abbiamo già trovato in tavola o ordinato.

Quest'attività ha un ruolo fondamentale giacché contribuisce a veicolare l'idea che imparare a parlare una lingua non è soltanto manipolare delle forme per costruire frasi, bensì, soprattutto, acquisire le strategie necessarie per indicare che si sta tenendo conto della situazione di comunicazione e, in particolare, di quanto è avvenuto nel contesto precedente: la lingua è un sistema estremamente sofisticato basato su dei meccanismi semplicissimi, tra i quali i processi di contestualizzazione hanno un ruolo fondamentale per la comprensione delle sfumature comunicative di quanto viene detto.

La strategia presentata in quest'attività, a differenza di quella lavorata al punto 3., serve per riferirsi sia a piccole richieste che per ordinare una nuova porzione di qualcosa che si è già consumato.

Cfr. *L.E.*, attività 5.

5 Attività di lettura.

Il testo, accompagnato da alcune fotografie di ristoranti di Roma, descrive brevemente i più comuni tipi di ristoranti che si trovano in Italia. Oltre a un'utilizzo con domande mirate a verificarne la comprensione (*Cos'è una trattoria? Quando mangiano la pizza gli italiani? A che ora sono aperti i ristoranti?* ecc.), può essere sfruttato come spunto per diversi scambi di esperienze e/o informazioni all'interno del gruppo, stimolati con domande del tipo *Avete mai mangiato in un ristorante italiano? Dove? Cosa?* ecc., oppure *Ci sono differenze tra i ristoranti in Italia e nel vostro paese? Quali?* ecc.

UNITÀ 17

Come in tutte le attività di lettura, si consiglia di procedere gradualmente, passando da una prima lettura d'insieme, a una lettura di dettaglio.

6 Attività d'ascolto.
Pratica degli elementi incontrati in questa unità.

La registrazione comprende le varie ordinazioni che tre clienti fanno al cameriere. L'obiettivo, consistente nella preparazione del conto, concentra l'attenzione degli studenti su una tipica ricevuta fiscale/fattura di un ristorante italiano, con un elemento caratteristico della ristorazione in Italia rispetto a molti paesi stranieri: il coperto (nel menù *Pane e coperto*), vale a dire la cifra dovuta per il pane e per il fatto di mettersi a tavola.

Parlando del conto, è opportuno introdurre come normalmente viene richiesto: **(Senta,) (scusi,) il conto, per favore, Mi/ci fa il conto?**, oppure, quando il cameriere è lontano o quando lo si vuole chiedere senza che gli altri commensali se ne accorgano, con un gesto della mano che imita l'atto di scrivere qualcosa.

Come sempre, la registrazione può essere sfruttata anche per far individuare agli studenti determinati elementi su cui si vuole richiamare l'attenzione.

Dopo lo svolgimento dell'attività oltre a lavorare sul dettaglio dei dialoghi, può proporre una lettura attenta anche del menù.

Appunti sui dialoghi.
— *bianco di Frascati*: famoso vino del Lazio, originario della zona dei Castelli romani, a pochi chilometri a sud-est di Roma, di cui Frascati è il centro maggiore.
— *prosciutto San Daniele*: rinomata varietà di prosciutto crudo proveniente da San Daniele del Friuli (Udine).
— *tiramisù*: dolce a base di pan di Spagna o biscotti (generalmente savoiardi), caffè, e una crema di mascarpone e uova. Spesso ha anche un po' di brandy.

Spesso nei ristoranti ci sono piatti che portano il nome del cuoco, del titolare del ristorante, del ristorante stesso, ecc., detti anche **della casa**. Si tratta generalmente di ricette inventate o di adattamenti di altre ricette.

L'espressione **della casa** viene spesso usata, inoltre, in riferimento al vino o ai cocktail.

7 Attività di lettura.
Presentazione e pratica dell'uso di **da** + *nome di persona*.

Il testo, tratto dal settimanale *TrovaRoma*, supplemento del quotidiano *La Repubblica*, considera il "fenomeno pizza" a Roma e passa in rassegna alcune delle pizzerie più famose della città. Anche in questo caso la lettura si può utilizzare con l'obiettivo di rispondere a domande di tipo generale (*Di cosa parla si parla?* ecc.), o più specifiche (*Com'è la pizza a Roma? Di quali pizzerie si parla?* ecc.).

Da un punto di vista lessicale, le consigliamo di scendere nel dettaglio soltanto nel caso di termini particolarmente importanti nel contesto dell'articolo e difficilmente deducibili, come ad esempio i **bordi croccanti** della pizza romana. Il significato globale di periodi contenenti altre parole ed espressioni che gli studenti potrebbero non conoscere (**in voga**, **in continua espansione**, **omogenea distribuzione**, ecc.) è in genere deducibile dal contesto.

La presenza della proposizione **da** + *nome di persona* nel titolo dell'articolo, dà lo spunto per richiamare l'attenzione degli studenti su questa struttura, già incontrata varie volte lungo il corso. Se lo ritiene opportuno, può aggiungere adesso che quest'uso di **da** è possibile anche con le forme toniche dei pronomi personali complemento, oppure rimandare quest'osservazione al momento in cui ne avrà sotto mano un esempio.

Cfr. *L.E.*, attività 8.

8 Fonetica e ortografia.
Contrasto /l/ - /r/.

Questa attività è destinata agli studenti la cui madrelingua non presenta la distinzione esistente in italiano tra /l/ e /r/.

UNITÀ 17

Se il gruppo non ha alcuna difficoltà al riguardo, è comunque possibile sfruttare le registrazioni per ritornare su problemi di pronuncia trattati in precedenza, sec ondo le necessità degli studenti.

a) L'ascolto dei due gruppi di parole ha l'obiettivo di sensibilizzare gli studenti sulla differenza tra i due suoni e le grafie corrispondenti. A questo proposito, è importante far notare la vibrazione che caratterizza /r/ rispetto a /l/.

Se i suoi studenti hanno difficoltà faccia notare che quando si pronuncia il suono [l] la punta della lingua è appoggiata sugli alveoli in modo da non far passare l'aria, costretta a uscire dai lati della lingua stessa prima che venga riaperto il passaggio. Quando si pronuncia il suono [r], invece, si blocca solo per brevissimi istanti il passaggio dell'aria per poi lasciare uno stretto canale tra la punta della lingua e gli alveoli, producendo una vibrazione. Nel caso delle doppie **r**, questo avviene a intermittenza e la sensazione di vibrazione diventa ancor più chiara.

b) La dettatura delle parole del punto a., riunite in un unico gruppo e mescolate, serve a verificare il grado di sensibilità degli studenti nei confronti del contrasto /l/ - /r/ e delle grafie corrispondenti.

Cfr. *L.E.*, attività 10.

UNITÀ 18

Sai dov'è il telefono?

Questa unità sviluppa la seconda parte dell'area tematica relativa allo spazio già introdotta nell'Unità 7.

> *Contenuti nozionali e funzionali*: situare qualcosa e muoversi negli spazi esterni - ampliamento degli elementi usati per localizzare qualcosa nello spazio - elementi per descrivere la casa - rispondere che non abbiamo ciò che ci è stato chiesto (**non ce l'ho/abbiamo**).
>
> *Contenuti grammaticali*: tabella riassuntiva delle preposizioni articolate - presente indicativo del verbo **tenere** - ampliamento degli avverbi e delle preposizioni di luogo
>
> *Aree lessicali*: lessico relativo alla casa (stanze e arredamento)
>
> *Fonetica e ortografia*: contrasto **s – doppia s**.

1 Ampliamento del lessico per localizzare qualcosa nello spazio già introdotto nell'Unità 7 al punto 1: **su, sopra, dietro a, di fianco a, sotto, in fondo a, di fronte a, dentro**
Tabella riassuntiva delle preposizioni articolate (già introdotte nell'Unità 7 al punto 1 e nell'Unità 8 al punto 3)

Dica agli studenti di guardare il disegno e si assicuri che capiscano bene tutte le espressioni spaziali fornite.

Ricordi agli studenti gli altri marcatori spaziali già incontrati nell'Unità 7. Il miglior modo di farlo è attraverso una breve attività in cui gli studenti sono portati a riutilizzare gli elementi in questione: domande a partire da un disegno, descrizione di un disegno, ecc.

Ricordi anche gli usi di **in** già incontrati precedentemente: **in Francia, in macchina**, ecc.

Faccia notare che le preposizioni articolate non comportano grandi problemi: si raddoppia la **l** quando l'articolo inizia in **l**.

Cfr. *L.E.*, attività 1, 2 e 3.

2 Pratica orale degli elementi visti al punto 1 e nell'Unità 7.

Faccia lavorare gli studenti a coppie contemporaneamente e sotto la sua supervisione, a partire dall'esempio.

Naturalmente è possibile aggiungere altri oggetti oltre a quelli del disegno che possono rappresentare anche un'occasione di ampliamento lessicale.

3 Presentazione e pratica di lettura del lessico relativo alle stanze che compongono un appartamento.

Dopo aver guardato insieme agli studenti la lista di parole contenute nel box, li solleciti a leggere individualmente il testo rivolgendosi a lei per altri eventuali dubbi.

Appunti sul testo
Via Cortina d'Ampezzo: zona residenziale al nord di Roma.

Cfr. *L.E.*, attività 6.

4 Pratica orale degli elementi visti al punto 3.

L'attività è personalizzata. Chieda agli studenti di lavorare a coppie e li solleciti a formularsi delle domande.

Se lo ritiene possibile può chiedere agli studenti di lavorare rilanciandosi delle domande, ad es.:

UNITÀ 18

- Com'è casa tua?
- Mah...abbastanza grande...e la tua?
- Anche la mia, ha cinque stanze...

Può chiedere poi di scambiarsi i posti e continuare a fare pratica a coppie, oppure può chiedere a uno studente di raccontare com'è la casa del suo compagno.

Cfr. *L.E.*, attività 5.

5

Pratica d'ascolto degli elementi visti ai punti precedenti.

Chiarisca con la classe in cosa consiste l'attività: ogni studente deve sommariamente suddividere la piantina nei diversi ambienti di cui si parla nella registrazione.

Faccia ascoltare varie volte la conversazione.

Se ritiene necessaria la lettura del testo lo può trovare alla pag. 209 del Libro dello studente.

Cfr. *L.E.*, attività 12.

6

Presentazione, pratica di scrittura e pratica orale del lessico relativo all'arredamento di un appartamento.

La dinamica dell'attività è molto semplice: ad ogni foto corrisponde il rispettivo nome. La fase a. va svolta collettivamente da tutto il gruppo, per permettere agli studenti di fare pratica guidata, e per dare agli studenti alcuni punti di riferimento in comune.

Per la prima parte della fase b. divida gli studenti in coppie. In ogni coppia ogni studente individualmente, segna sul suo libro gli oggetti di una delle due liste oppure altri di sua scelta.

La seconda parte della fase b. consiste in un'attività orale da svolgersi a coppie. Gli studenti si fanno domande per scoprire dove sono le cose, e negoziano sulla posizione degli oggetti da spostare perché coincidono. Alla fine, in ogni coppia gli studenti devono avere disegni uguali.

Chiarisca bene il funzionamento del gioco e legga con la classe gli esempi che gli studenti devono seguire facendo notare alcuni elementi per negoziare sugli oggetti da spostare, quali quelli dell'esempio.

Solleciti inoltre gli studenti a notare la presenza del pronome personale soggetto negli esempi e a usarlo per sottolineare un contrasto:

- Ah, **io** l'ho messo in salotto

La fase c. va svolta collettivamente sotto la sua guida. Ogni coppia avrà a questo punto una sola casa arredata di comune accordo, pertanto chi parla deve usare il **noi** e chi formula la domanda il **voi**.

Cfr. *L.E.*, attività 4, 9 e 10.

7

Ripresa, presentazione e pratica di:
- lessico relativo agli oggetti che si trovano in una casa
- risposta **non ce l'ho/abbiamo**
- presente indicativo del verbo **tenere**.

Chieda agli studenti di fare pratica a coppie partendo dall'esempio. Se lo ritiene possibile chieda poi a uno studente di raccontare agli altri cosa ha scoperto del suo compagno.

Cfr. *L.E.*, attività 7 e 8.

UNITÀ 18

8 Pratica d'ascolto degli elementi visti nei punti precedenti.

Gli studenti devono finalizzare l'ascolto ai punti richiesti dall'attività

Faccia ascoltare i dialoghi varie volte. Se è necessario premetta che si tratta di un gruppo di persone nella stessa casa ognuna delle quali cerca un oggetto o una stanza che non trova e ottiene una risposta.

Le ricordiamo che nell'Unità 7 gli studenti hanno visto come formulare delle domande circa l'ubicazione di luoghi e oggetti.

Alla fine può affrontare il dettaglio, leggendo i testi a pag. 210 del *Libro dello studente*.

9 Pratica orale di tutti gli elementi (avverbi, preposizioni, lessico) relativi allo spazio e alla casa visti nell'Unità 7 e in questa unità.

Ogni studente deve dapprima concentrarsi individualmente sulle differenze evidenti tra la disposizione degli oggetti nel disegno (A) e nel disegno (B), poi passare ad uno scambio di opinioni con un compagno. Se lo ritiene possibile lanci una "sfida" ponendo un limite di tempo.

Le due vignette possono essere sfruttate anche per un diverso gioco: chieda agli studenti di guardare attentamente le differenze dando un limite massimo di un minuto, poi faccia chiudere il libro. Formi delle squadre di tre persone (o più se la classe è molto numerosa): ogni squadra deve scrivere su un foglio le differenze che ricorda in un limite di tempo di due o tre minuti. Vince chi ha più memoria!

Cfr. *L.E.*, attività 11.

10 Fonetica e ortografia.
Contrasto **s** - **doppia s**.
Ripresa del problema delle doppie consonanti (già introdotto a livello generale nell'Unità 6 e ripreso con il contrasto particolare /r/ - /rr/ nell'Unità 15)

L'attività si svolge in varie fasi:

— faccia ascoltare agli studenti la lista delle parole in modo da introdurre il problema del contrasto tra questi due suoni: gli studenti devono limitarsi per ora a riconoscere quale parola contiene il suono doppio (ad es. la 1ª no, la 2ª sì, ecc.);

— faccia ascoltare di nuovo le parole e chieda agli studenti di scriverle, se necessario fermando il registratore in caso di difficoltà.

Se la classe è di lingua omogenea consigliamo un'analisi contrastiva. Se la lingua di partenza non possiede l'opposizione tra i due suoni, insista sulle differenze e in futuro torni sull'argomento tutte le volte che si presenta l'occasione.

Se la lingua di partenza non possiede doppie consonanti prima di introdurre questo problema specifico può eventualmente riproporre alla classe l'attività fonetica dell'Unità 6 e ricordare che nell'Unità 15 hanno visto l'opposizione /r/ - /rr/.

Le ricordiamo che nelle seguenti unità verranno affrontati altri problemi specifici contrastivi:
Unità 19: contrasto **m** - **mm** e **n** - **nn**
Unità 20: contrasto **p** - **pp** e **b** - **bb**
Unità 21: contrasto **d** - **dd** e **t** - **tt**

In un momento posteriore, faccia leggere a voce alta la lista.

Cfr. *L.E.*, attività 13.

UNITÀ 19

Come si chiama quella cosa che si usa per lavarsi i denti?

Questa unità riprende e sviluppa l'area tematica della descrizione degli oggetti, introdotto nell'Unità 9 e, limitatamente ai cibi, nell'Unità 16. In particolare, vengono presentate alcune strutture tipiche della funzione *descrivere*, che verrà ripresa nell'Unità 21 a proposito delle persone.

> *Contenuti nozionali e funzionali*: elementi per descrivere gli oggetti - elementi per esprimere un parere su un oggetto: **mi sembra**, **lo trovo** – per parlare del materiale: **di** + *materiale* – elementi per parlare di libri e film - per parlare della proprietà: **Di chi è? E' di...** – revisione globale sugli oggetti e loro localizzazione
>
> *Contenuti grammaticali*: possessivi: quadro generale – gradi dell'aggettivo: **molto/un po'/troppo** – riutilizzo dei superlativi – revisione della concordanza singolare/plurale con verbi tipo **mi piace/piacciono** e **mi sembra/sembrano**
>
> *Aree lessicali*: oggetti: ampliamento – lessico della descrizione degli oggetti – vestiti: ampliamento
>
> *Fonetica e ortografia*: **m** e **doppia m**; **n** e **doppia n**

1 Attività interattiva orale.
Presentazione e pratica di alcuni degli aggettivi usati nella descrizione degli oggetti.

A questo punto del corso, alcuni degli aggettivi utilizzati nelle descrizioni saranno già noti e altri potranno essere riconosciuti grazie alla somiglianza con altre lingue. Inoltre, attraverso l'associazione con le immagini a cui si riferiscono, si potrà giungere alla comprensione dei termini non ancora noti.

A differenza di quanto è avvenuto nell'Unità 16, al punto 5 (esercizio di presentazione degli aggettivi usati per parlare dei cibi e dei sapori), in questo caso gli aggettivi vengono presentati in gruppi preconfezionati. L'attività consiste nell'associare l'oggetto corrispondente a ogni gruppo.

Dopo una prima fase in cui gli studenti svolgono l'attività individualmente, può seguire una correzione collettiva, durante la quale potranno essere chiariti gli eventuali dubbi con spiegazioni e nuovi esempi.

In questa seconda fase, gli studenti possono limitarsi a associare aggettivi e oggetti, senza arrivare a fare vere e proprie frasi, oppure produrre frasi semplici, del tipo:

- Questo è...
- Questa sedia è...
- La macchina è...

Sarà comunque opportuno che fornisca lei il lessico necessario.

Se gli studenti fanno frasi sottolinei il fatto che generalmente l'ultimo elemento di un'enumerazione è introdotto da **e**.

Cfr. *L.E.*, attività 1.

2 Attività interattiva orale.
Pratica del lessico presentato al punto 1 e ripresa della struttura **è/sono** + *caratteristica*.

L'attività consente un riutilizzo immediato di quanto visto al punto precedente, e un recupero degli elementi già noti agli studenti.

Per quanto riguarda la struttura **è/sono** + *caratteristica*, presentata nell'Unità 16 a proposito dei cibi, può ricordare che l'aggettivo concorda in numero e genere con il sostantivo cui si riferisce.

In un primo momento l'attività può essere svolta individualmente, stendendo un elenco scritto di aggettivi, e successivamente, a coppie. Gli studenti dovrebbero utilizzare espressioni tipo *Questa (penna) è bella, antica,...*

La presenza di un ragazzo tra gli oggetti da descrivere ha la funzione di mettere in evidenza che questa struttura di

UNITÀ 19

base usata nella descrizione degli oggetti è la stessa che viene usata anche nella descrizione delle persone. Tuttavia, non è il caso, per ora, di affrontare in modo specifico la descrizione delle persone, perché ciò comporterebbe l'acquisizione di un lessico particolare. La descrizione delle persone verrà trattata nell'Unità 21.

Cfr. *L.E.*, attività 1.

3

Presentazione degli elementi per:
– chiedere di descrivere qualcosa
– descrivere qualcosa

La concettualizzazione sottolinea come sia estremamente raro l'uso di descrizioni che non esprimano anche giudizi e valutazioni personali, evidenziando inoltre alcune strutture tipiche della presentazione di caratteristiche che il parlante considera come negative.

E' importante attirare l'attenzione sul fatto che quando si sa già di quale soggetto si sta parlando, questo non viene mai ripetuto: se la menzione del soggetto non è giustificata dalla presenza di altri soggetti possibili nel contesto, che rende necessario evitare l'ambiguità, il ripetere il soggetto diventa un modo di sottolineare che si parla di un soggetto per non menzionarne altri, o che chi parla non sta pensando soltanto a un unico soggetto: è questo il motivo per il quale davanti a una risposta come **La casa è bella** in uno scambio di battute come quello che segue, ci si aspetta subito un'altra frase:

● Allora? Com'era la casa?
○ La casa è bella. [1]

Nella maggior parte dei casi questa risposta viene interpretata come se fosse seguita da un **ma** con una frase che informa sui problemi legati ad altro: **La casa è bella, ma il giardino è orribile, ma non mi piace il quartiere, ma è troppo lontana,** ecc.

E' possibile la ripetizione di un soggetto conosciuto anche nei casi in cui si passa subito alle conclusioni di quanto appena affermato: **La casa è bella. Me la compro**.

Faccia notare che i fumetti di pagina 150 presentano un modo molto comune di esprimere, con un'esclamazione, il proprio punto di vista. Può fare riferimento, a questo proposito, alla *Sintesi di grammatica* (pag. 159), sottolineando il fatto che si tratta di un tipo di giudizio spontaneo e immediato su ciò che si sta valutando.

Per quanto riguarda la presentazione di caratteristiche che ci sembrano negative è utile richiamarsi all'uso di **un po'/troppo**, operatori che, quando precedono un aggettivo, lo presentano sempre come negativo.

Cfr. *L.E.*, attività 2, 3, 4, 5, 6, 7.

4

Attività di ascolto.
Pratica degli elementi per descrivere.

La presenza della foto di una ragazza tra gli oggetti, così come al punto 2 appariva quella di un ragazzo, anticipa che l'uso delle strutture presentate al punto 3, e di alcuni aggettivi, è comune tanto alla descrizione degli oggetti quanto a quella delle persone, come verrà evidenziato nell'Unità 21.

Dopo due o tre ascolti, proceda a una correzione collettiva. Può essere interessante discutere con il gruppo del perché delle risposte:
— scambio c.:
Che buono! viene difficilmente detto di altro che di una cosa da mangiare. Si riferisce quindi al panino.
— scambio a.:
Chi te l'ha regalato? si riferisce a un oggetto di genere maschile (non può trattarsi né della borsetta né della ragazza). D'altra parte, è difficile regalare una cosa come il Monumento a Vittorio Emanuele (Pza Venezia, Roma) raffigurato nella prima fotografia, né si parla abitualmente della bruttezza di un panino: l'unica possibilità è, perciò, che questo scambio di battute si riferisca all'uovo di smalto.

---

[1] Cfr. *Introduzione*.

UNITÀ 19

— Lo scambio b. potrebbe eventualmente riferirsi anche alla ragazza. Tuttavia, non è frequente l'uso dell'aggettivo **classica** parlando di una donna. Generalmente in questi casi si parla di una **bellezza classica**.
— Lo scambio e. può riferirsi sia alla borsetta che alla ragazza.

Procedendo per esclusione, si arriva alla seguente soluzione dell'esercizio: A = uovo di smalto; B = borsa di Gucci; C = panino; D = monumento a Vittorio Emanuele II in piazza Venezia, a Roma; E = ragazza.

Se lo desidera, può cogliere l'occasione per parlare del monumento a Vittorio Emanuele chiamato anche Altare della Patria, nel quale si trova la tomba al milite ignoto. Molti romani si riferiscono a questo monumento con l'espressione "macchina da scrivere". Può dare anche qualche informazione sulla Piazza nella quale si trova: Piazza Venezia.

5

Attività interattiva orale.
Pratica degli elementi per descrivere oggetti.

Eventualmente, se lo ritiene necessario, può riutilizzare le figure dei precedenti punti 1, 2, 4 per fare altra pratica sugli elementi della concettualizzazione precedente. Inoltre, per approfondire ulteriormente la descrizione degli oggetti, può sfruttare le illustrazioni dei punti 6 e 9 dell'Unità 18, del punto 3 dell'Unità 7, del punto 8 dell'Unità 8 e alcuni degli oggetti raffigurati in quelle dei punti 9 e 14 dell'Unità 9. Tenga conto, però che le stesse immagini le potranno essere utili alla fine dell'unità, se desidera proporre un'attività di ricapitolazione generale.

Tutto il materiale illustrativo è stato scelto con l'obiettivo di provocare reazioni e giudizi contrastanti e vari, secondo le persone.

6

Attività interattiva orale.
Presentazione di elementi per parlare di altre caratteristiche degli oggetti.

Ricordi agli studenti, partendo dall'esempio dato, che normalmente non bisogna ripetere il nome dell'oggetto se questo è stato appena nominato. (Cfr. punto 3.)

L'attività, da realizzarsi in piccoli gruppi, può essere preceduta dalla presentazione delle liste dei materiali e delle altre caratteristiche, facendo riferimento a oggetti presenti nella classe.

- Di cos'è fatto questo?
- Di legno. ...

In un secondo momento, a coppie o a piccoli gruppi di 3 o quattro persone, gli studenti possono parlare degli oggetti rappresentati nelle illustrazioni, dandone semplici descrizioni del tipo:

- Queste sono scarpe di stoffa a righe bianche e rosse.

Può seguire una fase di confronto collettivo.

In questa fase può essere utile far notare agli studenti che tutti gli elementi presentati nelle due liste della concettualizzazione hanno il loro corrispondente diretto nelle foto che le accompagnano. Può essere utile che gli studenti mettano in rapporto, con una riga fatta a matita o a penna, gli elementi delle due liste con gli oggetti raffigurati, in modo da facilitare la revisione posteriore della concettualizzazione.

Può passare poi alla vera e propria attività proposta nel Libro dello studente: **Come ti piacciono queste cose?**

Per lo svolgimento dell'attività le consigliamo di far lavorare gli studenti a coppie e, in un secondo momento collettivamente.

Se lo desidera, può aggiungere il sostantivo **pelle** all'elenco dei materiali.

Le consigliamo, tuttavia, di tenere sotto controllo l'ampliamento delle liste, ricordando che l'esposizione al lessico e ad elementi nuovi è, in questa unità, molto forte, e un carico eccessivo può essere controproducente. Gli elementi presentati sono comunque sufficienti per un soddisfacente svolgimento dell'attività.

Cfr. *L.E.*, attività 8, 9, 10.

UNITÀ 19

7 Attività interattiva orale.
Presentazione e pratica di elementi per parlare di libri e film.

L'attività può essere svolta dall'intero gruppo contemporaneamente.

In questo punto si utilizza il pronome relativo **che**, presente nella frase *un libro che parla di....* Sebbene non sia stato esplicitamente concettualizzato, le consigliamo di richiamare l'attenzione su questo uso di **che**, pur senza dedicarvi uno spazio eccessivo all'interno della lezione – concentrando l'attenzione soltanto su **che**, la forma più frequente del pronome relativo (Cfr. *Sintesi di grammatica*, pag.160).

Da un punto di vista lessicale, i gusti e gli interessi del gruppo costituiranno il punto di riferimento per un eventuale ampliamento delle liste aperte.

In una prima fase può presentare la concettualizzazione facendo riferimento a opere conosciute dagli studenti.

Dopo la presentazione della concettualizzazione e la lettura dell'esempio, può far lavorare gli studenti a coppie.

Infine, le consigliamo di far seguire un momento di confronto collettivo, che le permetterà di intervenire eventualmente con ulteriori commenti e correzioni.

Cfr. *L.E.*, attività 11.

8 Attività interattiva orale.
Presentazione e pratica di aggettivi comunemente usati per esprimere un giudizio su libri e film.
Pratica degli elementi presentati al punto 7.

Anche in questo caso, le consigliamo di presentare in un primo momento gli aggettivi, con riferimenti a esempi conosciuti dagli studenti, e di passare in un secondo momento allo svolgimento vero e proprio dell'attività, dapprima a coppie o gruppi di tre e poi collettivamente.

I libri e i film scelti costituiscono, naturalmente, uno spunto per introdurre l'argomento della letteratura e del cinema italiani. Se gli studenti non conoscono il materiale proposto, si possono utilizzare altri titoli di libri e film (anche non italiani) di cui essi possano parlare, adattando, in tutto o in parte, il materiale alle conoscenze e agli interessi del gruppo. Il modo più semplice di farlo è scrivere alla lavagna una lista di libri e film che gli studenti presumibilmente conoscono.

Appunti sul materiale
— *Amarcord* (1972). Film sui ricordi d'infanzia e di gioventù del regista (il titolo, in dialetto romagnolo, significa "Mi ricordo").
— Francesca Sanvitale (1929), *Madre e figlia* (1980). Il romanzo racconta di un rapporto familiare difficile e intenso e abbraccia un lungo arco della storia italiana, dal primo Novecento ad oggi.
— Maria Bellonci (1902/1986), *Rinascimento privato* (1985). Biografia in cui i personaggi rivivono in tutta la loro umanità grazie alla fantasia della scrittrice e al suo rigoroso lavoro d'archivio.
— Vasco Pratolini (1913/1991), *Cronache di poveri amanti* (1947). Il lungo romanzo narra la vita quotidiana in una strada popolare di Firenze all'inizio del fascismo. Dal romanzo è stato tratto un film diretto da Carlo Lizzani.
— Antonio Tabucchi (1943), *Il filo dell'orizzonte* (1986). Giallo "anomalo" con finale aperto a vari esiti, in cui lo scrittore toscano analizza la vita interiore di un personaggio sullo sfondo di una misteriosa città di mare.
— Stefano Benni (1947), *Comici spaventati guerrieri* (1986). Con il pretesto di scrivere un romanzo poliziesco, lo scrittore racconta, con la sua consueta vena comica, la tragedia di vivere in un'anonima e triste periferia urbana.
— Leonardo Sciascia (1921/1989), *La Sicilia come metafora*. Saggio sulla società siciliana e i suoi problemi.
— Silvio Soldini, *L'aria serena dell'ovest*. Film che ha fatto conoscere al grande pubblico il giovane regista. Intorno ad un'agenda smarrita si incrociano le storie dei protagonisti nella Milano frenetica della fine degli anni Ottanta.

Per il buon funzionamento dell'attività, è importante che gli studenti parlino di cose conosciute, per avere cose da dire e poter intervenire. Eviti di proporsi come punto di riferimento fisso e tramite di scambio tra i membri del gruppo.

Appunti sul dialogo dell'esempio
— *Nuovo Cinema Paradiso*. Film diretto da Giuseppe Tornatore, premio Oscar come miglior film straniero.

UNITÀ 19

9 Attività di ascolto.
Pratica di:
- raccontare avvenimenti passati
- descrivere capi d'abbigliamento riferendosi a prezzi, materiali e colori.

Nonostante la descrizione degli oggetti menzionati sia piuttosto dettagliata, la comprensione non presenta particolari difficoltà poiché si tratta di una ripresa di elementi già noti.

Dopo il primo ascolto (con il libro chiuso, per non essere influenzati dalla presenza delle informazioni della tabella), può porre domande generali per controllare la comprensione globale. Dopo un paio di ascolti gli studenti dovrebbero essere in grado di scegliere le risposte esatte.

Per il controllo, può far riascoltare il dialogo fermando il registratore.

Dopo lo svolgimento dell'attività può affrontare i dialoghi nei dettagli, con lettura della trascrizione a pag. 210. Le sconsigliamo, tuttavia, di presentare nuovi aspetti di morfosintassi.

Appunti sul dialogo
Saldi: vendite di fine stagione a prezzo scontato. Di solito iniziano a gennaio e alla fine di luglio e proseguono per uno o due mesi.

10 Presentazione di:
- elementi per parlare della proprietà
- possessivi

Per fare una prima veloce pratica degli elementi presentati, può prendere in prestito oggetti degli studenti e chiedere al gruppo *Di chi è questa penna?*, facendo rispondere gli studenti stessi. Sottolinei il fatto che in italiano i possessivi concordano con l'oggetto che situano rispetto ad una persona o cosa, e non con la persona o cosa rispetto alla quale lo situano.

In un secondo momento presenti gli usi dei possessivi seguiti da un sostantivo. Faccia anche notare la presenza dell'articolo davanti ai possessivi, eccetto nel caso in cui il sostantivo che segue indichi una relazione di parentela al singolare.

Per provocare degli usi di possessivi seguiti dal sostantivo può proporre, come gioco, domande del tipo: *Voglio vedere una cosa a righe/di plastica/ecc.* Vince chi risponde prima. Stimoli gli studenti a rispondere menzionando le cose, cercando di non indicarle: *La sua camicia/Il mio maglione*. Non sempre durante quest'attività emergeranno usi del possessivo: sono perfettamente naturali anche le risposte del tipo *Il maglione di Paolo*: gli studenti si familiarizzeranno così con quest'alternanza. Se vuole avere più probabilità di provocare l'uso di un possessivo deve rivolgersi alla persona alla quale appartiene l'oggetto da menzionare (provocando così usi del tipo *Il mio maglione*), o riferirsi a oggetti suoi, in modo che non le dicano *Il maglione dell'insegnante* ma *Il tuo/suo maglione*.

Per altri dettagli sui possessivi e il loro uso, Cfr. *Sintesi di grammatica*, pag. 138.

Cfr. *L.E.*, attività 12, 13, 14.

11 Attività interattiva orale.
Pratica degli elementi per parlare della proprietà.

L'attività permette una ripresa immediata di quanto concettualizzato al punto precedente.

Leggendo il dialogo dell'esempio, può far notare che in italiano **bravo** è un normale aggettivo, e che quindi va concordato in genere e numero con la persona alla quale si riferisce, anche quando questa non è menzionata esplicitamente: se a rispondere è una donna, anziché **bravo!** le si dirà **brava!**

UNITÀ 19

12 Attività interattiva orale.
Pratica e revisione globale sulla descrizione di oggetti e sulla loro localizzazione.

Può essere utile, per realizzare questa attività, richiamare alla memoria degli studenti quella fondamentale strategia che descrive gli oggetti di cui non si conosce (o, come in questo caso, non si può dire) il nome mediante **una cosa per** + *infinito* (Unità 9, punto 13). L'uso di questa strategia viene ripresa ed ampliata al punto 4 dell'Unità 20.

Prima di far svolgere l'attività si assicuri che gli studenti abbiano capito l'attività e legga l'esempio e spieghi gli eventuali elementi nuovi.

13 Fonetica e ortografia.
Contrasto m - doppia m e n e doppia n.
Ripresa del problema delle doppie consonanti già introdotto a livello generale nell'Unità 6 e ripreso con il contrasto particolare /r/ - /rr/ nell'Unità 15, e con il contrasto **s - doppia s** nell'Unità 18.

L'attività si svolge in varie fasi:
— faccia ascoltare agli studenti la lista delle parole in modo da introdurre il problema del contrasto tra queste due coppie di suoni: gli studenti devono limitarsi per ora a riconoscere quali parole contengono i suoni doppi;

— faccia ascoltare di nuovo le parole e chieda agli studenti di scriverle, se necessario fermando il registratore in caso di difficoltà.

Se la classe è di lingua omogenea consigliamo un'analisi contrastiva.

Se la lingua di partenza non possiede doppie consonanti prima di introdurre questo problema specifico può eventualmente riproporre alla classe l'attività fonetica dell'Unità 6 e ricordare che nell'Unità 15 hanno visto l'opposizione /r/ - /rr/ e nell'Unità 18 l'opposizione **s - doppia s**

In una fase successiva, faccia leggere a voce alta la lista.

Cfr. *L.E.*, attività 15.

UNITÀ 20

Vorrei quelle scarpe che sono in vetrina...

Questa unità riprende e sviluppa il tema degli acquisti, introdotto nell'Unità 9, con l'obiettivo di fornire agli studenti alcuni strumenti per muoversi con maggior disinvoltura nelle varie situazioni che si possono verificare in un negozio.

Parallelamente viene ampliato, soprattutto a livello lessicale, il discorso sugli oggetti, introdotto anch'esso precedentemente, e in particolare nell'Unità 9 e ripreso nella 19.

> *Contenuti nozionali e funzionali*: revisione delle strategie per parlare di oggetti di cui non si conosce il nome - revisione e ampliamento degli acquisti: quando non ci piace quello che ci propongono, chiedere un altro oggetto simile, uscire senza acquistare
>
> *Contenuti grammaticali*: uso di **ne** – ripresa dell'uso di **mah**
>
> *Aree lessicali*: ripresa e ampliamento del lessico riguardante oggetti e vestiti
>
> *Fonetica e ortografia*: **b** e **doppia b** – **p** e **doppia p**

1 Attività di scrittura.
Revisione e ampliamento lessicale.

L'attività costituisce una ripresa globale di tutti gli aspetti relativi agli oggetti già incontrati: oggetti di uso comune, descrizione (colore, materiale, ecc.). Inoltre, l'attività introduce il tema dei regali, trattato al punto 2.

Cfr. *L.E.*, attività 1, 2.

2 Attività di lettura.

Il testo descrive brevemente le più comuni consuetudini degli italiani rispetto ai regali. Se lo ritiene opportuno, prima della lettura può anticipare al gruppo il significato di alcuni termini ed espressioni importanti in questo contesto: **compiere gli anni**, **festeggiare**, **anniversario**, **matrimonio**. Tuttavia, le ricordiamo che, qualora ve ne sia la possibilità, è sempre preferibile che siano gli studenti a cercare di dedurre (dal contesto o mediante altre strategie) il significato delle parole che non conoscono.

Dopo una prima lettura individuale, può seguire una fase di verifica in cui gli studenti riassumono collettivamente le idee espresse nel testo.

È importante, anche in questo caso, procedere gradualmente e insistere per portare gli studenti a decifrare da soli il maggior numero di elementi possibili.

Come altri testi sull'Italia e sugli italiani, anche questa lettura può fornire lo spunto per scambi di informazioni e/o esperienze all'interno del gruppo.

Cfr. *L.E.*, attività 12.

3 Attività interattiva orale.
Pratica di:
- strategie per parlare di oggetti di cui non si conosce il nome
- lessico degli oggetti acquisito in precedenza
- elementi per descrivere e esprimere opinioni sugli oggetti

A differenza del punto 1, di carattere individuale, si tratta in questo caso di un lavoro interattivo.

Dalle considerazioni generali fatte al punto 2 a proposito dei regali, si passa con questa attività ad uno scambio di

UNITÀ 20

informazioni sui regali che gli studenti hanno ricevuto negli ultimi tempi. Ne conseguiranno probabilmente richieste di ampliamento del lessico: prima di soddisfarle, può ricordare agli studenti l'espressione **una cosa (che serve) per**.

L'attività può essere svolta a coppie e, in una seconda fase, collettivamente. È possibile soffermarsi ulteriormente sul lessico degli oggetti stilando una piccola classifica delle cose più regalate, considerando eventualmente anche classifiche parziali (le cose più regalate agli uomini o alle donne, ai compleanni, a Natale, ai matrimoni, ecc.).

4

Attività interattiva orale.
Pratica delle strategie per parlare di oggetti di cui non si conosce il nome.
Revisione e ampliamento lessicale.

Anche in questo caso l'attività può essere svolta a coppie o collettivamente. L'ulteriore pratica dell'espressione **una cosa (che serve) per**, anche se già acquisita, ha comunque l'obiettivo di far descrivere l'uso che si fa degli oggetti del collage (fare i conti, stirare, asciugarsi i capelli, ecc.). Nei casi in cui gli studenti non abbiano immediatamente disponibile una descrizione precisa, saranno inoltre costretti a riutilizzare in modo estremamente "creativo" il bagaglio lessicale che possiedono, coniando definizioni che potranno essere più o meno efficaci, ma attivando comunque strategie comunicative di primaria importanza. Infine, la successiva presentazione, da parte dell'insegnante, del lessico più appropriato per le descrizioni in questione, e del nome degli oggetti stessi, costituisce un utile arricchimento del vocabolario.

La stessa attività può essere svolta sotto forma di gioco, con l'obiettivo di indovinare di che oggetto si sta parlando. In questo caso sarà lo studente a pensare a un oggetto, o l'insegnante a suggerirglielo, senza dirlo al compagno o al resto del gruppo, che dovranno capire di che oggetto si tratta in base alla definizione del suo uso.

È probabile che gli studenti le chiedano i nomi degli oggetti rappresentati nel collage. Se lo desidera, dopo lo svolgimento dell'attività, può soddisfare, totalmente o parzialmente, la loro curiosità. Come in molti altri casi, insista però affinché gli studenti si concentrino su quei termini che pensano di poter incontrare o riutilizzare, tenuto conto del loro sesso, dei loro interessi, del loro lavoro, del tipo di vita che fanno, delle situazioni in cui prevedono di dover parlare italiano, ecc. Pur cercando di personalizzare al massimo l'acquisizione del lessico, è importante, infatti, che non vengano sprecate troppe energie cercando di imparare termini che uno straniero con un livello intermedio di conoscenza della lingua (come quello raggiunto dalla maggior parte degli studenti a questo punto del corso) ha poche probabilità di usare.

I nomi degli oggetti rappresentati sono: calcolatrice, ferro da stiro, chiave, pennello/pennellessa, apribottiglie, lente d'ingrandimento, videocassetta, phon/asciugacapelli, cornici per fotografie/portafotografie/portaritratti, forbici, flûte da champagne, metro, orsacchiotto, interruttore, trucco/ombretto

Cfr. *L.E.*, attività 3.

5

Attività d'ascolto.
Pratica di alcuni degli elementi incontrati nell'Unità 9.

Con questa attività si rientra nell'area degli acquisti. Dopo aver anticipato che la conversazione si svolge in un negozio di alimentari, tra il commesso e una cliente, si può passare direttamente all'ascolto della cassetta, con l'obiettivo di individuare cosa viene comprato.

Con l'ascolto del dialogo, gli studenti saranno reintrodotti nell'ambito tematico degli acquisti.

Come in tutte le attività di ascolto, dopo lo svolgimento dell'attività può affrontare il dettaglio del dialogo, eventualmente anche con il supporto della trascrizione a pag. 211.

Appunti sul dialogo.
— È possibile una richiesta di chiarimento a proposito della voce verbale **dia**: le consigliamo di ricordare agli studenti che era già comparsa nell'Unità 9, dialogo b. del punto 6. Faccia notare, inoltre, che il suo uso è frequente soprattutto in contesti in cui si fanno acquisti. Se vuole, può spiegare che si tratta dell'imperativo, 3ª persona singolare, irregolare, di **dare**, senza specificare che si tratta di un'irregolarità del presente congiuntivo, né tantomeno introducendone la coniugazione. La morfologia e gli usi del congiuntivo verranno infatti affrontati nel *secondo livello*.

UNITÀ 20

6
Attività di scrittura.
Attività interattiva orale.
Revisione e pratica di:
– lessico riguardante i generi alimentari
– elementi per comprare qualcosa in un negozio

L'attività, da svolgersi a coppie, costituisce un'utile ripresa del lessico dei generi alimentari incontrato finora, degli operatori per parlare delle quantità, nonché delle strutture che si usano quando si fanno acquisti.

L'obiettivo principale è riportare alla mente dello studente quanto acquisito in precedenza, per prepararlo ad affrontare le strategie nuove che verranno presentate nelle attività che seguono.

7
Attività d'ascolto.
Pratica di alcuni degli elementi incontrati nell'Unità 9.

Con questa attività prosegue la revisione e l'ampliamento di lessico e strutture legate agli acquisti.

Le illustrazioni contestualizzano i quattro dialoghi. Come sempre, è opportuno assicurarsi della comprensione, da parte degli studenti, delle domande a cui devono rispondere: in particolare, se nell'Unità 9 non aveva presentato il termine **taglia**, lo presenti adesso. Inoltre, può approfittare per dare qualche utile informazione culturale riguardo alle taglie italiane.

Appunti sui dialoghi.
a.
— *Corriere della Sera*: quotidiano milanese, uno dei più prestigiosi e diffusi in Italia.

b.
— Si trovano casi come questo, di passaggio dall'uso del **lei** a quello del **tu**, da parte delle commesse, specialmente quando si tratta di persone giovani. Dopo il primo contatto con il **lei**, la commessa, come strategia di vendita/rapporto con il cliente, cambia registro e si colloca su un piano più amichevole e familiare, cercando così di forzare il coinvolgimento del cliente

c.
— *Moschino*: nome di un famoso stilista italiano.

8
Presentazione di:
– elementi per affrontare situazioni particolari nell'acquisto di qualcosa
– uso di **ne** partitivo
Ripresa dell'uso di **mah**.

La concettualizzazione presenta una serie di strutture ed espressioni molto comuni che soddisfano alcune esigenze che si presentano frequentemente durante gli acquisti: quando non ci piace ciò che ci viene proposto, quando vogliamo chiedere qualcosa di simile a quello che ci viene proposto, quando vogliamo uscire senza acquistare niente. È importante che gli studenti osservino tutti questi usi, per evitare di sentirsi, come spesso accade agli stranieri, costretti ad acquistare cose che non li soddisfano.

Nel secondo di questi tre casi appare il comparativo: gli studenti non dovrebbero avere difficoltà nel comprenderlo e usarlo. Presentazione e pratica specifica del comparativo sono comunque previste ai punti 15 e 16 dell'Unità 21.

Di **ne** viene presentato un utilizzo attinente all'argomento dell'unità. Per una presentazione più completa, si rimanda alla *Sintesi di grammatica*.

Cfr. *L.E.*, attività 4, 5, 6, 8, 13, 14.

UNITÀ 20

9 Attività d'ascolto.
Pratica degli elementi per fare acquisti.

Dopo un primo ascolto con il libro chiuso, gli studenti dovrebbero essere in grado di capire da soli di che tipo di conversazione si tratta e dove si svolge. Successivamente, è opportuno leggere insieme al gruppo le domande, per sincerarsi della loro comprensione, prima di passare ad una o più ripetizioni dell'ascolto della registrazione.

Da sottolineare l'uso di **ne**.

Per quanto riguarda la presenza della voce verbale **faccia**, si rimanda a quanto detto sulla forma **dia** negli **Appunti sul dialogo** al punto 5.

Dopo lo svolgimento dell'attività si consiglia un ascolto dettagliato con l'aiuto della trascrizione, riportata a pag. 211.

10 Attività interattiva orale.
Revisione, ampliamento e pratica del lessico di vestiti e accessori.

Entrambe le attività proposte in questo punto possono essere svolte collettivamente, oppure a piccoli gruppi o a coppie.

La prima attività permette di sistematizzare e completare le conoscenze di lessico dell'abbigliamento incontrato in precedenza (Unità 7, punto 3; Unità 8, punto 8; Unità 9, punti 1, 4, 5, 7 e 8), e di ampliarlo.

Dopo una prima fase di lavoro individuale, nella quale gli studenti cercano di abbinare i sostantivi alle immagini, le consigliamo di effettuare una correzione collettiva, in modo da poter correggere gli eventuali errori, chiarire dubbi, ecc.

È probabile che nel corso di questa seconda fase, di correzione collettiva, gli studenti le chiedano altri termini: decida lei se soddisfare e in che misura le loro richieste, tenendo conto dei bisogni effettivi di ogni studente, ma senza dimenticare che sovraccaricare gli studenti può essere controproducente.

Nel corso della seconda attività sarà utile approfittare dell'occasione per fare pratica anche dell'uso degli elementi incontrati per descrivere gli oggetti (Unità 8, 9 e 19), specificando le caratteristiche degli indumenti e accessori di cui si parla.

Anche per questa seconda attività le consigliamo uno svolgimento in due fasi: dapprima a coppie o piccoli gruppi, seguita poi da un confronto collettivo.

Cfr. *L.E.*, attività 7.

11 Attività di scrittura.
Attività interattiva orale.
Revisione, ampliamento e pratica personalizzata del lessico di oggetti di uso comune.
Pratica degli elementi per fare acquisti.

La prima parte dell'attività permette di riutilizzare il lessico acquisito e, dietro richiesta degli studenti, di ampliarlo in modo personalizzato ai bisogni di ogni studente.

Nella seconda parte dovranno invece essere usate le strutture e le espressioni per fare acquisti: a differenza dell'attività del punto 6, incentrata sull'acquisto di generi alimentari, in questo caso si tratta di acquisto di altri oggetti, che comporterà problematiche leggermente diverse. Ricordi agli studenti che possono far riferimento sia ai dialoghi incontrati finora che alle concettualizzazioni dell'Unità 9 e del punto 8 di questa unità.

UNITÀ 20

12 Attività d'ascolto.
Pratica degli elementi per fare acquisti.

Le suggeriamo di proporre un primo ascolto con il libro chiuso, per permettere agli studenti di cominciare a capire il dialogo globalmente. Dopo questo primo ascolto, può chiedere agli studenti di spiegare cosa hanno capito. Non confermi né respinga quanto detto dagli studenti, né tantomeno fornisca le soluzioni, ma si limiti a prendere atto di tutte le possibilità/versioni dei fatti che daranno, per esempio ripetendo le interpretazioni da loro formulate.

Proponga poi di verificare le ipotesi guardando l'illustrazione. Faccia ascoltare ancora una volta il dialogo e proceda, come prima, chiedendo agli studenti di ripetere velocemente quanto hanno capito.

L'attività può proseguire con la lettura e la spiegazione delle informazioni tra le quali gli studenti dovranno selezionare le risposte esatte, data la presenza di espressioni riguardanti i vari tipi di scarpe, che compaiono qui per la prima volta. Dopo aver controllato che gli studenti capiscano bene le possibilità tra le quali dovranno scegliere, proponga uno o due nuovi ascolti per permettere loro di segnare e controllare le risposte.

Proceda poi a una correzione collettiva, nel corso della quale potrà chiarire eventuali dubbi, spiegare espressioni non capite, ecc.

Le consigliamo di concludere l'attività con un ultimo ascolto con lettura della trascrizione, per spiegare gli eventuali punti rimasti oscuri. La trascrizione si trova a pag. 211.

Il dialogo può inoltre essere utilizzato per individuare e selezionare i numerosi elementi che vi compaiono: per fare acquisti, per identificare e/o descrivere oggetti, per esprimere gusti e opinioni, usi dell'imperativo, ecc.

Da notare la pronuncia regionalmente marcata dell'aggettivo **strano**, dovuta, come spesso avviene, alla parziale perdita di controllo conseguente a un particolare stato di partecipazione emotiva.

13 Fonetica e ortografia.
Contrasto **b** - **doppia b** e **p** e **doppia p**.
Ripresa del problema delle doppie consonanti già introdotto a livello generale nell'Unità 6 e ripreso con il contrasto particolare /r/ - /rr/ nell'Unità 15, con il contrasto **s** - **doppia s** nell'Unità 18 e con il contrasto **m** - **doppia m** e **n** - **doppia n** nell'Unità 19.

L'attività si svolge in varie fasi:
— faccia ascoltare agli studenti la lista delle parole in modo da introdurre il problema del contrasto tra queste due coppie di suoni: gli studenti devono limitarsi per ora a riconoscere quali parole contengono i suoni doppi;

— faccia ascoltare di nuovo le parole e chieda agli studenti di scriverle, se necessario fermando il registratore in caso di difficoltà.

Se la classe è di lingua omogenea consigliamo un'analisi contrastiva.

Se la lingua di partenza non possiede doppie consonanti prima di introdurre questo problema specifico può eventualmente ricordare le doppie già affrontate precedentemente.

In una fase successiva, faccia leggere a voce alta la lista.

Cfr. *L.E.*, attività 15.

UNITÀ 21

Luca? Sembra simpatico

Questa unità riprende ed amplia la trattazione della funzione *descrivere*, presentata nelle Unità 7 e 18 in riferimento allo spazio, nell'Unità 16 in riferimento ai cibi, e nell'Unità 19 in relazione agli oggetti, estendendola alla descrizione delle persone. Così facendo, si completa quanto presentato nelle Unità 2, 3 e 4 a proposito delle informazioni personali. Vengono quindi ripresi elementi già incontrati in precedenza ed integrati con il lessico specifico necessario a descrivere qualcuno sia dal punto di vista fisico che per quanto riguarda la personalità. L'unico elemento funzionale del tutto nuovo riguarda il fare paragoni. Per il resto l'unità permette di abbinare a una revisione costante di elementi già noti un sistematico ampliamento lessicale all'interno di un'area tematica nuova.

> *Contenuti nozionali e funzionali*: elementi per descrivere le persone - elementi per esprimere un parere sulle persone: ripresa di **mi sembra** - elementi per fare paragoni: **più/meno + aggettivo**.
>
> *Contenuti grammaticali*: ripresa di **abbastanza**, **molto**, **un po'** e **troppo** - ripresa del superlativo - forme diminutive di aggettivi - periodi relativi con **che** (ripresa)
>
> *Aree lessicali*: lessico dei vestiti (ripresa) - lessico della descrizione delle persone - il corpo umano
>
> *Fonetica e ortografia*: **d** e doppia **d** - **t** e doppia **t**

1 Presentazione e pratica di elementi per descrivere le persone.
Revisione delle strutture per descrivere oggetti, qui usati per descrivere le persone.

Faccia notare come si tratta delle stesse strutture ma di aggettivi nuovi.

Per la seconda parte della concettualizzazione (*per dare altri dettagli*) faccia notare che in questo contesto si usa indifferentemente il verbo **avere** o la preposizione **con**, a differenza di altre lingue che stabiliscono distinzioni tra questi operatori.

Se i suoi studenti le sembrano in grado di capirlo, può approfondire la riflessione linguistica facendo notare che l'uso di **avere/con +** *sostantivo (+ caratteristica)* serve per presentare aspetti che contraddistinguono la persona descritta. Si tratta, generalmente, di sue particolarità specifiche (indumenti, piccole anomalie rispetto alla media delle persone, caratteristiche fisiche particolari per le quali si distingue, ecc.). È questo il motivo per il quale non si danno di solito dettagli del tipo: **ha il naso**, **ha le orecchie**, ecc. se subito dopo non segue una caratteristica specifica. Infatti, *naso*, *orecchie*, ecc. costituiscono dei presupposti di tutte le persone.

Faccia notare inoltre che per l'assenza di qualcosa che costituisce normalmente un presupposto della persona o della situazione si usa **senza**: **senza capelli**, **senza ombrello** (in un contesto nel quale piove e tutti portano l'ombrello). Tuttavia, generalmente non si sottolinea l'assenza di accessori ritenuti facoltativi (che non costituiscono cioè un presupposto della persona o della situazione): anche in questo caso si tratta di sottolineare aspetti che caratterizzano la persona descritta nella sua individualità.

Gli aggettivi e le caratteristiche presentate in questa fase si riferiscono a tratti fisici che di solito sono oggettivamente riscontrabili. Le espressioni che si riferiscono a caratteristiche più "soggettive", come ad esempio quelle legate alla bellezza o alla personalità, vengono prese in considerazione più avanti.

Il significato degli aggettivi o delle caratteristiche ancora sconosciute, prima di essere spiegato, può essere dedotto dagli studenti a coppie, osservando le illustrazioni o basandosi sulla somiglianza con altre lingue.

Faccia notare che, quando si parla di persone, è socialmente preferibile usare il termine **anziano** (più rispettoso) anziché **vecchio** (che implica una certa mancanza di rispetto). **Vecchio** viene, invece, usato comunemente quando si parla di oggetti.

Cfr. *L.E.*, attività 1, 2, 4.

UNITÀ 21

2

Attività interattiva orale.
Pratica di:
- elementi per descrivere le persone
- lessico dell'abbigliamento

In una prima fase l'attività può essere svolta a coppie o a piccoli gruppi. Ricordi agli studenti di parlare anche dell'abbigliamento per descrivere i personaggi dei disegni.

L'attività può essere ripresa collettivamente, in un secondo momento, cercando di far partecipare il maggior numero possibile di studenti alla descrizione. Approfitti di questa fase di riscontro per chiarire eventuali dubbi, fornire il lessico richiesto, ecc. Tenga comunque presente che nel corso dell'unità il lessico verrà sistematicamente ampliato.

3

Attività d'ascolto.
Attività interattiva orale.
Ripresa e ampliamento degli elementi per descrivere le persone.

Se ritiene che la comprensione delle testimonianze presenti difficoltà particolari, prima di farle ascoltare può chiedere agli studenti di descrivere gli uomini delle tre foto: questo renderà più riconoscibili alcune caratteristiche al momento dell'ascolto. Ciò per non frustrare negli studenti l'attesa di riuscire a risolvere il piccolo "giallo" proposto.

Prima della soluzione vera e propria dell'attività proposta, con la conseguente scelta del "maggior indiziato", può sollecitare gli studenti a concentrarsi, in un primo ascolto, su quei dettagli che permettono di confermare quanto già sappiamo (è stata commessa una rapina in banca) e di capire in che situazione ci troviamo (testimonianze raccolte in mezzo alla strada).

Dopo questo primo ascolto, ne può proporre un secondo con l'obiettivo di risolvere il quesito: quale dei tre personaggi è il rapinatore?

Alcuni elementi sono ricorrenti nelle dichiarazioni dei testimoni (occhiali da sole, giovane età, cappello), mentre altri sono contraddittori (capelli lisci/ricci) o "di disturbo" (giacca di pelle, riferita però al complice). Il personaggio della terza foto è quello che riassume in sé la maggior parte delle caratteristiche menzionate.

Dopo la soluzione può procedere a un nuovo ascolto con lettura delle trascrizioni per affrontare il dettaglio delle testimonianze.

Le trascrizioni si trovano a pag. 212.

4

Attività di ascolto.
Attività di lettura.
Pratica e ampliamento degli elementi per descrivere le persone.

È consigliabile far ascoltare una prima volta i dialoghi con il libro chiuso e chiedere agli studenti cosa hanno capito: *Chi parla*, *Di cosa*, *Cosa è successo*, ecc. Poi, senza fornire ancora le risposte, può spiegare che si tratta di due telefonate fatte all'indomani di una festa, e invitare gli studenti a controllare le loro ipotesi ascoltando nuovamente i dialoghi.

Dopo una o due ripetizioni dell'ascolto può porre nuovamente domande generali di controllo sulla comprensione (*Le ragazze sono andate insieme alla festa? Chi ha conosciuto Giulia? Le piace questo ragazzo? Tommaso si è divertito? Gli piace Giulia?* ecc.).

L'ultimo ascolto va fatto leggendo la trascrizione e invitando gli studenti a sottolineare tutte le caratteristiche riferite alle persone.

La successiva trascrizione delle caratteristiche nei due gruppi *oggettive* e *soggettive*, proposta al punto 5, permette di notare il diverso uso degli operatori che si riferiscono all'intensità (**un po'**, **troppo**, ecc.), soprattutto nel caso delle caratteristiche considerate negative.

UNITÀ 21

5 Presentazione di:
- elementi per identificare una persona
- elementi per presentare in modo indiretto una caratteristica negativa (forme diminutive degli aggettivi)

La concettualizzazione presenta l'uso di un periodo relativo introdotto da che. Se non lo ha già fatto in occasione dell'Unità 19, punto 7, può presentare l'uso del relativo **che** facendo riferimento alla *Sintesi di grammatica* (pag.160).

Per quanto riguarda le forme diminutive di aggettivi, la concettualizzazione ha soprattutto l'obiettivo di sensibilizzare gli studenti all'uso queste forme, affinché siano da ora in poi in grado di riconoscerle. Essendo tuttavia l'uso dei suffissi un argomento piuttosto complesso, le consigliamo di non approfondire per ora il discorso. Può comunque fare riferimento, per una presentazione generale, alla *Sintesi di grammatica* (pag.162).

Cfr. *L.E.*, attività 3, 5, 14, 15.

6 Attività interattiva orale.
Presentazione e pratica di aggettivi legati a caratteristiche "soggettive".

Prima dello svolgimento dell'attività, può presentare gli aggettivi proposti.

Le modalità di svolgimento dell'attività possono essere le stesse del punto 2.

Per favorire l'interazione tra gli studenti durante lo svolgimento dell'attività suggerisca le domande: **Ti piace...?** e **Che ne pensi di...?**

Trattandosi di personaggi internazionalmente famosi, ciascuno studente dovrebbe possedere un'opinione personale: faccia in modo di favorire lo scambio di queste opinioni all'interno del gruppo. I personaggi sono stati scelti in modo da provocare reazioni sia positive che negative, secondo le persone.

Il lessico necessario all'attività, in parte già noto, è fornito a pie' di pagina, ma è comunque ampliabile, sempre tenendo presente che le prossime attività porteranno ad un ulteriore ampliamento delle conoscenze lessicali relative alla descrizione delle persone.

Nomi dei personaggi
(da sinistra in alto) Ayrton Senna; Woody Allen; Julia Roberts; Gabriela Sabatini; Michail Gorbachov; Yasser Arafat: Giovanni Paolo II; Claudia Schiffer; Kevin Costner; Carlo d'Inghilterra e Lady Diana.

7 Attività integrata di scrittura e lettura.
Pratica di:
- elementi per descrivere persone
- lessico dell'abbigliamento

Chieda agli studenti di essere precisi nelle descrizioni, e di indicare sia caratteristiche oggettive (facendo uso di **è**, **ha**, **con**) che soggettive (**è**, **mi sembra**, **lo/la trovo**), oltre a descrivere l'abbigliamento delle persone nelle foto.

8 Attività interattiva orale.
Pratica di:
- elementi per descrivere persone
- lessico dell'abbigliamento

All'interno dell'Unità 21, è questa la prima attività in cui la produzione orale è totalmente libera, e non legata ad alcuna immagine o suggerimento. È probabile che gli studenti tendano a privilegiare le caratteristiche oggettive su quelle soggettive. Per stimolarli nella pratica anche di queste ultime, può spiegare loro che, per rendere il gioco più difficile e dunque più divertente, bisogna descrivere i compagni anche con caratteristiche soggettive.

Come anche per l'attività seguente, faccia in modo che i suoi interventi correttivi si limitino soltanto ai casi di effet-

UNITÀ 21

tiva incomprensione del messaggio, e privilegi comunque la comunicazione spontanea. Infatti, l'esperienza di comunicazione vera in lingua straniera costituisce un elemento motivante che stimola gli studenti a sforzarsi, e favorisce l'acquisizione.

9

Attività interattiva orale.
Pratica di elementi per descrivere persone.

L'attività, da svolgere collettivamente, può richiedere un ampliamento del lessico. Fornisca gli aggettivi di cui hanno bisogno gli studenti scrivendoli alla lavagna, in modo che il loro uso sia disponibile per tutti. Tenga comunque presente che le attività seguenti offrono una consistente introduzione di nuovo lessico.

Faccia notare, nell'esempio, la domanda **E fisicamente?**, usata per richiedere esclusivamente una descrizione fisica. Per richiedere una descrizione del carattere si usa: **E di carattere?** Per chiedere descrizioni più soggettive di qualcuno già conosciuto si fanno domande del tipo: **È carino/a? È simpatico/a?** Queste domande spesso seguono le descrizioni più obiettive.

10

Attività di lettura.
Attività interattiva orale.
(Eventuale attività di scrittura.)
Pratica degli elementi per descrivere le persone.
Presentazione e pratica di: **secondo me**.

Si tratta di annunci autentici, tratti dal giornale bisettimanale *Porta Portese*. Gli annunci sono stati ritoccati graficamente: sono cioè stati ribattuti in un carattere e un corpo che ne agevolasse la lettura. Sono stati tolti soltanto i riferimenti che potessero permettere un'identificazione delle persone (in particolare, gli elementi quali i numeri di casella postale o i numeri di documento di identità, ecc.), i quali, fuori dal contesto reale per il quale erano stati concepiti gli annunci (con i conseguenti rischi di scherzi o disturbi che si assumevano gli autori, ma anche con la brevissima vita di ogni uscita di un giornale come *Porta Portese*) potevano, in un libro come questo, e in un'attività come questa, acquistare un'importanza ben diversa.

In una prima fase le consigliamo di far svolgere l'attività agli studenti divisi in piccoli gruppi di 3 o 4 persone.

Può essere utile fornire spiegazioni necessarie alla realizzazione dell'attività: faccia notare, per esempio, che **max** significa **massimo**, e che **nubile** e **celibe** sono i termini burocratici usati, rispettivamente, per una donna e un uomo non sposati (Cfr. *Libro degli esercizi*, Unità 3, punto 5).

L'espressione **esclusi perditempo** è sinonima di **perditempo astenersi** e significa che chi non dimostra di avere intenzioni serie non sarà preso in considerazione.

A questa prima fase ne faccia seguire una collettiva, in cui i diversi gruppi espongono le loro soluzioni e negoziano per delle soluzioni definitive che soddisfino tutti.

È importante che gli studenti giustifichino sempre le loro scelte, in modo che l'età non sia l'unico elemento preso in considerazione nella formazione delle coppie.

Queste scelte possono essere introdotte da espressioni come **secondo me/noi** o da altri operatori simili usati per esprimere punti di vista (**mah** + *informazione*, *informazione* + **credo**).

Dopo lo svolgimento dell'attività, può, eventualmente, procedere a una lettura dettagliata degli annunci, con l'obiettivo di chiarire eventuali punti rimasti oscuri. In questa fase di rilettura approfondita, può chiedere agli studenti come immaginano i diversi inserzionisti sulla base delle loro inserzioni: perché "*non divorziata*"? perché "*non magro*"? ecc.

Tuttavia, le sconsigliamo di sfruttare il documento come pretesto per presentare nuovi problemi di morfosintassi, quali, ad esempio, il condizionale.

Se lo desidera, e se il gruppo si sente motivato, può, eventualmente, invitare ciascuno studente a scrivere la sua inserzione e cercare tra quelle dei compagni quella che fa al caso proprio. Ciò per permettere un riutilizzo e un ulteriore ampliamento personalizzato del lessico relativo alla descrizione delle persone.

Nelle loro inserzioni gli studenti possono anche fare riferimento alle loro abitudini: **mi piace sciare**, **sportivo**, ecc.

UNITÀ 21

11 Attività interattiva orale
Presentazione del lessico del corpo umano.

Il lessico del corpo umano qui presentato è piuttosto esaustivo, ed è probabile che solo una parte di esso sia noto agli studenti.

Si è deciso di escludere termini caratteristici di una conoscenza approfondita della lingua, come **stinco**, **polpaccio**, ecc. Se il suo gruppo ha obiettivi o bisogni particolarmente specialistici, li può presentare lei. In caso contrario glielo sconsigliamo per ora.

Diviso il gruppo in coppie, faccia loro comunque tentare di abbinare i nomi alle parti del corpo, e discuta le scelte e i dubbi. In presenza di una Lcomune può, per risparmiare tempo, fornire direttamente la traduzione, altrimenti può indicare su di sé o sulla figura le diverse parti. Faccia notare che un cartellino non andrà a posto nella figura, poiché **seno** si usa soltanto per le donne.

Si è deciso di usare scherzosamente un punto interrogativo per indicare gli organi genitali. In italiano, infatti, come in altre lingue, i genitali sia maschili che femminili sono soggetti a un forte tabù linguistico, per cui non esistono termini "neutri" di uso comune; termini, cioè, che non abbiano connotazioni scientifiche (come **pene**, **testicoli**, **vagina**, **vulva**, ecc.) o più o meno volgari (sono numerosissimi, come ad esempio, **cazzo**, **palle**, **fica**, ecc.), o infantili (come **pisello**, **pisellino**, **pipino**, **patatina**, ecc.). Può spiegarlo agli studenti, e decidere lei stesso/a se e quale termine presentare, tenendo conto delle caratteristiche specifiche del gruppo.

Cfr. *L.E.*, attività 10.

12 Attività di ascolto.
Pratica della descrizione delle persone.
Revisione e ampliamento del lessico relativo all'abbigliamento.

Faccia ascoltare una prima volta il dialogo senza leggere le informazioni tra cui scegliere quelle vere, e successivamente un altro paio di volte durante le quali gli studenti possono fare le loro scelte. Un ultimo ascolto di controllo può servire per correggere le informazioni errate. Se lo ritiene necessario, quest'ultimo ascolto può avvenire con la contemporanea lettura del testo, a pag.128 del *Libro dello studente*.

Appunti sul dialogo
Chi l'ha visto? è un programma televisivo molto seguito, nel quale si cercano persone scomparse con l'aiuto di foto e testimonianze di familiari. I telespettatori che credono di riconoscere le persone scomparse telefonano per raccontare dove e quando le hanno viste, contribuendo così al loro ritrovamento.

Il brano presentato qui è stato scritto ad hoc, e non è quindi autentico in senso stretto. Tuttavia, si basa su un'attenta osservazione e analisi dei dialoghi di *Chi l'ha visto?* e, in particolare, delle descrizioni che vengono fornite delle persone scomparse. Sebbene sarebbe stato molto semplice, non si è voluto ricorrere a un brano autentico, perché non era affatto indispensabile per avere un brano plausibile, mentre si rischiava, invece, di ferire la sensibilità di chi sta vivendo momenti difficili, alla ricerca di una persona cara.

13 Attività di lettura.
Ampliamento del lessico relativo alla descrizione delle persone.

Il testo presenta alcune delle maschere italiane più famose. L'osservazione delle illustrazioni deve accompagnare la lettura delle descrizioni, in quanto, a parte il caso di Colombina, le altre maschere saranno riconosciute soprattutto grazie al loro costume.

Come sempre, è importante stimolare negli studenti le strategie di comprensione, limitando l'introduzione di nuovo lessico ai casi indispensabili per lo svolgimento dell'attività.

Il testo fornisce inoltre l'occasione di chiedere agli studenti se nel loro paese o nella loro città esistano maschere simili e, in caso di risposta affermativa, di farle descrivere al resto del gruppo.

UNITÀ 21

Appunti sul testo
— *Commedia dell'arte*: forma teatrale nata in Italia verso la metà del '500, si diffuse rapidamente anche all'estero, soprattutto in Francia. Le sue caratteristiche più importanti furono la comicità e l'improvvisazione. Notevole il suo influsso sul teatro comico, da Molière, a Goldoni, fino ai giorni nostri.
— *Latino maccheronico*: linguaggio artificioso formato da parole latine e da parole italiane o dialettali latinizzate, usato in opere di tipo burlesco. Il termine *maccheronico* viene usato anche in riferimento ad altre lingue quando sono parlate male: *francese maccheronico*, ecc.

14
Attività interattiva orale.
Pratica degli elementi per descrivere le persone.

L'attività, da svolgersi collettivamente, è riassuntiva di quanto proposto fino a questo punto dell'unità. Gli studenti devono descrivere a turni personaggi famosi del mondo della cultura, dello spettacolo, dello sport, della politica, storici, ecc.

Ancora un volta le suggeriamo di intervenire con correzioni, se lo ritiene necessario, solo al termine del gioco, durante il quale può prendere discretamente appunti e riproporre gli errori più frequenti alla fine.

15
Presentazione di alcuni elementi per fare paragoni.

Il secondo termine viene menzionato molto meno spesso di quanto non sembri. Non è ancora il caso, quindi, di lavorare sull'opposizione **di/che** come operatori per introdurre il secondo termine dei paragoni.

Cfr. *L.E.*, attività 6, 7, 8, 9, 11, 12, 13.

16
Attività interattiva orale.
Pratica di:
– elementi per fare paragoni
– revisione degli elementi per descrivere le persone

Può far svolgere l'attività in un primo momento a coppie, e successivamente tutti insieme, per controllare l'uso corretto degli elementi appena concettualizzati.

Fornisca lei il lessico eventualmente richiesto dagli studenti.

17
Fonetica e ortografia.
Contrasto **d** - **doppia d** e **t** e **doppia t**.
Ripresa del problema delle doppie consonanti, già introdotto in precedenza.

L'attività si svolge in varie fasi:
— faccia ascoltare agli studenti la lista delle parole in modo da introdurre il problema del contrasto tra queste due coppie di suoni: gli studenti devono limitarsi per ora a riconoscere quali parole contengono i suoni doppi;

— faccia ascoltare di nuovo le parole e chieda agli studenti di scriverle, se necessario fermando il registratore in caso di difficoltà.

Se la classe è di lingua omogenea consigliamo un'analisi contrastiva.

In una fase successiva, faccia leggere a voce alta la lista.

Cfr. *L.E.*, attività 17.

UNITÀ 22

Non sapevi che stavano insieme?

Questa unità riprende e sviluppa l'area tematica del passato, introducendo l'uso dell'imperfetto. Le ricordiamo che la concettualizzazione e la pratica dell'uso combinato di passato prossimo e imperfetto verranno trattate nell'Unità 23.

> *Contenuti nozionali e funzionali*: per descrivere situazioni del passato: l'imperfetto indicativo
>
> *Contenuti grammaticali*: imperfetto indicativo dei verbi regolari e di **essere** e **fare** - ripresa di **c'è/ci sono** e usi all'imperfetto: **c'era/c'erano** - il **ci** locativo
>
> *Aree lessicali*: le attività: revisione e ampliamento
>
> *Fonetica e ortografia*: **s** + **consonante**: [s] e [z]

1
> Attività di lettura.
> Presentazione dell'imperfetto.

Introduca l'unità spiegando agli studenti che vedranno un nuovo tempo, di uso molto frequente parlando del passato. L'attività ha per obiettivo il sensibilizzare gli studenti alla presenza dell'imperfetto. Trattandosi di un testo non semplice, sarà bene attenersi a questo obiettivo e non scendere troppo nel dettaglio al momento della comprensione.

Dopo una prima lettura generale, in cui si cerca di cogliere il senso globale del testo, si rilegge nuovamente il brano scrivendo nello spazio sottostante i vari verbi. Tale attività aiuterà gli studenti a capire meglio il testo e a classificare gli usi dei tempi verbali già conosciuti per quanto riguarda il passato. Questo primo momento di osservazione dovrebbe stimolare gli studenti a formulare ipotesi sull'uso del nuovo tempo. Le consigliamo quindi di non dare subito lei la soluzione/spiegazione. Accanto alle forme coniugate, gli studenti possono eventualmente scriverne l'infinito.

Dopo una terza lettura può porre agli studenti domande molto generali per controllare la comprensione (*Com'è il tempo? Dove andava il "lui" della storia? Cosa fa dopo l'incontro con la "strana creatura"?* ecc.).

Dopo la concettualizzazione del punto 3, può tornare ancora, eventualmente sul testo e affrontarne il dettaglio.

2
> Attività di ascolto.
> Descrivere una situazione passata.
> Revisione della descrizione delle persone.

Obiettivo dell'attività è fornire un ulteriore spunto di riflessione/scoperta del nuovo tempo verbale presentando un testo orale in cui viene utilizzato e stimolando quindi negli studenti le strategie di approccio all'ascolto.

Il dialogo, come mostra il disegno che l'accompagna, avviene tra due amiche. Lo faccia ascoltare una prima volta invitando gli studenti a coprire il testo per cercar di comprenderlo globalmente. Al termine dell'ascolto, tenendo ancora il libro chiuso, ponga agli studenti domande generali di comprensione (*Di cosa parlano le due ragazze? Gli sposi erano belli?* ecc.).

Il secondo ascolto, ancora senza leggere la trascrizione, deve portare a scegliere le affermazioni esatte, che vengono controllate sul testo durante un eventuale terzo ascolto. In un ulteriore lettura si possono individuare (e trascrivere) tutti gli imperfetti contenuti nel dialogo, che non presenta difficoltà particolari a livello lessicale.

Appunti sul dialogo
Da notare l'uso di **proprio** con aggettivi e avverbi.

Cfr. *L.E.*, attività 14, 15.

3
> Presentazione dell'imperfetto indicativo.

UNITÀ 22

Dopo le due attività precedenti può chiedere agli studenti quando si usa l'imperfetto/a cosa serve. Continuerà così il lavoro di formulazione di ipotesi, utile per far scattare meccanismi di acquisizione.

È importante capire che né l'uso dell'imperfetto, né quello di alcun altro tempo verbale, dipende dalla durata delle azioni in sé, contrariamente a quanto traspare dalla maggior parte delle presentazioni che si riferiscono a *azioni che durano*, *azioni che si ripetono* e *azioni puntuali*. L'uso di un tempo o di un modo verbale piuttosto che di un altro non dipende dalle azioni in sé, né dalla loro maggiore o minore realtà obiettiva: in quanto fenomeni extralinguistici ai quali ci riferiamo, le azioni sono sempre le stesse. Quel che cambia sono le intenzioni comunicative del parlante, che decide di riferirsi ad esse per i più svariati motivi. Lo studio dei diversi tempi verbali si colloca dunque nel livello in cui la lingua parla di sé stessa, dello statuto che vogliamo dare a ciò che diciamo. Con l'imperfetto il parlante presenta i fatti come caratteristiche di una situazione che vuole evocare o descrivere.

Per la coniugazione, è importante far notare che i verbi dei tre gruppi mantengono la vocale caratteristica.

Oltre alla coniugazione dei verbi regolari, vengono presentati due verbi irregolari che si incontrano frequentemente: **essere** e **fare**. Altre irregolarità potranno essere introdotte in seguito (Cfr. *Sintesi di grammatica*, pag.151).

Cfr. *L.E.*, attività 1, 2, 3, 4, 5, 6, 10, 11, 16, 17, 18.

4

> Attività di lettura.
> Attività di scrittura.
> Pratica dell'imperfetto per descrivere situazioni passate.
> Revisione e ampliamento delle attività.

L'attività ha un doppio obiettivo: uno immediato, di comprensione di un testo in cui compare l'imperfetto; uno secondario, ma non meno importante, che consiste nel far usare l'imperfetto per ripetere le informazioni contenute nel brano stesso.

Come negli altri casi, le consigliamo di procedere per tappe, con più letture, e di portare così, progressivamente, gli studenti a capire sempre meglio il testo, guidandoli con domande, ecc.

Dopo l'attività scritta, che va svolta individualmente e controllata tutti insieme, può porre altre domande (*Dove abitavano Mino, Rita e Rocco? Com'era la casa della nonna? Cosa c'era nel giardino che piaceva tanto a Tina? Cosa facevano Rocco e Pippo di pomeriggio? ecc.*).

Le ricordiamo di continuare a far notare la funzione descrittiva dell'imperfetto, usato per descrivere o evocare situazioni del passato.

Appunti sul testo
Da notare l'uso di **né** (Cfr. *Sintesi di grammatica*, pag.163), e di **così** + *aggettivo* + **che** + *frase* per esprimere una conseguenza.

Cfr. *L.E.*, attività 19, 20.

5

> Attività interattiva orale.
> Pratica dell'imperfetto per raccontare situazioni passate.

La situazione proposta crea il bisogno dell'imperfetto, stimolandone l'uso.

Può realizzare l'attività facendo parlare gli studenti tutti insieme, se il gruppo è abbastanza ristretto e c'è una buona dinamica in cui tutti partecipano, intervengono, domandano, ecc. In caso contrario è preferibile lavorare a coppie o in piccoli gruppi, in modo che ogni studente si senta stimolato a partecipare e, solo in un secondo momento, procedere a un riscontro collettivo.

Essendo la prima volta che gli studenti usano l'imperfetto in modo autonomo, è importante controllare che al suo posto non venga usato impropriamente il passato prossimo e, secondariamente, che la coniugazione sia corretta.

Prima dell'inizio dell'attività, legga l'esempio e si assicuri che tutti gli studenti lo capiscano. Faccia notare, in particolare, l'uso di **per** in espressioni del tipo **per il mio compleanno**.

UNITÀ 22

Fornisca lei il lessico di cui hanno bisogno gli studenti.

6

Attività di ascolto.
Pratica dell'imperfetto per descrivere situazioni passate.
Presentazione del **ci** locativo.
Revisione del lessico delle attività quotidiane

Dopo un primo ascolto di comprensione globale, può far riascoltare il dialogo una seconda volta per rispondere alle domande. A questa fase individuale può seguirne una in cui si lavora tutti insieme per controllare l'esattezza delle risposte.

Può sfruttare ulteriormente l'attività facendo leggere la trascrizione del dialogo per individuare gli infiniti dei verbi, o coniugarli riferendoli a soggetti diversi, ecc. Faccia notare l'uso del **ci** locativo, già incontrato e utilizzato in precedenza senza essere concettualizzato (Cfr. Unità 11).

Appunti sul dialogo
Foligno: città dell'Umbria (provincia di Perugia).

Cfr. *L.E.*, attività 12, 13.

7

Attività interattiva orale.
Pratica dell'imperfetto per descrivere situazioni passate.
Presentazione e pratica di:
– per introdurre gli elementi presenti in una situazione: **c'è/c'era**, **ci sono/c'erano**
– per sottolineare un contrasto: **invece**

L'attività, da svolgersi a coppie, costituisce una pratica della descrizione di situazioni passate e presenti.

Se ha già presentato e lavorato gli usi di **c'è/ci sono** nell'Unità 7, in questa unità se ne affronta il passato. Se non li ha ancora presentati, lo faccia in questa occasione, dapprima come consigliato nell'Unità 7 al punto 7, e poi seguendo la concettualizzazione presentata qui.

Chieda agli studenti di non limitarsi al paragone tra le due foto, che rappresentano comunque uno stimolo iniziale, ma di estendere i paragoni ai cambiamenti nel modo di vivere, di vestire, di spostarsi ecc.

Se lo ritiene utile, ogni coppia può fare una lista delle cose che sono cambiate nella vita delle persone e poi parlarne con il resto del gruppo.

Ricordi agli studenti l'uso di **invece** per sottolineare un contrasto.

Per ulteriori dettagli sull'uso del **ci** locativo, cfr. *Sintesi di grammatica*, pag.144.

Cfr. *L.E.*, attività 6, 7, 8, 9.

Se lo ritiene necessario, può estendere ulteriormente l'attività ai paragoni tra la vita in diversi periodi della storia.

8

Attività di ascolto.
Pratica di: raccontare avvenimenti passati e descrivere situazioni del passato.
Revisione e ampliamento del lessico delle attività.

Pur senza una spiegazione specifica, gli studenti sono ora in grado di confrontarsi con l'uso combinato del passato prossimo e dell'imperfetto. Con quest'attività cominciano ad affrontarlo inconsapevolmente.

In un primo momento proponga un ascolto globale seguito da una parafrasi collettiva del testo, per vedere quanto capiscono gli studenti. Non dia le soluzioni, ma si limiti a prendere atto delle loro ipotesi e li inviti a controllarle in un secondo ascolto.

Introduca il terzo ascolto spiegando che si tratta di un'intervista di lavoro. Gli studenti prendono appunti sulle varie

UNITÀ 22

fasi della vita del signor Spagnoli. Dopo un nuovo momento di confronto collettivo, nel quale gli studenti riassumono quanto hanno capito, senza che lei dia ancora le soluzioni, proponga una nuova fase in cui l'ascolto porta a decidere se le affermazioni sono vere o false, o se non è possibile stabilirlo. Prima di questo terzo ascolto verifichi la comprensione delle frasi proposte come possibilità tra le quali scegliere le risposte.

Dopo il controllo collettivo, può proporre un nuovo ascolto con lettura della trascrizione a pag. 212 per affrontare il dettaglio del dialogo.

Per concludere l'attività può invitare gli studenti a raccontare in forma scritta tutto ciò che sanno sulla vita del signor Spagnoli.

9 Attività di ascolto.

La canzone di Zucchero costituisce un piacevole momento di pausa. I possibili sfruttamenti sono vari, a seconda del gruppo.

Dopo uno o due ascolti, può verificare la comprensione globale del testo in un lavoro collettivo di parafrasi alternata a diversi ascolti. Non dia subito le soluzioni: stimoli gli studenti ad ascoltare nuovamente il brano per confermare le loro ipotesi.

Dopo questo lavoro generale sul brano può chiedere agli studenti chi pensano sia il bambino, e perché *"aveva un occhio nero e un occhio blu"*.

In un ascolto ulteriore, può invitare gli studenti a sottolineare tutti gli imperfetti ed eventualmente risalire all'infinito.

Infine, può prendere spunto per parlare di musica e cantanti italiani, e in particolare su Zucchero, facendo ascoltare anche altri brani, in modo che gli studenti si sentano motivati ad approfondire la conoscenza di questo autore.

Il testo è stato pubblicato per gentile concessione degli editori SAAR, Warner Chapell e Camomilla. Gli autori sono Zucchero Fornaciari, R. Jones, C. Poggiani, Mammoliti e G. Paoli.

Il brano musicale è stato riprodotto sulle cassette per gentile concessione della Polydor.

10 Fonetica e ortografia:
s + *consonante*: [s] e [z]

a) In questa attività si torna a parlare del contrasto tra suoni sordi e sonori, in riferimento, però, a un problema specifico dell'italiano: le pronuncie della **s**, in particolare nel gruppo **s + *consonante***.

Se si accorge che ci sono ancora difficoltà nella distinzione tra sorde e sonore, può riproporre gli esercizi specifici (Unità 7, 8, 9, 10, 11, 12, 16).

b) In una seconda fase, si vuol richiamare l'attenzione sul fatto che in italiano la **s** nel gruppo **s + *consonante*** non è mai pronunciata [ʃ], e che in posizione iniziale non ha bisogno di essere necessariamente preceduta da una vocale, come avviene in altre lingue.

Con questa attività si vuole verificare se gli studenti sono in grado di riconoscere tra pronuncie diverse la pronuncia italiana di **s + *consonante***. Nel caso di una risposta positiva, ci si può limitare a lavorare soltanto sulla produzione dei suoni in questione. In caso contrario, è opportuno proporre altri esercizi di sensibilizzazione.

Le parole del secondo gruppo pronunciate correttamente sono: **stanza**, **sbucciare**, **scappare**, **sgarbato**, **scusa**, **spaghetti**, **sbrigarsi**, **stella**, **sfera**, **slanciato**.

Cfr. *L.E.*, attività 21.

UNITÀ 23

Quando sono salita non c'erano molte persone

L'Unità 23 riprende il discorso sul passato, considerando adesso l'uso combinato e il contrasto tra passato prossimo e imperfetto.

> *Contenuti nozionali e funzionali*: per parlare del passato: revisione e attività integrate sull'uso di passato prossimo e imperfetto - elementi per parlare di sensazioni e stati fisici ed emotivi
>
> *Contenuti grammaticali*: usi di appena, già, non ancora, ancora e sempre - passato prossimo: concordanza participio passato/complemento diretto - il passato remoto: introduzione
>
> *Aree lessicali*: sostantivi e aggettivi legati all'espressione di stati fisici ed emotivi - le attività: revisione e ampliamento - lessico legato alle diverse tappe della vita di una persona
>
> *Intonazione*: frasi affermative e negative

1
> Attività di lettura.
> Pratica di: raccontare e descrivere situazioni passate.
> Presentazione e pratica del contrasto passato prossimo/imperfetto.

La prima fase dell'attività consiste in un esercizio di comprensione di lettura.

Anche in questo caso, come in tutti gli altri, le consigliamo di procedere per tappe, invitando gli studenti a cercar di decodificare il maggior numero possibile di elementi a partire dal contesto, dalle eventuali somiglianze delle parole sconosciute con parole straniere, ecc.

In questo caso l'attività di lettura è resa più difficile dalla calligrafia, che gli studenti dovranno decodificare. Dopo un paio di letture, li aiuti da questo punto di vista per permetter loro di concentrarsi maggiormente sui significati.

In quest'attività di decodifica del testo mediante numerose letture, può guidare il gruppo con domande del tipo: *Dove si trova la casa di Anna? Quante persone c'erano in tutto? Come passavano le serate?* ecc.

Può far incidentalmente notare che la lettera presenta lo schema tipico di una lettera personale italiana nelle sue varie parti e frasi di apertura e chiusura.

Quando la comprensione le sembrerà sufficiente, può passare alla seconda parte dell'attività, che consiste nell'individuare e distinguere le frasi che descrivono situazioni passate da quelle che raccontano fatti in sé, identificabili rispettivamente con l'imperfetto e il passato prossimo. Si tratta, in questa fase, di un riconoscimento che deve stimolare la riflessione su questa importantissima differenza. Un'attività simile viene riproposta al punto 3.

Appunti sul testo
Saturnia: centro della Toscana (provincia di Grosseto), conosciuto per le sue terme, con sorgenti di acqua sulfurea a 37°C.

Per concludere, dopo lo svolgimento dell'attività può proporre una lettura di dettaglio. Le sconsigliamo tuttavia, di usare il testo come pretesto per presentare nuovi fenomeni di morfosintassi.

Cfr. *L.E.*, attività 1, 2, 3, 4.

2
> Attività interattiva orale.
> Sistematizzazione, ampliamento e pratica di elementi per parlare di sensazioni fisiche ed emotive.

Le espressioni sistematizzate qui si rivelano spesso estremamente utili quando si vuol descrivere un determinato contesto situazionale nel quale si inseriscono dei fatti che si vuol raccontare.

Riguardo alle liste aperte della concettualizzazione, faccia notare che un buon numero degli elementi presenti sono già comparsi in precedenza, alcuni anche diverse volte. Si tratta qui di riprenderli e di sistematizzarli.

UNITÀ 23

Se lo desidera o le sembra necessario, può ampliare l'elenco seguendo le esigenze degli studenti. In questo senso, può essere utile tornarci dopo aver svolto l'attività interattiva orale.

Durante l'attività, nei casi in cui sia possibile, inviti gli studenti a usare più espressioni per ogni disegno.

Le consigliamo di far svolgere l'attività in tre fasi: dopo un breve momento di riflessione individuale, gli studenti svolgono l'attività a coppie. Segue, posteriormente, un momento di riscontro collettivo, durante il quale può approfittare per chiarire eventuali dubbi.

Se lo desidera, può sfruttare per un'attività analoga anche i disegni della pag. 99 e le fotografie delle pag. 34, 166 e 167.

Infine, l'attività può essere completata con una maggiore personalizzazione del lessico chiedendo agli studenti se provano qualche sensazione in quel momento, o cosa hanno provato in determinate occasioni (un esame importante, il giorno delle nozze, il primo giorno di lavoro, ecc.), o se c'è una sensazione che provano spesso negli ultimi tempi.

Cfr. *L.E.*, attività 6.

3

Attività di lettura.
Pratica di:
– raccontare e descrivere situazioni passate
– contrasto passato prossimo/imperfetto

Come al punto 1, proceda per tappe, sollecitando gli studenti a cercar di capire il testo da soli, e guidandoli, eventualmente, con domande.

La seconda fase, di trascrizione dei verbi, può eventualmente essere superflua per i parlanti di lingue che presentano un contrasto tra tempi corrispondenti al passato prossimo e all'imperfetto italiani. Per gli altri, invece, è molto importante insistere su questo punto. Se permangono problemi nell'uso combinato dei due tempi, può essere utile ripetere periodicamente questa attività.

Appunti sul testo
Castelgandolfo: centro del Lazio (provincia di Roma), nella zona dei Castelli Romani. Situato su un poggio che domina il lago di Albano, vi sorge il Palazzo Pontificio (XVII sec.), residenza estiva del Papa.

Cfr. *L.E.*, attività 2, 7.

4

Attività interattiva orale.
Pratica degli usi combinati del passato prossimo e dell'imperfetto nei racconti legati al passato.
Revisione e ampliamento del lessico delle attività.

È questa la prima volta che gli studenti cominciano a produrre racconti più articolati che comportano l'uso combinato di passato prossimo e imperfetto.

Si tratta ancora di produzione guidata nella quale gli studenti passano dalla riflessione condotta fino a questo punto osservando racconti al passato, alla pratica.

Per un buono sfruttamento dell'attività è utile iniziare dalla lettura e il commento dell'esempio, per passare poi a uno svolgimento a coppie.

Inviti gli studenti a far uso della loro fantasia per immaginare i dettagli delle diverse situazioni: cos'era successo prima, cosa è accaduto dopo, come si sentivano i personaggi, ecc.

Fornisca lei il lessico di cui hanno bisogno gli studenti.

In un momento posteriore può procedere a un riscontro collettivo, durante il quale potrà chiarire gli eventuali dubbi.

UNITÀ 23

Se lo ritiene utile, in un primo momento o alla fine può invitare gli studenti a scrivere brevi racconti degli episodi illustrati, individualmente.

5

> Attività scritta.
> Sistematizzazione e pratica di: **appena, già, non... ancora, ancora/sempre**.

Gli operatori sistematizzati qui sono già comparsi in precedenza, ma non sono stati oggetto di una riflessione specifica. È il motivo per il quale essi vengono riproposti in questa fase. È infatti notevole la loro importanza dal punto di vista comunicativo: essi aiutano ad abituarsi a concepire l'interazione linguistica, sia scritta che orale, come un processo di contestualizzazione all'interno del quale svolgono un ruolo fondamentale le aspettative del parlante, il quale manifesta costantemente la sua presenza all'interno degli enunciati.

Dopo la concettualizzazione e gli esempi, gli studenti usano gli elementi visti scrivendo frasi del tipo:
Una bottiglia ancora piena./La bottiglia è ancora piena.
Questa bottiglia è già vuota.
Una bottiglia già aperta.
...

È appena nato/È già nato.

Insista perché per ogni disegno gli studenti producano il maggior numero di frasi possibili, e li inviti a riflettere sulle differenze tra le diverse possibilità.

Fornisca lei il lessico necessario.

Dopo un momento di riflessione individuale, durante il quale gli studenti scrivono le frasi, faccia seguire una correzione collettiva, in modo da chiarire gli eventuali dubbi.

Cfr. *L.E.*, attività 8, 9, 10, 11, 12, 13, 14.

6

> Attività scritta.
> Presentazione e pratica della concordanza tra il participio passato e il complemento diretto.
> Revisione e ampliamento del lessico delle attività.
> Riutilizzo di quanto è stato visto al punto precedente.

A questo punto del corso gli studenti dovrebbero avere sufficientemente acquisito gli aspetti morfologici relativi al passato prossimo presentati nell'Unità 12. L'argomento può dunque essere completato introducendo la concordanza participio/complemento diretto, già affrontata parzialmente nell'Unità 12.

È consigliabile fare particolare attenzione, d'ora in poi, a questo aspetto, che per molti studenti può costituire un elemento di difficoltà.

L'attività può essere svolta dapprima individualmente e per iscritto e, in un secondo momento, a coppie o collettivamente per un controllo.

Se lo desidera, anziché far leggere agli studenti le frasi scritte, può stabilire una dinamica interattiva di domande e risposte, con scambi del tipo:

- ● Li hai già comprati i biglietti?
- ○ Sì/No

- ● Hai comprato i biglietti?
- ○ Sì, li ho già comprati/No, non li ho ancora comprati.

Cfr. *L.E.*, attività 15.

UNITÀ 23

7
Attività interattiva orale.
Pratica di:
– raccontare e descrivere situazioni passate
– contrasto passato prossimo/imperfetto
Revisione e ampliamento del lessico delle attività.
Revisione di:
– marcatori temporali, date, marcatori spaziali
– descrizione di persone, oggetti e luoghi

L'attività può essere svolta sia collettivamente che a coppie o piccoli gruppi.

Collettivamente le porterà via più tempo, ma può essere più interessante per tutti, e al tempo stesso le dà la possibilità di intervenire/aiutare gli studenti quando sono in difficoltà.

Se decide di svolgerla collettivamente, per stimolare tutti ad ascoltare i racconti degli altri, può proporre l'attività come gara: per ognuna delle situazioni proposte, si vota per scegliere il racconto più interessante/che è piaciuto di più/ecc. In questo caso è bene che gli studenti non possano votare per il proprio racconto.

Se lo desidera, alla fine può proporre una nuova votazione tra i racconti selezionati per le diverse situazioni per scegliere quello che è piaciuto di più in assoluto.

Se decide di svolgere l'attività a coppie o a piccoli gruppi, può far seguire un breve momento collettivo in cui ogni gruppo racconta uno o due episodi (i più interessanti tra quelli emersi all'interno del gruppo) al resto della classe.

8
Attività interattiva orale.
Pratica di:
– raccontare fatti e situazioni passate
– contrasto passato prossimo/imperfetto
Revisione di:
– descrizione luoghi
– lessico legato al cibo

Attività simile a quella proposta al punto 1 dell'Unità 13. Tuttavia, questa volta gli studenti dispongono di un maggior numero di strumenti (nomi dei cibi, strategie per la descrizione, imperfetto, ecc.) per poter proporre racconti decisamente più ricchi di particolari: circostanze in cui si sono prodotti i fatti, ecc.

Eventualmente può ampliare ulteriormente il lessico secondo le richieste.

9
Attività di ascolto.
Pratica di: raccontare situazioni e fatti passati.
Revisione della descrizione di persone.

Il disegno illustra la situazione del dialogo. Lo faccia notare, chiedendo eventualmente agli studenti di fare delle previsioni sul dialogo che stanno per ascoltare.

Dopo il primo ascolto può controllare la comprensione globale invitando gli studenti a riassumere quanto hanno capito, senza confermare né contraddire le loro ipotesi, dando loro la possibilità di confermarle con nuovi ascolti. Può aiutare/guidare l'ascolto con domande generiche che permettano di inquadrare meglio la situazione, del tipo: *Chi sono i personaggi del disegno? Di cosa parlano? Che cosa è successo?*, ecc., facendo attenzione però a non fare ancora le domande più puntuali proposte come attività. Dopo questa fase, proponga un nuovo ascolto affinché gli studenti rispondano alle domande individualmente. Proceda poi a una controllo collettivo. Se necessario, in questa fase o per concludere, può far riascoltare il dialogo contemporaneamente alla lettura della trascrizione (pag. 213), e commentare gli eventuali punti rimasti ancora oscuri.

Appunti sul dialogo
— Si tratta di un dialogo caratteristico delle situazioni in cui viene fatta una denuncia, che dimostra la buona volontà dell'agente, anche se è improbabile che riesca a fare niente.

UNITÀ 23

— *I biglietti li aveva nel portafoglio?* Nella maggior parte delle città italiane, come in molti paesi, è ormai praticamente scomparsa la figura del bigliettaio sugli autobus. I biglietti vanno acquistati prima di salire, in una rivendita autorizzata (tabaccai, giornalai, appositi chioschetti, ecc.) e timbrati al momento di salire sull'autobus.

10
Attività di lettura.
Presentazione del passato remoto.
Pratica di: raccontare fatti e situazioni passate.
Revisione della descrizione di persone.

Se non è già avvenuto in precedenza, a questo punto del corso è possibile (e consigliabile) che gli studenti comincino a confrontarsi autonomamente con la lingua scritta, leggendo da soli, a casa, testi di vario genere (libri, giornali, riviste...).

In questo senso viene presentato qui il passato remoto, trattandosi di un tempo di uso frequente nei testi scritti di carattere narrativo. In considerazione del fatto che lo studente lo dovrà fondamentalmente capire, viene qui presentato soltanto passivamente, come tempo da riconoscere. Ad eccezion fatta della categoria dei traduttori, è poco frequente, infatti, che uno straniero debba produrre racconti scritti di carattere letterario. Ciò è tantomeno frequente a questo livello.

Le consigliamo quindi di attendere il secondo livello per presentarne la coniugazione, limitandosi a sottolineare qui che spesso, nei racconti scritti di carattere più o meno letterario, il passato remoto sostituisce il passato prossimo.

In un primo momento, le consigliamo di procedere come al solito, invitando e stimolando gli studenti a leggere più volte il testo individualmente, e guidandoli verso una comprensione sempre maggiore.

In un secondo momento si concentri maggiormente sulle voci al passato remoto, invitando gli studenti a individuarle e risalire all'infinito. Quest'attività servirà a dimostrare che non è così importante conoscere la coniugazione per comprendere il significato del verbo, e dunque essere in grado di leggere un testo.

Inoltre, attraverso la lettura autonoma di testi in cui viene usato il passato remoto, la coniugazione verrà acquisita in modo inconscio.

Se lo desidera, alla fine dell'attività, può procedere a una lettura dettagliata collettiva, evitando, tuttavia di soffermarsi su termini come **dinoccolati**, **cerchiati**, ecc.

Le sconsigliamo inoltre di usare il testo come pretesto per la presentazione di nuovi aspetti di morfosintassi quali il condizionale o il congiuntivo.

Cfr. *L.E.*, attività 16.

11
Intonazione: frasi affermative e negative.

In quest'attività si introduce il problema dell'intonazione.

Le consigliamo di sfruttare le frasi sollecitando gli studenti a osservare attentamente il ritmo e l'intonazione e cercare di imitarli nel miglior modo possibile.

Data la grande complessità dell'argomento, e l'alto numero di variabili da considerare, e tenuto conto della scarsa abitudine degli studenti e degli insegnanti ad affrontare questi problemi, è difficile a questo livello e in un corso di questo tipo, proporre un'analisi teorica pedagogica facilmente accessibile. Per questo motivo, se i suoi studenti le sembrano in grado di capirla, e se le è possibile (secondo le L1 che ha nel gruppo, o se la classe è omogenea) può proporre un'analisi che si focalizzi maggiormente su problemi di tipo contrastivo, o soffermarsi sui difetti e le difficoltà specifiche dei suoi studenti.

Cfr. *L.E.*, attività 17.

UNITÀ 24

Domani sera gioco a tennis con Cesare

In questa unità si riprende a approfondisce l'area tematica parlare del futuro (alla quale vi era stato un primo accenno nell'Unità 10) limitatamente al fare progetti, annunciare intenzioni e esprimere desideri. Perciò, come sarà spiegato anche al punto 5, non viene presentata la coniugazione del futuro indicativo, la cui trattazione viene rimandata al *secondo livello*. L'importante, in questa fase, è che gli studenti imparino ad usare le forme verbali e le strutture che gli italiani utilizzano più frequentemente quando annunciano intenzioni o informano su cose già stabilite, per fare progetti, parlare di eventualità, esprimere intenzioni, esprimere il desiderio che qualcosa accada, ecc. Per queste funzioni, infatti, il futuro grammaticale è decisamente meno utilizzato di quanto comunemente si creda.

> *Contenuti nozionali e funzionali*: - marcatori temporali del passato: revisione - marcatori temporali per riferirsi a momenti del futuro - elementi per parlare di azioni future - elementi per esprimere desideri - per introdurre un'informazione in contrasto con quanto appena detto: **ma** - per parlare di un'eventualità: **forse**.
>
> *Contenuti grammaticali*: - condizionale di **volere** - usi di **prossimo** - ripresa di **tra** e **fra** - elementi per parlare del futuro: usi del presente indicativo, di **dovere**, e di **pensare di** + *infinito*.
>
> *Aree lessicali*: - attività quotidiane e attività legate alle vacanze: revisione e ampliamento.
>
> *Intonazione*: frasi interrogative - contrasto tra frasi affermative/negative e interrogative.

1
> Attività di ascolto.
> Presentazione e pratica di marcatori temporali riferiti al futuro.
> Revisione di:
> - marcatori temporali riferiti al passato
> - raccontare fatti passati
> - prendere un appuntamento

La prima fase dell'attività prevede la comprensione del dialogo, per la quale può procedere come di consueto, inizialmente con il libro chiuso, quindi guidando gli studenti verso una comprensione sempre maggiore attraverso domande.

Sempre tenendo il libro chiuso si può passare alla seconda fase dell'attività, finalizzata ad individuare i marcatori temporali del futuro.

Riascoltando il dialogo gli studenti completano le frasi del quadro a pagina 189.

Dopo lo svolgimento dell'attività può procedere a una correzione collettiva con la trascrizione, durante la quale può chiarire tutti gli eventuali dubbi. Tuttavia per un lavoro dettagliato sul dialogo le consigliamo di aspettare il punto 5 per poter sfruttare il dialogo anche per richiamare l'attenzione degli studenti sui tempi verbali utilizzati. In questa fase, infatti, non è consigliabile focalizzare ancora l'attenzione sui tempi verbali utilizzati, in modo da lasciare che questo primo momento serva da introduzione passiva/ripresa dell'argomento (già introdotto parzialmente all'Unità 10). I tempi verbali verranno concettualizzati al punto 5.

2
> Presentazione di elementi per riferirci a momenti del futuro.
> Ripresa di:
> - **tra** e **fra**
> - date

Gli usi di **tra** e **fra** erano già comparsi nell'Unità 10. Si tratta qui di una ripresa in un momento in cui lo studente è più preparato ad affrontarne/coglierne le sfumature.

Per quanto riguarda l'uso di **prossimo**, può far notare che, trattandosi di un aggettivo, concorda generalmente con il sostantivo. Se le sembra possibile, avverta inoltre che generalmente si antepone ai sostantivi plurali (**le prossime vacanze**, **i prossimi giorni**), mentre con molti sostantivi singolari può essere indifferentemente anteposto o posposto (**la prossima settimana/la settimana prossima**, **il prossimo anno/l'anno prossimo**, ecc.). Tuttavia, di solito segue i nomi dei giorni della settimana: **lunedì prossimo**, **martedì prossimo**, ecc.

UNITÀ 24

Se il suo gruppo reagisce bene alla riflessione metalinguistica, può eventualmente far notare che **scorso** ha, da questo punto di vista, un funzionamento parallelo a quello di **prossimo**.

Cfr. *L.E.*, attività 1, 2, 10, 11.

3
> Attività interattiva orale.
> Pratica dei marcatori temporali riferiti al futuro.
> Presentazione (non concettualizzata) e pratica di **pensare di + infinito**.
> Revisione del lessico delle attività.

L'attività va svolta a coppie o a piccoli gruppi e poi collettivamente: in questo secondo momento di riscontro, i diversi gruppi si fanno domande tra loro:

- ● Voi quando pensate di andare al mare prossimamente?
- ○ Io domenica prossima, e lui domani.

Se lo ritiene necessario, può prolungarla aggiungendo altre attività alla lista.

La presenza nell'esempio della struttura **pensare di + infinito** anticipa parte della concettualizzazione del punto 5. Anche in questo caso si tratta di un lavoro passivo, che tornerà utile al momento di soffermarsi sulle diverse possibilità per riferirsi al futuro. Gli studenti in questa fase usano tale espressione imitando l'esempio, senza alcun bisogno di soffermarvisi ancora con un momento di riflessione metalinguistica.

Spieghi il significato di **prossimamente** e ne faccia notare l'uso.

Sempre se lo ritiene necessario, può usare la stessa lista per far fare agli studenti una revisione dell'uso dei marcatori temporali riferiti al passato: *Quando è stata l'ultima volta che ...?*

La pubblicità di Codice Blu (pag.190) merita un commento, perché contiene diversi elementi di interesse. Innanzitutto vi compare, ripetuto varie volte, un importante marcatore temporale del futuro, **domani**, già comparso anche nella concettualizzazione. Inoltre il testo presenta diversi giochi di parole: **Qui c'è in gioco il domani, dall'oggi al domani**, o ancora **basta comprare una Repubblica oggi e una domani** (che evoca il proverbio "**Meglio un uovo oggi che una gallina domani**").

Dopo una o due letture individuali, durante le quali gli studenti cercano di capire di cosa si tratti, e una successiva spiegazione collettiva, il testo può fungere da spunto per un accenno a quel fenomeno che recentemente ha interessato la maggior parte dei quotidiani italiani, e che consiste appunto nel proporre giochi e concorsi a premi a scopo pubblicitario: Codice Blu è stato il gioco proposto da *la Repubblica* per un lungo periodo di tempo (un paio d'anni circa).

Può cogliere l'occasione per intavolare una discussione su questo fenomeno e su altri sistemi di promozione adottati dai quotidiani in Italia e in altri paesi, sul perché di tali strategie di vendita (crisi della stampa quotidiana, influenza/concorrenza delle radio e le televisioni in particolare per quanto riguarda la pubblicità, ecc.). Può sollecitare gli studenti a parlare della situazione nel loro paese, e su come valutano personalmente queste iniziative: ritengono che sia indice di serietà o di mancanza di serietà, da parte di un giornale, attrarre lettori con la speranza di un premio?

4
> Attività di ascolto.
> Pratica di:
> - elementi per parlare di azioni future e per esprimere desideri riguardo al futuro
> - marcatori temporali del futuro
> Revisione/ampliamento di fare proposte per il futuro.

La comprensione d'ascolto prevede, come obiettivo immediato, l'individuazione di marcatori temporali, orari e date riferiti al futuro. È tuttavia anche l'occasione per far notare elementi già incontrati in precedenza, che vengono qui riproposti: come si propone qualcosa, si tratti di un'attività o di un orario; l'uso di **Che ne pensa** nel dialogo a. È inoltre una nuova occasione di affrontare passivamente il problema dei tempi verbali utilizzati per riferirsi al futuro: presente, imperfetto di **volere** nei dialoghi b. e d. (**Volevo parlarle..., Vi volevo invitare, Volevo chiederti che fai stasera**).

UNITÀ 24

Per lo svolgimento dell'attività le consigliamo di procedere per tappe, come di consueto, partendo da un primo momento in cui si richiede una comprensione globale dei dialoghi, per cercare di arrivare, progressivamente, a una comprensione sempre più di dettaglio.

Noti che i disegni danno solo un'indicazione della situazione o dell'argomento di cui si parla: la loro funzione non è di permettere la comprensione dettagliata degli scambi; né si tratta di associare i disegni ai diversi dialoghi: essi costituiscono un semplice punto di appiglio.

Dopo lo svolgimento, se crede, può far individuare agli studenti i verbi utilizzati nelle espressioni che si riferiscono al futuro, notando che sono tutti al presente indicativo, tranne uno (**ci saranno**, dialogo b.). Quest'attività "ponte" può servire per introdurre la concettualizzazione del punto 5.

Può seguire una lettura dettagliata dei dialoghi, durante la quale può commentare/spiegare eventuali punti rimasti oscuri. Tuttavia, le consigliamo di attendere fino a dopo la concettualizzazione del punto 5 per non interrompere questa riflessione sull'uso dei tempi verbali, e poter passare direttamente al punto 5.

5

> Presentazione di elementi per parlare di azioni future e per esprimere desideri riguardo il futuro.

Prima di presentare/commentare la concettualizzazione, le consigliamo di chiedere agli studenti quali sono le forme verbali utilizzate per parlare del futuro, stimolandoli così a fare da soli il punto delle loro conoscenze, facendo riferimento ai dialoghi già lavorati.

Come si è detto nell'introduzione a questa unità, nel *primo livello* non viene presentata la coniugazione del futuro indicativo. Le ragioni fondamentali di questa scelta sono due: l'uso del presente per parlare del futuro è molto più frequente; l'uso del futuro risponde a esigenze e contesti particolari. Vi è sempre nei suoi usi una componente più o meno forte di dubbio, di minore sicurezza, di indecisione: non si tratta di un tempo usato per annunciare/informare su cose già decise o stabilite, bensì per prevedere, predire.

L'uso e la coniugazione del futuro verranno presentate nel *secondo livello*.

L'introduzione del condizionale è legata al suo uso con il verbo **volere** (e **piacere** per la sola 3ª persona singolare).

La presentazione di tutta la coniugazione è legata ad altri usi (formulazione di ipotesi, discorso riferito, ecc.), e quindi non è necessaria in questa fase. Anche per questa rimandiamo al *secondo livello*.

Oltre agli elementi presentati nella concettualizzazione, ricordi anche gli usi di **volevo** (punto 1: **volevo riposarmi**). Con questi usi all'imperfetto l'enunciatore si mostra sempre un po' più aperto nei confronti del suo interlocutore, più disposto a considerare eventuali proposte alternative, a differenza degli usi al presente, con i quali il parlante si mostra più deciso, meno disponibile.

Se questo lavoro non è stato fatto nella prima fase di concettualizzazione in cui gli studenti rielaborano/riflettono su quanto hanno già incontrato, dopo il commento della concettualizzazione può tornare al dialogo del punto 1 e concentrare l'attenzione sui verbi e sui tempi verbali utilizzati.

Le consigliamo comunque di controllare che non siano rimasti punti oscuri nel dialogo del punto 1, né a quelli del punto 4.

Cfr. *L.E.*, attività 3, 4, 5, 6, 7, 8.

6

> Attività di scrittura.
> Pratica di:
> - marcatori temporali, date e orari riferiti al futuro
> - parlare di azioni future

Quest'attività e quella che segue sono attività guidate in cui lo studente comincia a esprimere, in modo elementare, le intenzioni comunicative affrontate in questa unità, riutilizzando gli elementi visti finora.

Dopo lo svolgimento individuale dell'attività, faccia seguire una fase di riscontro collettivo, durante la quale gli studenti dicono a turno le loro frasi.

UNITÀ 24

Questa seconda parte dell'attività può essere svolta in modo interattivo: gli studenti intervengono, chiedono chiarimenti, ecc.

Se vuole, per motivare gli studenti ad ascoltarsi reciprocamente, più presentare questa seconda parte dell'attività come una sfida: vince quello che ha gli impegni più diversi da quelli degli altri, oppure, alla fine, ogni studente vota per il compagno che ha gli impegni che gli sono piaciuti di più.

7
> Attività di scrittura.
> Presentazione e pratica di **ma** e **forse**
> Pratica di:
> - marcatori temporali, date e orari riferiti al futuro
> - elementi per esprimere desideri per il futuro

Come l'attività precedente, anche questa ha l'obiettivo di preparare lo studente allo svolgimento naturale dell'attività proposta al punto 8.

Gli operatori **ma** e **forse** sono già comparsi in precedenza, ma non sono ancora stati concettualizzati: li presentiamo qui, perché diventano fondamentali quando si esprimono desideri per il futuro, giacché spesso segue immediatamente dopo un eventuale problema legato al desiderio in questione.

Svolgimento, come per il punto 6.

Anche qui, nella seconda fase, può proporre una gara.

Cfr. *L.E.*, attività 9.

8
> Attività interattiva orale.
> Riutilizzo di quanto è stato presentato nei punti precedenti.

È questa la prima attività dell'Unità in cui lo studente è portato ad utilizzare liberamente in maniera interattiva tutto quello che è stato affrontato nelle attività precedenti.

Come in altre attività di questo genere le consigliamo di far svolgere l'attività in un primo momento a coppie o in piccoli gruppi, seguito da una fase posteriore di riscontro collettivo durante la quale le diverse coppie o i diversi gruppi si raccontano i loro progetti.

Fornisca lei il lessico di cui hanno bisogno gli studenti.

Approfitti della seconda fase (collettiva) per eventuali interventi correttivi.

9
> Attività interattiva orale.
> Pratica di: esprimere desideri.

In quest'attività gli studenti riutilizzano il condizionale di **volere** e di **piacere**. Non dovrebbero esserci problemi per il buon funzionamento dell'attività, che gli studenti sono perfettamente in grado di svolgere.

Le sconsigliamo di usare l'attività come pretesto per una lezione sul condizionale, del quale gli studenti non hanno ancora bisogno se non nelle forme già presentate. Andare oltre comporterebbe un forte rischio di distogliere gli studenti dagli obiettivi dell'attività e dell'unità sacrificando l'adeguatezza e la precisione da un punto di vista comunicativo in nome di una non ben giustificata esaustività formale.

Fornisca lei il lessico richiesto dagli studenti.

È importante stimolare la fantasia degli studenti, non limitandosi alle considerazioni più ovvie sui desideri delle persone dei disegni, ma cercando di immaginare vari sviluppi delle situazioni raffigurate: *Che è successo? Come si sente? Che cosa succede poi?*

UNITÀ 24

In particolare, ricordi agli studenti che possono riutilizzare le espressioni incontrate per parlare di sensazioni e stati fisici ed emotivi (Cfr. Unità 23, punto 2).

Dopo un primo momento di riflessione individuale, l'attività va svolta a coppie o a piccoli gruppi.

A questa fase ne può seguire una di controllo collettivo durante la quale può chiarire eventuali dubbi o problemi.

L'attività può proseguire chiedendo agli studenti quali sono i loro desideri per il futuro in un senso più ampio di quanto è stato fatto al punto 7.

10
Attività interattiva orale.
Revisione e pratica di:
- fare proposte
- marcatori temporali del futuro

Nell'attività vengono ripresi tutti gli elementi utilizzati per fare proposte. Come si è visto nei dialoghi del punto 4, il fare proposte è sempre legato al parlare del futuro, giacché si esprimono progetti e desideri, ecc.

Le consigliamo di far svolgere l'attività a piccoli gruppi, in modo da permettere la massima interazione comunicativa.

In una seconda fase può suggerire ai diversi gruppi di mettersi d'accordo e rivedere i loro piani in modo da poter trascorrere al meno un fine settimana tutti insieme.

Fornisca lei il lessico necessario.

11
Intonazione:
- frasi negative
- contrasto tra frasi affermative/negative e interrogative

Vale qui quanto è stato detto nell'Unità 23.

Cfr. *L.E.*, attività 12.

# UNITÀ 25

Facciamo il punto

Unità di revisione generale dei contenuti del corso e, al tempo stesso, di riflessione e valutazione sull'andamento del medesimo, e più in generale, sull'apprendimento di una lingua straniera.

Uno degli obiettivi fondamentali di un corso di lingua deve essere, oltre all'acquisizione di quanto è stato affrontato insieme, l'autonomia di apprendimento, affinché lo studente sia sempre più in grado di proseguire da solo sulla strada dell'apprendimento, di estendere le sue conoscenze, di decidere su cosa focalizzare la sua attenzione, ecc.

Non si pretende con quest'Unità di esaurire l'argomento, bensì di sfruttare l'esperienza vissuta insieme per un inizio di riflessione che avvicini sempre di più lo studente a queste problematiche, da sviluppare nel corso del secondo livello.

Le prime attività di valutazione vanno vissute con il massimo di onestà e flessibilità da parte sua. Non si deve sentire sotto processo, né considerare che quest'unità abbia l'obiettivo di processare il corso: questo tipo di attività di valutazione, se vissuta con umiltà e buona disposizione permette di chiarire punti rimasti oscuri, di trarre utili informazioni per esperienze future, ecc.

È ugualmente importante che gli studenti non vivano queste attività di valutazione come una mera occasione di sfogo, bensì come un utile momento di crescita collettiva.

1 Questionario

L'obiettivo di questa attività è portare lo studente a riflettere individualmente sui diversi aspetti dell'esperienza appena vissuta.

Dopo un primo momento di lettura individuale del questionario da parte degli studenti li inviti a rivolgersi a lei per ogni eventuale chiarimento.

Lasci poi il tempo a ogni studente di rispondere alle domande.

Se lo desidera, questa prima attività può esser svolta o preparata a casa.

Inviti gli studenti a rispondere nel modo più sincero possibile, avvertendoli che le risposte al questionario non saranno oggetto di valutazione da parte dell'insegnante.

2 Attività interattiva orale

Quest'attività ha l'obiettivo di promuovere la discussione sui diversi aspetti del corso, permettendo agli studenti di riutilizzare l'italiano che hanno imparato, e di esprimere punti di vista sull'andamento del corso.

L'ideale è cercare di stimolare gli studenti a discutere tra di loro, con il minor numero possibile di interventi dell'insegnante, per evitare ogni tipo di inibizione. Questo le sarà utile, tra l'altro per migliorare/correggere l'andamento in corsi futuri.

Naturalmente, ciò non significa in alcun modo che l'insegnante si debba sentire un estraneo.

È importante, per dare la sensazione di un lavoro di valutazione collettiva che anche lei esprima i suoi punti di vista sull'andamento del corso, sull'atteggiamento degli studenti, sulle dinamiche che si sono stabilite all'interno del gruppo, ecc. Facendo sempre attenzione, però a non diventare lei l'unico protagonista di questo momento.

Aiuti gli studenti se hanno bisogno di lessico o di particolari espressioni.

3 Attività di lettura seguita da attività interattiva sull'apprendimento di una lingua straniera

Attività da svolgere in più fasi come una normale attività di lettura.

Dopo la lettura lasci un momento agli studenti per rispondere alle domande, e proceda poi a un riscontro collettivo.

UNITÀ 25

Se lo desidera, alla fine della prima parte, prima di passare al lavoro interattivo, può fare una lettura dettagliata del testo. Le sconsigliamo però di usarlo come pretesto per presentare nuovi elementi di morfosintassi.

4 Attività interattiva orale

L'obiettivo è stimolare gli studenti a produrre brevi scenette in italiano, sfruttando liberamente quanto hanno acquisito.

L'attività può essere svolta a diversi livelli, da studenti più o meno bravi.

Le consigliamo di fornire il lessico richiesto, ma di limitare i suoi interventi correttivi per evitare di scoraggiare gli studenti. Se lo desidera, durante la rappresentazione delle scenette, può prendere appunti dei principali errori, per commentarli alla fine.

Può, alternativamente, controllare le scenette quando sono pronte, prima che vengano rappresentate, e aiutare gli studenti ad eliminare gli errori maggiori.

Prima di dare inizio all'attività si assicuri che gli studenti abbiano capito bene la dinamica dell'attività.

5 Attività ludica

Anche in questo caso, prima dell'inizio dell'attività, si assicuri che gli studenti ne capiscano bene la dinamica.

Controlli che le parole proposte dagli studenti siano comparse a lezione.

6 Attività ludica

Prima dell'inizio dell'attività, si assicuri che tutti gli studenti la conoscano.

Le ricordiamo qui il funzionamento del gioco: uno studente o lei stesso scrive alla lavagna la prima e l'ultima lettera di una parola italiana conosciuta da tutti (comparsa a lezione o nel libro). Tra queste due lettere, si fa un trattino per ogni lettera mancante. Poi, a turno, gli studenti suggeriscono delle lettere da inserire: se la lettera suggerita è presente nella parola, viene scritta ai punti in cui compare. Se non è presente si comincia disegnare la forca con l'omino impiccato: per ogni errore viene tracciata una riga. Se gli studenti riescono a indovinare la parola prima che il disegno sia completo hanno vinto. Se viene completato il disegno, ha vinto chi ha fatto la domanda.

Avverta gli studenti che se provano a dire una parola di cui non sono sicuri e sbagliano, per ogni lettera sbagliata verrà tracciata una riga, e il disegno sarà sempre più completo.

Il gioco può essere ripetuto tutte le volte che lo desidera.

7 Attività da preparare a casa.

Se lo desidera, prima della presentazione in classe, può controllare quanto verrà detto o aiutare ogni singolo studente nella preparazione.

Questo lavoro di preparazione può essere suggerito anche con qualche settimana di anticipo, per dare agli studenti il tempo di documentarsi.

Inviti gli studenti a fare frasi semplici, e a non aspirare a un lavoro esaustivo che non sono ancora in grado di fare.

UNITÀ 25

8 Parole crociate

L'attività può essere svolta da ogni studente individualmente o a coppie o a piccoli gruppi, e seguita da una correzione collettiva, o collettivamente sin dall'inizio.

Soluzione:

APPENDICE

4 UNITÀ-TEST

Le quattro unità-test che presentiamo in queste pagine hanno l'obiettivo di fornire all'insegnante che utilizza *Uno* uno strumento supplementare per la valutazione del livello dei suoi studenti. I test possono essere sfruttati per verificare il grado di acquisizione delle forme e del lessico presentati e praticati durante il corso, oppure per valutare, rispetto al syllabus di *Uno*, il livello di studenti che dovranno seguire un corso in cui si utilizza questo libro. Si tratta di una serie di attività, da svolgere individualmente, che l'insegnante può sfruttare, in blocco o in parte, qualora senta l'esigenza di fare il punto sull'andamento del corso, o che possono integrare altri test di livello di tipo generale.

Le quattro unità non si propongono dunque come test di riferimento per la valutazione del livello di competenza linguistica in italiano. Inoltre, essendo un materiale concepito sulla base di *Uno*, non hanno uno schema fisso, ma ne seguono l'organizzazione del syllabus. È assente anche qualsiasi riferimento ad un sistema di valutazione dei risultati: sarà l'insegnante stesso, sulla base di della sua conoscenza di *Uno*, del contesto didattico in cui si trova ad operare e delle caratteristiche degli studenti, a trarne le conclusioni più adeguate.

Le quattro unità-test si riferiscono ad altrettanti gruppi di unità che formano il corso: Unità-test 1 (Unità 1-6), Unità-test 2 (Unità 7-12), Unità-test 3 (Unità 14-18), Unità-test 4 (Unità 19-24).

ISTRUZIONI PER L'INSEGNANTE

UNITÀ-TEST 1 (Unità 1-6)

11 Faccia ascoltare la registrazione dell'Unità 6, punto 15b, o di altre unità: Unità 7, punto 9b; Unità 8, punto 11b; Unità 9, punto 14b; Unità 10, punto 10b, ecc. Dopo aver scelto le parole da far ascoltare, faccia una fotocopia della trascrizione. La distribuisca giusto prima di far svolgere l'attività. Non si preoccupi se gli studenti non capiscono le parole. Devono soltanto indicare la sillaba tonica.

22 Faccia ascoltare soltanto due volte la registrazione della seconda intervista dell'Unità 6 punto 11 (Marina, 22 anni). Le consigliamo di avvertire gli studenti che l'attività consiste nel riempire gli spazi con il verbo corrispondente. Le sconsigliamo di proporre la registrazione più di due volte o di fermare il registratore.

UNITÀ-TEST 2 (Unità 7-12)

7 Faccia ascoltare la registrazione dell'unità 6, punto 15a. Gli studenti devono scrivere le parole che sentono facendo molta attenzione alle doppie consonanti. Le sconsigliamo di proporre la registrazione più di due volte. Se è necessario fermi il registratore per quattro o cinque secondi al massimo dopo ogni sequenza di tre parole ma non tra un parola e l'altra.

UNITÀ-TEST 3 (Unità 14-18)

1 Vengono riutilizzati i dialoghi dell'Unità 15, punto 10.
Le consigliamo di far svolgere l'attività in questo modo:
– dopo essersi assicurati della comprensione delle domande si procede ad un primo ascolto dei dialoghi, senza interruzioni;
– si ripete una seconda volta l'ascolto, con intervalli di tempo dopo ogni dialogo pari a 15 secondi per domanda: dialogo a. (1 domanda) 15 secondi - dialogo b. (2 domande) 30 secondi - ecc.

5 Viene riutilizzato il dialogo dell'Unità 16, punto 10.
Le consigliamo di far ascoltare il dialogo due volte, e di lasciare agli studenti un minuto di tempo per rispondere alle domande.

UNITÀ-TEST 4 (Unità 19-24)

1 Viene riutilizzato il dialogo dell'Unità 19, punto 9.
Le consigliamo di far ascoltare il dialogo non più di due volte.

UNITÀ TEST 1

1 Cosa dicono questi personaggi?

2 Completa.

1. ● _____ *thank you* in italiano?
   ○ Grazie.

2. ● Scusa, tu sei bbbhsuefbsajv?
   ○ _____

3. ● _____ l'italiano?
   ○ Per lavoro

4. ● E tu, perché studi l'italiano?
   ○ _____

5. ● _____ io vado via.
   ○ Ciao.

6. ● _____ signora De Niro.
   ○ Buongiorno.

3 Completa.

● Tu, _____ ti chiami?
○ Io sono Giacomo.
● _____?
▲ Lourdes.
● _____?

▲ Spagnola. _____ italiano, vero?
○ Sì, di Milano.
● _____ come ti chiami?
▲ Hany, sono olandese.

128

UNITÀ TEST 1

4 Come si salutano queste persone?
Scrivi vicino a ogni personaggio quello che direbbe per salutare l'altro.

5 Scrivi gli aggettivi di nazionalità.

Brasile	*brasiliano*	Germania	_____
Svezia	_____	Marocco	_____
America	_____	Austria	_____
Italia	_____	Russia	_____

6 Scrivi il femminile degli aggettivi di nazionalità dell'esercizio n° 6.

7 Completa.

1. ● _____ Alberto?
   ○ Sì, sono io.
   ● _____ Maria.

2. ● _____?
   ○ A Londra, _____?
   ● Io a Cambridge.

3. ● Sei francese, vero?
   ○ Sì.
   ● _____ a Parigi?

4. ● Io sono italiana ma abito in Spagna, e tu?
   ○ _____ americano e abito a Boston.

UNITÀ TEST 1

8 Secondo te i personaggi di questi disegni si danno del **tu** o del **lei**? Scrivilo sopra ogni freccia.

9 Completa.

1. Giacomo abita ___ Bologna.
2. Io abito ___ Trastevere, un quartiere di Roma.
3. Paula vive ___ Inghilterra
4. Ma tu abiti ___ Parigi?
5. Detlev è tedesco ma abita ___ Spagna.

10 Completa.

1. ● _____ Nina?
   ○ Sì, sono io, e tu chi sei?

2. ● _____ Miriam?
   ○ No,......Rachele.

3. ● _____ il signor Pacifici?
   ○ Sì, _____.

4. ● _____ Letizia?
   ○ No, _____ Alessandra.

11 Ascolta le parole e sottolinea sul foglio che ti darà il tuo insegnante la vocale pronunciata con più intensità.

UNITÀ TEST 1

12 Completa.

1. ● _____?
   ○ Il meccanico, e tu?
   ● _____ in banca.

2. ● _____?
   ○ In viale dei Quattro Venti 123.

3. ● _____?
   ○ No, sono nubile.

4. ● _____?
   ○ Studio. Faccio legge.

5. ● _____?
   ○ Sì, certo, via Federico Cesi 21.
   ● _____?
   ○ 324.87.65.

13 Guarda questi disegni: scegline uno e inventa un dialogo.

14 Completa.

Mia sorella _____ 24 anni, _____ infermiera e studia, _____ medicina. I miei genitori _____ pensionati, _____ padre ha 65 anni, _____ madre 55. Cosa dire? Ah sì, _____ fratello _____ in una banca, _____ sposato e _____ una bambina che si chiama Emma. Io invece non _____ sposata, _____ fidanzata, il _____ ragazzo _____ inglese, si chiama Brian. Brian ora _____ a Roma, insegna inglese.

UNITÀ TEST 1

15 Sei con un amico/a e ne incontri un altro/a. I tuoi due amici non si conoscono. Inventa un dialogo in cui vi salutate e tu presenti uno dei tuoi amici all'altro

16 Rispondi.

1. Quando vai al mare?
   _____

2. Quando vai a sciare?
   _____

3. Guardi mai il calcio in TV?
   _____

4. Ogni quanto vai al ristorante?
   _____

5. Quante volte vai a lezione di italiano?
   _____

6. Che tempo fa a Roma d'estate?
   _____

7. Che ore sono?
   _____

17 Completa.

1. ● _____?
   ○ Fa un caldo!

2. ● _____?
   ○ Mah, qui nevica.

3. ● _____?
   ○ Alle sette.

4. ● Quando lavori?
   ○ _____ nove _____ due.

18 Racconta una tua giornata tipo:
a. durante l'anno, nei periodi di lavoro
b. durante le vacanze estive.

19 Rispondi.

1. ● Adoro il mare.
   ○ _____

2. ● Mi piace molto parlare al telefono.
   ○ _____

3. ● Io il lunedì non lavoro mai.
   ○ _____

UNITÀ TEST 1

20 Parla dei tuoi gusti: scrivi delle frasi

scarpe rosse　　　　　　　*non mi piacciono le scarpe rosse*
i bambini
la cucina italiana
il cinema russo
le lingue straniere

21 Completa.

1. ● ___ pranzo è alle ore tredici, ___ cena alle dicianove e trenta.

2. ● Tutte ___ estati vado a Capri.

3. ● Chi è?
   ○ È Gianni, ___ ragazzo di mia sorella.

4. ● ___ amica di Cristina studia ingegneria.
   ○ Davvero? Anche ___ studente che abita a casa dei miei genitori.

5. ● Dove abitano ___ genitori di Michele?
   ○ A Napoli.
   ● E ___ sorelle?
   ○ Anche loro a Napoli. Solo ___ fratelli abitano a Palermo.

6. ● Quale stagione preferisci?
   ○ ___ estate. E tu?
   ● Io ___ autunno, ma mi piace molto anche ___ primavera.

7. ● ___ spagnoli vanno sempre a dormire tardi.
   ○ Be' anche ___ italiani
   ● Sì ma ___ spagnoli più tardi

22 Ascolta la registrazione di questa intervista e completa.

● Marina, tu come _____ le tue vacanze?
○ Io _____ il mare. Mi _____ sempre, in tutte le stagioni: d'estate, in autunno, in primavera, anche in inverno. Ci _____ sempre, a Natale, a Pasqua, e... spesso anche quando non _____; non _____ all'università, ci _____ anche la mattina...
● E quindi _____ sempre al mare... e... cosa _____ al mare?.... so che ti _____ lo sci nautico, vero?
○ Sì, sì... l'estate _____ l'istruttrice di sci nautico e... poi _____ in barca a vela, _____ windsurf. Mi _____ correre sulla spiaggia, _____ il sole... e...
● E come mai questa passione?
○ Beh, perché il mare _____ sempre. Non _____ mai lo stesso. _____ i colori dell'acqua, del cielo, _____ la luce, le nuvole...

UNITÀ TEST 2

1 Guarda questo disegno e completa. Nota che in alcuni casi devi scrivere più di una parola.

Per andare a San Pietro, il prete gira la _____, passando _____ negozio di fiori, attraversa il ponte, e va _____ fino al secondo semaforo. Poi gira subito la _____, _____ il bar _____ e poi di nuovo _____, passando _____ giornalaio. Va sempre _____ e arriva a San Pietro.

2 Delle persone chiedono informazioni per la strada. Come le chiedono?
Scrivi le domande e le risposte.

A vuole andare a Largo del Tritone
B vuole andare a Largo Santa Susanna
C vuole andare a Via dei Condotti
D vuole andare a Via del Gambero

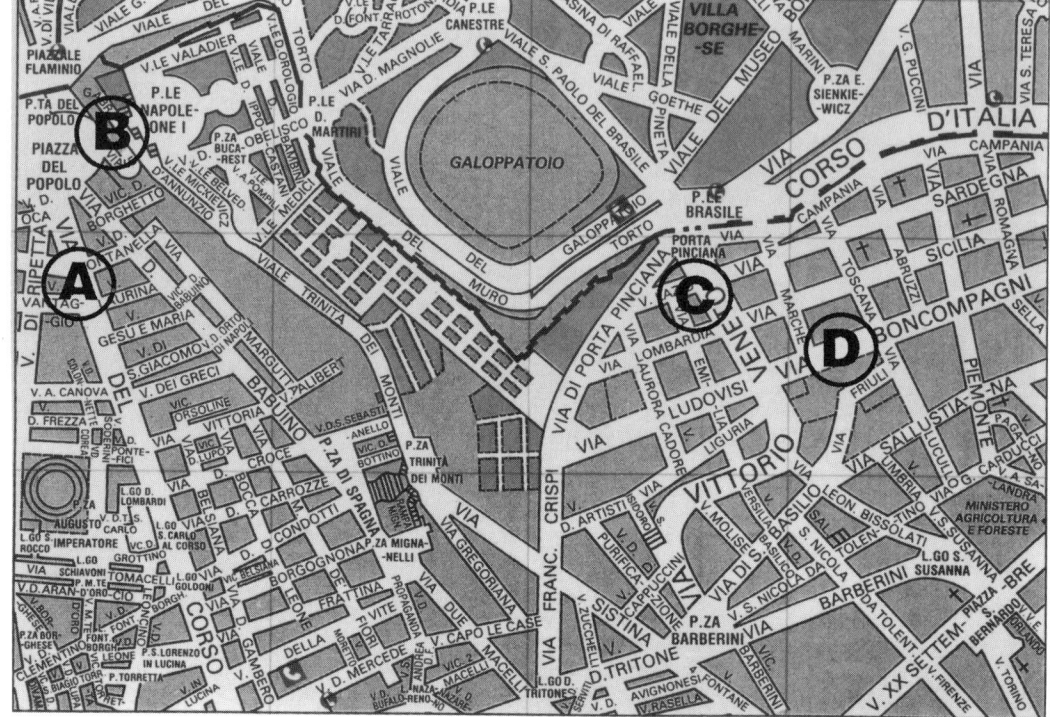

UNITÀ TEST 2

3 Completa.

1. ● Mi scusi, _____ da queste parti?
   ○ Sì, certo. La prima a destra.

2. ● Scusa, sai _____ il ristorante La Barchetta?
   ○ No, mi dispiace.

3. ● Mi scusi, _____ un medico _____?
   ○ Sì. Più avanti c'è un ospedale.

4. ● Non ho i francobolli. Sai _____ un tabaccaio qui vicino?
   ○ Sì. È proprio qui dietro l'angolo.

4 Dove si comprano queste cose?

pane   _____
libri   _____
medicine   _____
giornali   _____
carne   _____
profumi   _____

5 Unisci con una freccia.

vita
piazza
albergo
spazio
via
giornalaio
incrocio
autobus
aspirina

UN

UNO

UNA

UN'

6 Completa.

1. ● Scusa, sai dov'è ___ cinema Ariston?
   ○ ___ Ariston, non lo so. Qui vicino c'è ___ cinema, ma non so come si chiama.

2. ● Senti, c'è _____ libreria da queste parti

3. ● Hai _____ aspirina?
   ○ No, mi dispiace. Però qui vicino c'è _____ farmacia...

4. ● Mi scusi, c'è _____ albergo qui vicino?
   ○ Sì, c'è _____ Hotel Plaza. _____ prima a destra e poi _____ seconda a sinistra.

135

UNITÀ TEST 2

7 Ascolta e scrivi le parole.

8 Completa.

1. ● Ho bisogno ____ miele per fare un dolce.
   ○ Io ho solo ____ zucchero.

2. ● Cosa ti serve?
   ○ Mi puoi comprare ____ acqua?

3. ● Mi scusi, c'è un posto da queste parti per comprare ____ surgelati?

4. ● Cosa ti serve per il pranzo?
   ○ ____ pesto, e ____ gnocchi.
   ● Ah... allora mangiamo gnocchi al pesto!

9 Scrivi due frasi per ogni elemento seguendo il modello.

zucchero   a. *Un chilo di zucchero.*
               b. *Un po' di zucchero*

pere

biscotti

acqua

formaggio

latte

olio

10 Scrivi questi numeri in lettere.

1.000.723
896.417
1.502
1.374.808
1.067.460.000

UNITÀ TEST 2

11 Completa.

1. _____ vedere quella camicia bianca che è in vetrina.
   - ○ Questa?
   - ● Sì. _____?
   - ○ Questa...centotrentamila.

2. ● _____ sigarette?
   ○ No. Deve andare dal tabaccaio.

3. ● Buongiorno, _____ frutta?
   ○ Sì. In fondo a destra, dopo il pane.

4. ● Buonasera, _____ una bottiglia di acqua minerale e un etto di prosciutto.
   ○ Sì. Subito... Ecco. Vuole altro?
   ● No grazie. _____?
   ○ Quattromila e cinque.

12 Completa con **quello**, **quella**, **quei**, **quelle**, **quell'**.

1. ● Volevo vedere _____ maglione che è in vetrina
   ○ _____ verde?

2. ● Vorrei un chilo di _____ arance lì.

3. ● Mi scusi, quanto vengono _____ stivali neri?

4. ● Che bello _____ orologio rosso!

13 Guarda quest'elenco di cose che puoi fare. Decidi cosa vuoi fare e cosa non ti va di fare, poi unisci con una freccia.

andare a cena fuori
andare al cinema
andare alla festa di Nicoletta
andare a ballare
fare una gita
andare a prendere un gelato

SÌ

NO

Ora immagina che qualcuno ti inviti: formula degli inviti e rispondi.

● Ti va di andare a cena fuori?
○ No, mi dispiace. Devo studiare.

UNITÀ TEST 2

14 Completa con il **passato prossimo** del verbo tra parentesi.

1. ● (**essere/tu**) _____ al concerto di Lucio Dalla?
   ○ Sì. (**andare**) _____ con Giacomo.

2. ● Ieri (**vedere**) _____ un film bellissimo in televisione.
   ○ Io invece (**studiare**) _____ fino alle dieci.

3. ● Dove (**andare**) _____ Francesca e Donatella?

4. ● Chi (**pulire**) _____ la cucina?
   ○ Paco e Sandro (**lavare**) _____ i piatti, poi io (**finire**) _____ il resto.

15 Scrivi il **participio passato** di questi verbi.

essere	_____
scrivere	_____
leggere	_____
nascere	_____
vedere	_____
dire	_____
morire	_____
chiedere	_____
fare	_____
prendere	_____

16 Racconta una giornata in cui ti sei divertito molto e una giornata in cui ti sei annoiato.

UNITÀ TEST 3

1 Ascolta i dialoghi e rispondi.

a. Cosa si offre?

b. Cosa si chiede?
   Dov'è?

c. Qual'è il problema?

d. Cosa si chiede in prestito?

e. Qual'è il problema?
   Perché non viene aiutato?
   Come risolve il problema?

f. A chi si telefona?

g. Cosa si chiede?
   Dov'è?

h. Che aiuto si offre?

2 Completa i dialoghi.

1. ● _____ offrire qualcosa?
   ○ _____ .
   ● Dai... un caffè?
   ○ Beh, _____ .

2. ● _____ un po' di gelato?
   ○ _____ sono a dieta.

3. ● Senti, _____ la tua macchina?
     La mia è dal meccanico...
   ○ No, _____ .

4. ● Scusate, _____ un gettone?
   ○ _____ .

5. ● _____ Paola, ho un po' di mal
     di testa. Mi _____ un'aspirina?
   ○ _____ , le ho finite.

6. ● _____ restare qui ancora dieci
     minuti
   ○ Sì, _____ pure.

7. ● _____ fumo?
   ○ _____ ho un po' di mal di gola.

8. ● Senta, _____ passarmi a prende-
     re? C'è sciopero degli autobus...
   ○ _____ , non si preoccupi.

9. ● _____ , ti _____ pas-
     sarmi il giornale?
   ○ _____ , ho le mani bagnate.

10. ● Ufff... quanto pesa!
    ○ Ti _____ ?
    ● _____ , mi fai un grande favore.

11. ● Ecco... mi sono dimenticato di lavare i piatti!
    ○ Hai fretta? _____ io.
    ● _____ . Ho ancora dieci minuti.

12. ● Il telefono!
    ○ _____ io?
    ● _____ .

UNITÀ TEST 3

3 Scrivi 6 dialoghi seguendo le indicazioni, e per ognuno dai le due risposte possibili (accettare/rifiutare, concedere/non concedere, ecc.). Cerca di usare tutte le tre persone che si riferiscono agli interlocutori: **tu**, **lei** e **voi**.

1. Hai fame. Chiedi qualcosa da mangiare.

2. Hai freddo. Vuoi chiudere la finestra, ma non puoi. Chiedi a qualcuno di farlo.

3. Vedi qualcuno che ha la macchina che non parte. Offrigli aiuto.

4. Non sei a casa tua. Chiedi il permesso di fare una telefonata.

5. Offri qualcosa da bere o da mangiare a qualcuno che è venuto a casa tua.

6. Qualcuno che conosci deve andare all'aeroporto, ma è tardi e non si riesce a trovare un taxi. Offrigli aiuto.

4 a. Completa i dialoghi usando la **forma impersonale** dei verbi tra parentesi.

1. ● Sei mai stato in questo ristorante?
   ○ Sì . **(mangiare)** _____ molto bene.

2. ● Come **(aprire)** _____?
   ○ Guarda... **(fare)** _____ così.

b. Completa i dialoghi.

1. ● Permesso?
   ○ Prego, **(accomodarsi/lei)** _____.

2. ● Possiamo aprire la finestra?
   ○ Sì, sì, **(aprire)** _____ pure. Ho caldo anch'io.

3. ● Vuoi qualcosa da mangiare?
   ○ No... grazie, davvero.
   ● Dai... **(prendere)** _____ un po' di torta. **(assaggiarla)** _____, è buonissima...

5 Ascolta il dialogo e rispondi.

Cosa stanno mangiando? (Elencare tutti i cibi menzionati)

Come si chiama la padrona di casa?

Dove ha fatto la spesa?

UNITÀ TEST 3

6 Fai le domande seguendo il modello, e rispondi secondo i tuoi gusti e dando un giudizio.

tu/la pizza
- *Ti piace la pizza?*
- ○ _____

1. lei/i cibi piccanti
2. tu/andare al ristorante
3. voi/gli hamburger
4. tu/la cucina cinese
5. voi/il pesce
6. lei/mangiare molto

7 Completa il dialogo. Siamo in un ristorante.

- ● _____...
- ○ Prego. Da bere?
- ● _____ vino o birra?
- ▲ Birra, birra...
- ● Allora _____ alla spina.
- ○ Di primo cosa prendono?
- ▲ _____ gli spaghetti alla puttanesca?
- ○ Sono spaghetti con un sugo di pomodoro, capperi e olive.
- ▲ Mmm... No. _____ fettuccine ai funghi porcini.
- ● _____ invece una pizza margherita.
- ○ E di secondo?
- ● Per il secondo vediamo dopo...
- ○ Va bene.

...

- ● Come sono le fettuccine?
- ▲ Buone, ma... _____ salate.

...

- ▲ _____.
- ○ Sì?
- ▲ _____ il sale? Ah, e _____ d'acqua.
- ○ Subito.

...

- ○ Hanno scelto il secondo?
- ▲ Sì... _____ una bistecca.
- ○ E per lei?
- ● _____ pizza. Era buonissima. E _____ due birre, _____.
- ▲ Sì, e _____ pane.

...

- ● _____ il conto? Ah, e _____ anche due caffè.
- ○ _____.

8 a. Completa le frasi usando **con** e **senza**.

1. ● Non mi piace il caffè _____ zucchero.
2. ● L'insalata la preferisco _____ aceto.

b. Completa le frasi con il superlativo degli aggettivi tra parentesi.

1. ● Mmm! Questa torta è **(fresca)** _____!
2. ● Avete un appartamento **(grande)** _____!

141

UNITÀ TEST 3

c. Completa i dialoghi.

1. • Cos'è _____ spezzatino?
   ○ Non _____ so. Non _____ ho mai mangiato.

2. • Hai sentito Daniela ultimamente?
   ○ No. Non _____ sento da quando è partita.

3. • Guarda quelle due ragazze. _____ vedi?
   ○ Quali, quelle sedute?

4. • Cosa sono gli gnocchi?
   ○ Non _____ conosci? _____ devi assaggiare assolutamente!

d. Completa i dialoghi.

1. • Che fai oggi?
   ○ Eh... alle quattro devo andare _____ dentista...

2. • Allora, come rimaniamo?
   ○ Vediamoci direttamente _____ Marco. Alle dieci va bene per te?

9 Scrivi un breve testo (150 parole). Scegli una delle due possibilità.

   a. Descrivi una casa che conosci bene, ma che non è la tua.
   b. Descrivi la tua camera, con i mobili e gli oggetti che ci tieni.

10 a. Guarda il disegno e rispondi alle domande.

> Dov'è la chiesa?
> Dov'è il giornalaio?
> Dov'è il negozio di abbigliamento?

UNITÀ TEST 3

b. Completa i dialoghi.

1. ● Dov'è la mia penna?
   ○ _____ tavolino.

2. ● Hai telefonato _____ signora Luminari?

3. ● Hai una gomma da cancellare?
   ○ Sì, guarda _____ cassetti _____ mia scrivania.

4. ● Hai visto il giornale di oggi?
   ○ Sì. È _____ salotto, _____ il libro che sta leggendo Luigi.

5. ● L'orario di visite è _____ una _____ tre.

UNITÀ TEST 4

1 Ascolta il dialogo e fai la lista di quello che ha comprato la ragazza, specificandone le caratteristiche.

2 Guarda queste illustrazioni. Ti hanno regalato due cose tra quelle raffigurate, una che ti piace e una che non ti piace. Scrivi un dialogo in cui descrivi i tuoi regali a un amico.

• Sai cosa mi hanno regalato per il mio compleanno?
○ ...

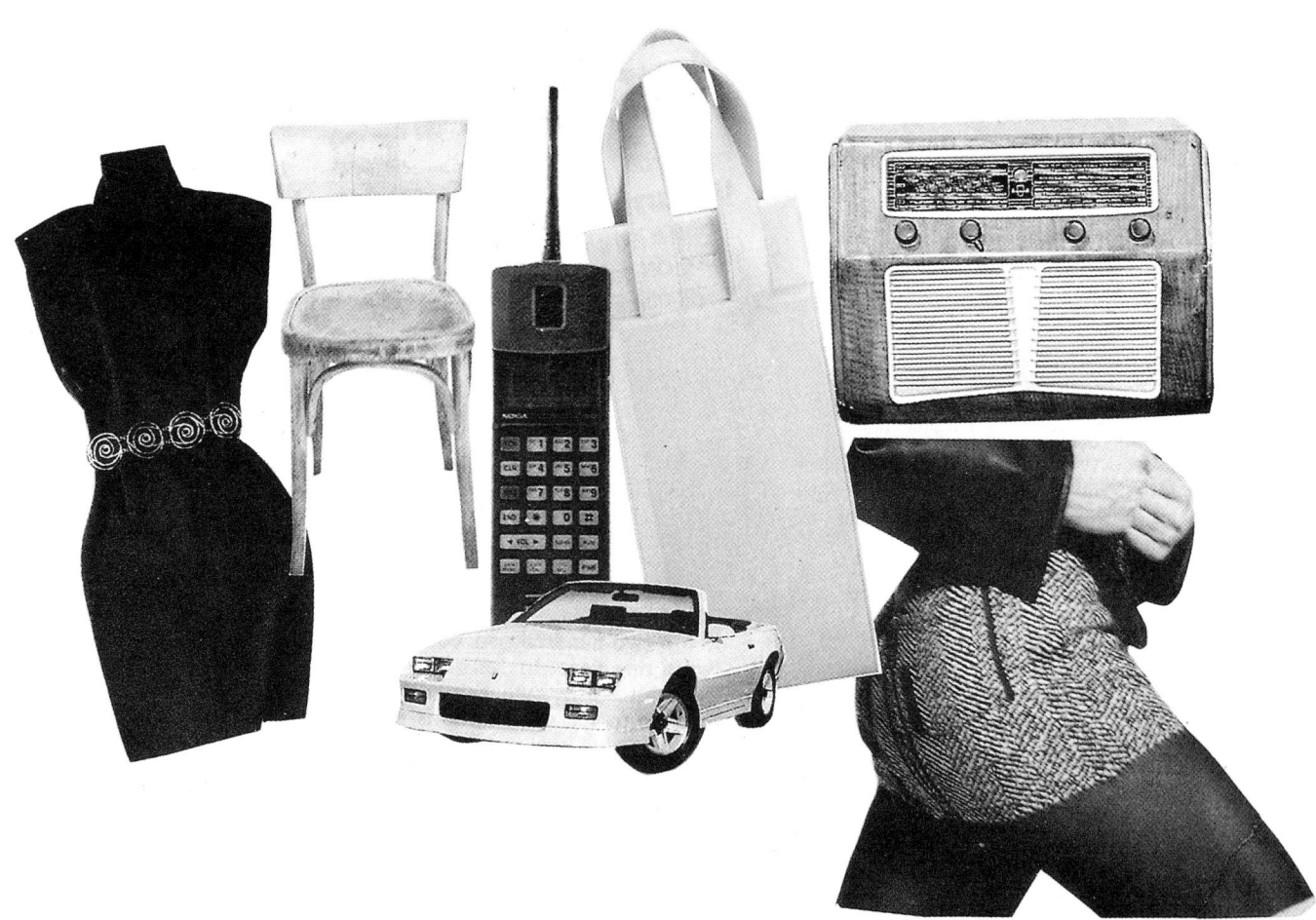

3 Completa i dialoghi quando è necessario.

1. • Hai visto *Mediterraneo*?
   ○ No. _____ cosa parla?

2. • Qualcuno si è dimenticato un cappello _____ lana?
   ○ Uh! Sì, è _____. Grazie.

3. • Ti sei comprato altre due camicie _____ righe? Ma prendine anche qualcuna _____ tinta unita, _____ quadretti...

UNITÀ TEST 4

4. ● Ti piace _____ nuovo orologio? Me l'ha regalato _____ sorella.
   ○ Ma è _____ oro?

5. ● Ti piace quel tavolo _____ vetro?
   ○ Sì, ma preferisco i tavoli _____ antichi, _____ legno.

6. ● Avete visto _____ occhiali da sole?
   ○ Veramente, li aveva _____ fratello. Non sono quelli _____ metallo, _____ le lenti verdi?

7. ● Cosa vi hanno regalato _____ genitori?
   ○ A me due libri. Un romanzo _____ giallo e un libro di racconti _____ fantascienza.
   ▲ A me invece una sciarpa _____ seta.

4 Completa i dialoghi.

1. ● _____ un maglione a collo alto.
   ○ _____?
   ● Porto la 50.
   ○ Guardi, della sua taglia abbiamo questi colori...
   ● Mmm... _____ il modello. _____ più pesante?

2. ● Buongiorno. _____ una lampada da scrivania.
   ○ Sì, certo, guardi... questo è un modello nuovissimo...
   ● No, veramente _____ più piccola.
   ○ Di più piccolo non c'è molto... Questa è abbastanza classica...
   ● _____?
   ○ 180.000 lire.
   ● Mmm... Grazie, _____. Arrivederci.

3. ● Allora, lo compri o no questo stereo?
   ○ Non lo so... _____ caro. E poi _____ più piccolo.

4. ● _____ del prosciutto cotto.
   ○ Quanto, signora?
   ● Mah, _____ tre etti.
   ○ Altro?
   ● Sì. Dei biscotti Gentilini.
   ○ Subito. Questa confezione va bene?
   ● _____ più grande?
   ○ Certo. Ecco qua. Altro, signora?
   ● No grazie, basta così. _____?
   ○ Sono... seimila e cinque.

5 Scrivi un breve testo (150 parole). Scegli una delle due possibilità.

a. Descrivi una persona della tua famiglia.
b. Scegli due tuoi compagni e descrivili, paragonandone le caratteristiche.

UNITÀ TEST 4

6 Guarda le fotografie e descrivi brevemente due delle quattro persone, a tua scelta.

7 a. Ecco un articolo tratto da *La Stampa* del 10 maggio 1992, a proposito di alcuni programmi televisivi che hanno celebrato la Festa della mamma.
Completa il testo con l'**imperfetto** o il **passato prossimo** dei verbi tra parentesi.

Tutte belle le mamme del mondo?
Dipende da chi le festeggia.

[...] Paolo Frajese _____ (essere) bravo, l'altra sera su Raiuno, a mantenere al suo *Borsavalori*, nonostante il tema, il consueto taglio giornalistico. Gli ospiti ci _____ (fare) ascoltare, secondo i vecchi principi della cronaca, racconti, pareri ed esperienze diverse: tutto per fornire di questa troneggiante figura affettiva, psicoanalitica, umana, il ritratto più sfaccettato possibile. Oltre a Frajese, che può dare di sé questa immagine triste, ma è un giornalista coi fiocchi, _____ (parlare) Monica Guerritore, Anna Maria Mori, Gianni Monduzzi, autore del *Manuale per difendersi dalla mamma*, Maria Teresa Ruta, Silverio Amore, giornalista del Tg1 che, abbandonato in fasce, _____ _____ (passare) i primi 13 anni della sua vita in un orfanotrofio. Lo sforzo del conduttore _____ (essere) evitare la retorica e l'encomio solenne: _____ (andare) bene.
Anche su Canale 5, l'altra sera, si _____ (festeggiare) la mamma, in tutt'altra atmosfera: si _____ (scegliere) la via dello show, con tanti bei momenti melensi. Alcune signore, chiamate — mamme con la valigia, _____ (raccontare) le loro lacrimevoli storie di distacco dai figli. La giuria _____ (dovere) votare il caso più commovente: per premio, un viaggio nel luogo sospirato dove abita il figlio. Alla fine le _____ (premiare) tutte: chissà i figli lontani, se saranno contenti... Per fortuna c'era Iva Zanicchi, che col suo brio matronale _____ (rendere) più asciutto il brodo zuccheroso. _____ (esserci) pure Gerry Scotti che le _____ (dire):
—Sei la mamma che tutti vorremmo avere. Era un complimento?
Detto questo, auguri a tutte le mamme. E, scusate, anche alla mia.

Alessandra Comazzi
(testo adattato)

b. E ora rispondi.
   Qual'è, secondo te, il giudizio della giornalista sulle due trasmissioni e sui personaggi?

Paolo Frajese
Gianni Monduzzi
Silverio Amore
Iva Zanicchi
Gerry Scotti
Il programma di Raiuno
Il programma di Canale 5

positivo

neutro

negativo

L'italiano per stranieri

Amato • **Mondo italiano**
testi autentici sulla realtà sociale e culturale italiana
libro dello studente
quaderno degli esercizi

Ambroso e Stefancich • **Parole**
10 percorsi nel lessico italiano - esercizi guidati

Avitabile • **Italian for the English-speaking**

Battaglia • **Grammatica italiana per stranieri**

Battaglia • **Gramática italiana para estudiantes de habla española**

Battaglia • **Leggiamo e conversiamo**
letture italiane con esercizi per la conversazione

Battaglia e Varsi • **Parole e immagini**
corso elementare di lingua italiana per principianti

Bettoni e Vicentini • **Imparare dal vivo****
lezioni di italiano - livello avanzato
manuale per l'allievo
chiavi per gli esercizi

Buttaroni • **Letteratura al naturale**
autori italiani contemporanei con attività di analisi linguistica

Cherubini • **L'italiano per gli affari**
corso comunicativo di lingua e cultura aziendale

Diadori • **Senza parole**
100 gesti degli italiani

Gruppo META • **Uno**
corso comunicativo di italiano per stranieri - primo livello
libro dello studente
libro degli esercizi e sintesi di grammatica
guida per l'insegnante
3 audiocassette

Gruppo META • **Due**
corso comunicativo di italiano per stranieri - secondo livello
libro dello studente
libro degli esercizi e sintesi di grammatica
guida per l'insegnante
4 audiocassette

Gruppo NAVILE • **Dire, fare, capire**
l'italiano come seconda lingua
libro dello studente
guida per l'insegnante
1 audiocassetta

Humphris, Luzi Catizone, Urbani • **Comunicare meglio**
corso di italiano - livello intermedio-avanzato
manuale per l'allievo
manuale per l'insegnante
4 audiocassette

Marmini e Vicentini • **Imparare dal vivo***
lezioni di italiano - livello intermedio
manuale per l'allievo
chiavi per gli esercizi

Marmini e Vicentini • **Ascoltare dal vivo**
manuale di ascolto - livello intermedio
quaderno dello studente
libro dell'insegnante
3 audiocassette

Radicchi e Mezzedimi • **Corso di lingua italiana**
livello elementare
manuale per l'allievo
1 audiocassetta

Radicchi • **Corso di lingua italiana**
livello intermedio

Radicchi • **In Italia**
modi di dire ed espressioni idiomatiche

Totaro e Zanardi • **Quintetto italiano**
approccio tematico multimediale - livello avanzato
libro dello studente
quaderno degli esercizi
2 audiocassette
1 videocassetta

Urbani • **Senta, scusi...**
programma di comprensione auditiva con spunti di produzione libera orale
manuale di lavoro
1 audiocassetta

Urbani • **Le forme del verbo italiano**

Verri Menzel • **La bottega dell'italiano**
antologia di scrittori italiani del Novecento

Vicentini e Zanardi • **Tanto per parlare**
materiale per la conversazione - livello medio avanzato
libro dello studente
libro dell'insegnante

Bonacci editore

Notes

Notes

Notes

Notes

Finito di stampare
nel mese di settembre 1993
dalla TIBERGRAPH s.r.l.
Città di Castello (PG)